葉離——著

中華一驛

國學之文化傳承

文起中華
愛以為家
淡泊寧靜
詩月天涯

——姚海平　書

沁園春　國學

浩瀚中華，宙起炎黃，宇闊九州。
自堯舜禪讓，夏商賢祖，百家璀璨，天下東周。
道德老莊，仁義孔孟，禮樂詩書易春秋。
過秦漢，乘唐風宋韻，明月清流。

琴棋書畫何求？有多少文明可久留？
作淡茶香墨，文章漢語，小持工藝，大展才謀。
佛說無常，醫治有數，何不杯酒夢紅樓？
今縱筆，為國人引領，國學之舟。

——葉離

秋葉欣妍

豫然成聲

婧淑如文

偉業縱橫

——者道

——葉離　攝

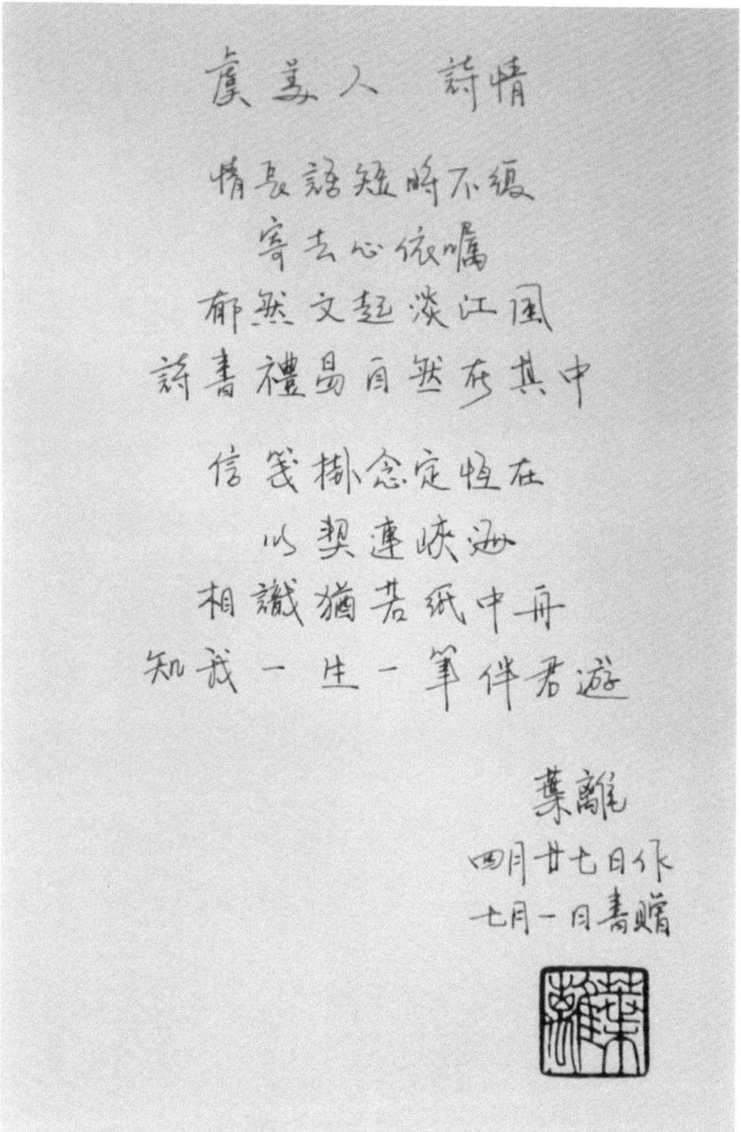

虞美人　詩情

情長話短時不絕
寄去心依舊
郁然文起淡江風
詩書禮易自然於其中

信箋掛念定恆在
以契連峽海
相識猶若紙中舟
知我一生一筆伴君遊

葉離
四月廿七日作
七月一日書贈

感去年記掛癡心，塗幾筆憂愁文字

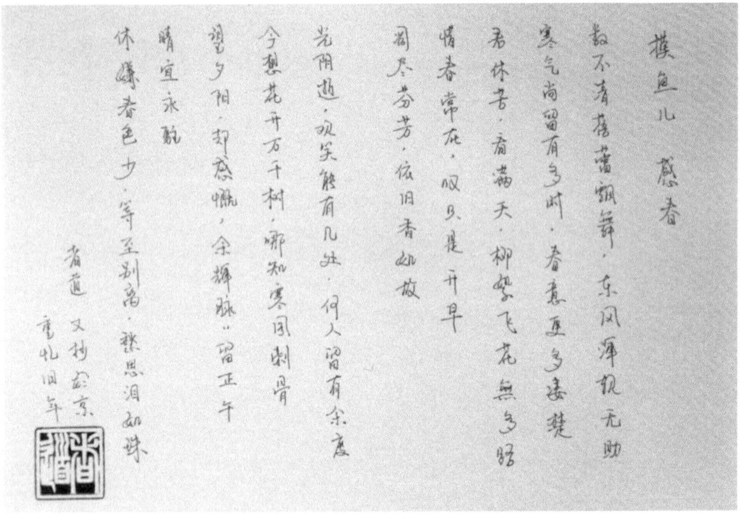

摸鱼儿 感春

数不清落蕊飘舞，东风浑似无助
寒气尚留有多时，春意更多凄楚
君休去，看满天，柳絮飞花无多路
惜春常在，叹只是开早
凋尽芬芳，依旧香如故
光阴逝，欢笑能有几处，何人留有余度
今想花开万千树，哪知寒风刺骨
望夕阳，却感慨，余辉脉脉留正午
晴宜永驻
休嫌春色少，等至别离，愁思泪如珠

肴道 文抄於京
壹仇旧年

梁陸平印刻

芳草江南北，浮雲客去來

壯志饑餐胡虜肉，笑談渴飲匈奴血

溫故知新

己所不欲，勿施於人

姚海平書法

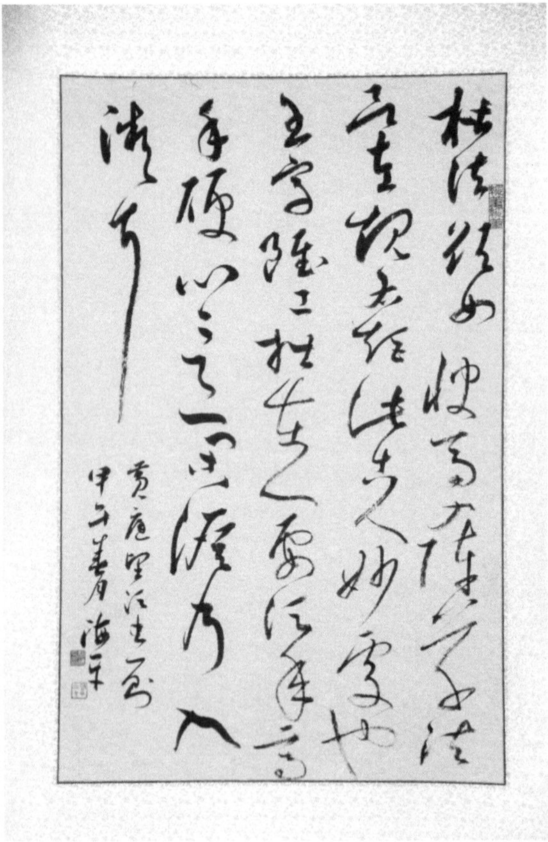

楷法欲如快馬入陣，草法欲左規右矩，此古人妙處也。書字雖工拙在人，要須年高手硬，心意閑淡，乃入微耳。

——黃庭堅《論書》

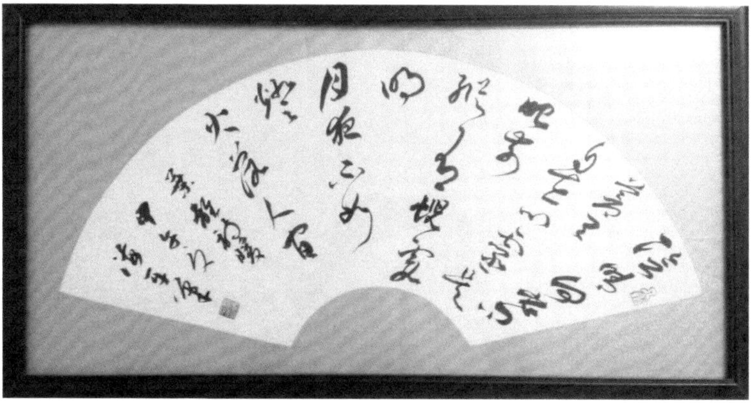

——姚海平　書

——葉離　攝

暖

陰晴何必問蒼天，自在心靈是眼前。

縱有霓霞明月夜，不如燈火落人間。

——葉離

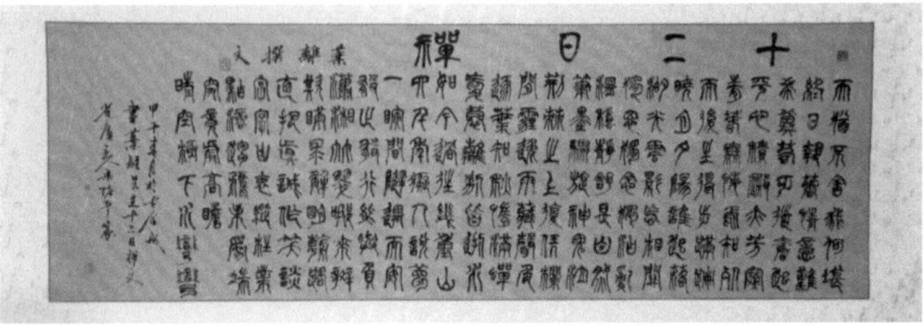

——梁陸平　書

十二日禪

天猶不舍我何堪？終日執著情意難。

希冀若乏徒奮起，平心積澱亦芳寒。

青春無悔焉知死？而後生得步蹣跚。

曉月夕陽誰起落？湖光雲影怎相關？

獨思獨念獨添亂，溫穩靜舒是自然。

筆墨驟旋神鬼泣，荊棘之上複憑欄。

閑霾逸雨藏聲色，逐葉知秋情滿蟬。

愛慕離別皆逝水，如今過往幾重山？

四千年癡人說夢，一瞬間隨遇而安。

敢止敢行能與負，瀟湘竹翠哪來斑？

欺瞞求解明朝路，直把真誠作笑談。

字字由衷從枉業，點滴趨騖未為端。

究竟處高瞻，晴空極下水彎彎。

——葉離

水調歌頭　回首

——Anna 攝影

窗外夕陽遠，窗裡有誰眠
斜樓窗下思慮，路轉峰回間
誰解今時甘苦，回首曾經濃淡，自愧不如前
晝夜競長短，天地怎得閒

思舊夢，望流景，又一年
蹉跎歲月，已然庸碌複何言
惜戀青春逝去，珍愛光陰難再，聚散是心連
緣至情深處，白首在身邊

——葉離

醜奴兒

——Anna 攝影

每記於夜，必恍恍惚惚，懸筆而無言。久坐無困，多慮無暇，長凝無神。如此以往，竟一年不覺將逝矣。終至今日，倏然回首，卻不知因何而起，卻又為何而記。寥寥數字，憶之當時，惟深深情誼，綿綿不息。故心有所寄，不離不棄。

行無所進急思退，不忘初心，不棄如今，路有春風天有晴。

行得所進無須退，終為執著，終寄所托，一往情深怎奈何？

——葉離

①幸福的童年。兩歲時的鍾麗珠與父母親攝於廣州市。

②戀愛中的情侶，雙雙前往採訪石門水庫的破土典禮。

③鍾麗珠攝於廣州市中山大學文學院門前，她最嚮往的學府。

④剛告別青澀的少年，十九歲的林伊祝攝於重慶市。

①林伊祝與與鍾麗珠於民國四十一年步入結婚禮堂。

②記者生涯，鍾麗珠在採訪途中。

③鍾麗珠攝於「家庭月刊」辦公室中。

④結婚十周年，已是擁有三個兒女的幸福家庭了（左三為鍾麗珠的母親）。

①經過三十年的磨合，婚姻生活也如珍珠般的平滑圓潤。

②生命雖有畫上句點的無奈，但愛情可以像鑽石般的堅固與永恆閃亮！（攝於結婚六十周年）

③攜手走過半世紀，在溫哥華家中慶金婚。

④走過中年，步入老年之際，為生命留下一點紀錄。（攝於結婚四十周年）

①人面楓葉相映紅。
②鶼鰈情深。
③相看兩不厭。
④四代同堂的全家福。（2013年2月10日攝於溫哥華家中）

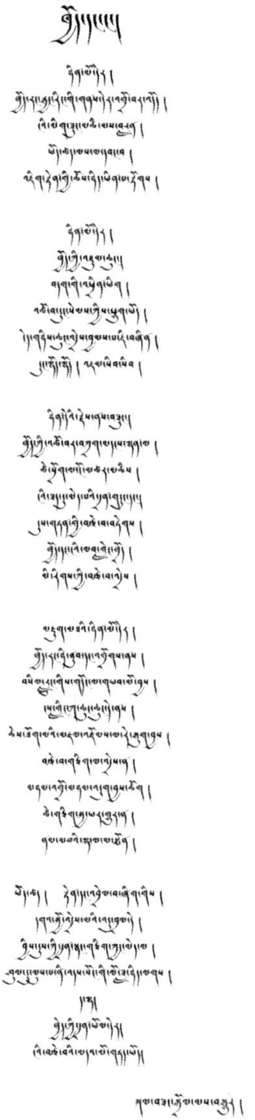

你和我

那一天
你欲行遠
我正流連
佛對天地說
世間一切皆有緣

那一天
你的笑顏
我的信箋
映在紅樓夢裡
是似曾相識
是情切切，意綿綿

那天後
你生活的精彩，生命的驚豔
寄託著我無盡的掛念，永恆的心願
相互的話中
傳遞著民族間的語言

終有一天
你伴著夕陽，微風拂面
我等候在小院，人生的初見
化作一句詩
淂成比目何辭死，願作鴛鴦不羨仙

緣聚緣散
離合悲歡
沒有著孩時的積澱
只剩下消逝的數年
就在當前
你的心間
我的情弦

——葉離

楔子

語言存則民族存，國學興則中華興。

這是我對文化的定義，亦是心中的一點希冀。文化基於語言，如果語言消亡了，民族就算存在，對鏡而視的時候，也會認不出自己了吧。中華文化是整個東方最拔群的一面旗幟，它的博大和精深對周圍都有著無盡的影響與革新。

曾經，國學這個詞還在狹義的範疇；而現在，我要將國學這個詞來代表中華文化的所有，獨立成為一套體系、一片領域、一門學問。這是國學的定義。同時，我給國學一個國際化的名稱，就叫 **Chunghwa**。

儒學、道學、佛學、中醫學、書法、繪畫等等所融入的中華文化的精神，都是國學的理論基礎。這些理論，讓國學開始起步。只要開始，一切都不會晚。重在它一定要持續發展下去，我會為此盡一份力。

自小的讀書學習，西方的文化就給我們帶來了不少便利和高效。我看到的是，有了科學的啟蒙以後，隨著時間的推移，科學都在進步，科技都在應用。先是哥白尼的日心說，後是伽利略、牛頓的力學，再到二十世紀愛因斯坦的相對論。物理化學的領域在一個階梯一個階梯地穩穩前進。而回首我們中華民族的文化時，那個依舊的經典竟然仍停留在東周的孔子、老子。後世雖有發展，卻從未超越。中醫停滯了許久，有些國人自己都不相信；詩詞也停留在唐宋，現代人只是懷念，依舊作著古調。

這是多麼的可悲。

讓我不禁想起《三國演義》中，諸葛亮舌戰群儒的言語。

> 尋章摘句，世之腐儒也，何能興邦立事？且古耕莘[1]伊尹，釣渭子牙，張良、陳平[2]之流，鄧禹[3]、耿弇[4]之輩，皆有匡扶宇宙之才，未審其生平治何經典。豈亦效書

1 耕莘（gēng shēn）：相傳伊尹未遇湯時耕於莘野，隱居樂道。

2 陳平：（？至前一七八年），陽武戶牖鄉（今河南原陽）人，西漢開國功臣之一。先後參加楚漢戰爭和平定異姓王侯叛亂諸役，為漢高祖劉邦的重要謀士，受封為戶牖侯和曲逆侯。呂後時為郎中令。文帝時為丞相。

3 鄧禹：（二年至五八年），字仲華，南陽新野人，東漢初年軍事家，協助劉秀建立東漢，雲台二十八將第一位。劉秀稱帝后，封鄧禹為大司徒、酇侯。後改封高密侯，進位太傅。

4 耿弇（gěng yǎn）：（三年至五八年），字伯昭，扶風茂陵（今陝西省興平市東北）人，東漢開國名將、軍事家，雲台二十八將第四位。

生，區區於筆硯之間，數黑論黃，舞文弄墨而已乎？儒有小人君子之別。君子之儒，忠君愛國，守正惡邪，務使澤及當時，名留後世。若夫小人之儒，惟務雕蟲，專工翰墨，青春作賦，皓首窮經；筆下雖有千言，胸中實無一策。且如楊雄以文章名世，而屈身事莽，不免投閣而死，此所謂小人之儒也；雖日賦萬言，亦何取哉！

——（明）羅貫中《三國演義》

罵得多麼酣暢淋漓，多麼醍醐[5]灌頂。國學的理論，大可用於經世濟人，小可用於修身養性，這才能體現出中華民族應該有的品質、氣概和修養。一味的皓首窮經、固步自封，不開拓進取，將國學發揚光大而應用於世，那就只剩下顧影自憐，望塵莫及的悲歎了。

中華民族，絕對是引以自豪的。世界風雲變幻了幾千年，中華的文明卻一直延續至今，不僅是她的毅力，也是她的輝煌。

因為語言、因為文化。

[5] 醍醐（tí hú）：酥酪上凝聚的油。佛教中用於比喻佛性。

讓國學提高你的生活
讓生活蘊藏你的眷戀
讓眷戀融入你的文字
讓文字彰顯這美麗的中華

葉離
甲午年四月廿七日
記於北京

葉離臆理

葉離一意

思考，是做任何事的根本。

葉離二意

語言存則民族存，國學興則中華興。

葉離三意

至愛莫若不棄，至情不如至親。

葉離四意

有感有情方動筆，無思無意莫行詩。

葉離五意

提燈不見眼前路，只為路人照眼前。

葉離六意

葉映花含，葉開花綻。簡簡單單，平平淡淡。

葉離七意

心有所寄，世間有情，人生有意；心持所觸，心無所住，終有人渡。

葉離八意

佛曰有緣，我言必間。

葉離九意

執念葉離，終歸蟬驛。

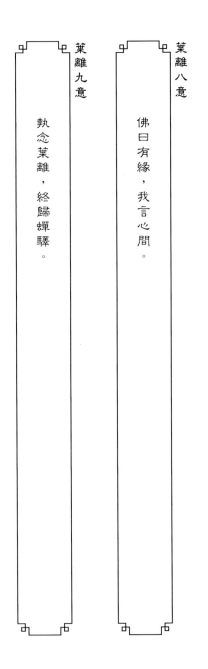

目次

十一、平衡論

一、國學綜論

我們，有一個家的話題

彰顯中華魅力的十四個漢字

那天，有位朋友問我：「你覺得我們中華文化，最重要的是什麼？」如果讓我談談中華的文化瑰寶，倒是能舉出很多例子；可一旦要在這無比燦爛的海洋中挑出一個「最」字，反而無能為力了。細細想來，中華文化的精華幾乎涉及了各個方面，以至於哪怕是再微小的一個細節，我也不忍捨去。

自古有言：「文無第一，武無第二。」這就是文化的多樣性呈現給我們的魅力。既然夜晚的蒼穹永遠是那麼的星空璀璨，我們不妨將這數億的星光劃分為星座，總結成一幅有章有理的畫卷，來讓大家欣賞，感受。

就讓漢字來一一代表，並為自己的文化進行說明吧。我選擇了十四個字：**道**、**中**、**和**、**禮**、**仁**、**孝**、**信**、**智**、**空**、**忍**、**氣**、**淡**、**靜**、**福**。

道是世界萬物的本源，一切從這裡開始。

道生一，一生二，二生三，三生萬物。

——《老子》

道的宏大和抽象讓我們不可企及，就好像自然規律，需要我們遵守。它成為了自始至終的一個標準，獨一無二。世界也從這裡衍生了出去。後來的道，有了發展。它從本義中的道路，引申出了方式、方法，成為我們做事的準則，也成為人們去探索並致力於的一個方向。

如果說「道」孕育了天地，那在天地中成長的，就是中華。中國的「中」字，既是中心的意思，也是中庸的思想。位於中，是追求的境界。古時候的房屋建設、陳列和風水，都要有一個中心，是最尊貴的地方。北京的紫禁城、西安的阿房宮，都是讓兩翼予以對稱依照一條中軸線而建立的。成為最重要的點一直是中華文化的追求。這就是為何中國人曾經相信天圓地方的觀念，因為我們才是世界的主宰。同時，中，還深刻地滲透著儒學的中庸觀念。這個中，是不走極端，不在最高或最低，不在最多或最少，不在最長或最短……用哲學的概念抽象出來，就是不在太陰、太陽。它是位於中間的位置，不多不少、不高不低、不長不短，剛剛合適，恰如其分。這也是中華民族所追求的。

「中」的思想帶來了和，以和為貴。人民希望生活富足、安居樂業。戰事只能帶來疾苦。所以，兵家的最高境界不是戰爭上的勝利，而成為了不戰而屈人之兵，才是善之善者也。這是天下和。和，還可以是人和。這又是修身養性的境界，人與人的關係和睦，是建立在道德的基礎上的；人自身的平和，是從內心歷練而生的。曾有位高僧，大家不知道他的佛法有多高，但聽和他朝夕相處的和尚說，自幼進寺院三十多年了，從未見過這位高僧生氣，總是能看到他平和的笑容。這種和的境界，是多麼地難能可貴啊。

那麼，和的境界，究竟要怎樣達成呢？那就是禮，以禮治國。禮成為中華文明的構建標準，它好像法，卻又不是法。它不是規章制度，卻發揮出了比規章制度更好的效用。禮，來自於民間風俗，是從百姓的生活習慣中一朝一夕、日積月累而形成的特殊效應。沒有硬性的規定，沒有人強迫，當成為自願的時候，大家都樂意遵守。可以互惠互利，可以欣欣向榮。最初，只是禮貌，是和睦的交流方式；後來成為禮儀，讓人們的相處變得方便和得體；最後，禮和德行是相關的。人們在無形中，產生出正確、善意的道德理念，在禮的思想中更好地運作起來。

當世間變得美好，和睦，這都來自於仁的構建。子曰：「仁者愛人。」仁這個字，包含著滿滿的愛啊。愛心很簡單，它就融在我們一點一滴的生活中。可以是樂於助人的品質，可以是謙讓寬宏的心態，甚至可以是來來往往間的一個笑容。充滿愛心的世界是自然的，也是牢固的。放大來說，仁成為了民族的文化；縮小言之，仁形成每個人的修養。仁這個字，是儒家文化的核心，也是中華民族的至寶。

儒家之所以能奠定中華文化的基調，是因為它還帶給了我們其他優秀的品質。

孝，便是最典型的一項。這個字西方的語言裡沒有，根本原因是文化中不具備。百善孝為先，孝可不簡簡單單是對父母好。這是義務，也是責任。我們無法決定自己的出生，但我們一定要感恩生命的賜予；而且，我們更要感恩成長過程中父母的養育。**血濃於水的親情是上天賜予你的幸福**。這裡天生就充滿著愛，愛長輩，便是孝；愛同輩，便是悌。孝悌之義，構建了一個和諧美滿的家庭。小之為家，大之為國。上升到國，便是忠，忠是愛國。無論集體，還是民族，都依靠愛國團結起來。人，只是社會的一部分，但愛國愛家，才能凝聚人與人，形成文化。

人們不僅講孝，還要講信。信，是誠信、信義。人際間的關係是微妙的，但信，一定是架起這種關係的橋樑。信和義相貫通，就像曾經江湖上要講義氣一樣，這是人們自然而然間形成的規律。守信的人值得尊敬，值得依靠。西方傳來的信用卡理念看似高端，其實信義在中國古時一直都具備。否則，哪來的「道德之鄉」、「禮儀之邦」的文明？信還有著其他意義，就是書信。書信傳遞著人們的心靈，有著往來。**真正的情誼可能無須謀面，但一定建立於信。這既是信箋，也是信任。**信，便由人言二字組成，心意的相通從這裡傳達。

仁、義、禮、智、信是儒家的「五常」。還剩下智沒有說，智是智慧。能夠體悟平常的生活，能夠在平淡中活得快樂、活得精彩，就是智慧。智，是一種辨別是非的能力，通過思考，加以判斷，才能成為前進的方向。這也是人們應該去不斷追尋的素質。

在佛學中，也講智慧，但它叫作般若。般若智慧是能超脫出六道輪迴，了悟生死，最終涅槃成佛的根本智慧，是諸佛之母。具備這樣智慧的人，便可修成正果。

而積澱著般若智慧的基礎，或者說佛學中的核心理念，是空。佛家講空，它是與「實」、與「有」相對的綜合概念。因為五蘊皆空，一切皆空，所以要從凡塵中超脫出來，終歸涅槃。空的概念，不是沒有，也並非幻象，虛無也不能完全代表。它是利用否定的原理而形成的特殊狀態，可以是非實體，也可以是不存在，還可以是無常、無永恆。它可以相對於一切物質的、非物質的，能量的、非能量的，思維的、非思維的東西。從空的角度來說，什麼都是狹隘而不真的。

也許佛學中空的概念有些過度抽象，可能很多大師也不能全其意、盡其解。但如果落實在修持上，便要具體很多了。我們常能在一些禪房中看到背牆上會掛起一個「忍」字。忍是心頭上的刀刃，何等的毅力，何等的寬宏才能達到如此的境界?忍的本義是「能」。敢於行，是能，能幹；敢於止，亦是能，能耐。一個忍字，兼含了行止的雙重寓意。要能自我控制、收發自如。忽然想到現代人們所說的情商，實際就是指自我控制情緒的能力，這也是忍的一部分。忍不僅在於控制情緒，還在於控制各個方面；也不僅在於控制，還在於行動。好比身體裡的一股氣，任意流動，卻達到著不同的境地和效果。

這種氣，是中醫裡特有。氣的概念，代表著人獨特的靈魂。我們常說的沒氣了，就是生命消亡了。可能這氣是呼吸、是吐納，但從中華文化來說，氣在經絡，則流動的是思維；氣在血液，則流動的是能量。氣，主宰著人體，搭建了精神。如果沒有了氣，人就好比是個軀殼，心靈是死寂的；而氣的活躍程度，讓生命綻放著光彩。

從世界到個體，從物質到精神，從他人到自我，都在孕育著中華文化。而這一切的一切，都在於人。人終要歸於平淡和寧靜。

淡，出自於明朝洪應明的《菜根譚》，「醲肥辛甘非真味，真味只是淡；神奇卓異非至人，至人只是常。」

靜，不但是身體的，更是內心的。是相對的、也是絕對的。如果讓靜成為心底的永恆，朦朧也會變得清晰；如果讓靜成為信念的基礎，渺小也會變得遠大。靜可制動，靜能及遠，靜中能歸一於本源。

平淡是真，寧靜是福。

東周定中國

中國歷史上下五千年。上，可溯至上古三皇五帝；下，直至當今社會。之所以被稱為上下，可以按照今天國際化的西曆作為解釋：上，作為西元前的時段；下，則是在西元後。

在西元紀年開始的前後大約四百年間，是中國的漢朝。經歷了秦始皇的焚書坑儒以後，文化的多元性被統一了，各個諸侯國中所用的文字字體被歸成一種：小篆。漢初時的中央集權，又至董仲舒「罷黜[1]百家，獨尊儒術」政策的奉行，學問也只剩下了孔子。但我們能夠感受到的是，在這之前，在東周，是個百花齊放、百家爭鳴的時代。那時的中華文化，才是真正的璀璨奪目。

第一次瞭解到東周文化，是從清朝馮夢龍的小說《東周列國志》中開始的。當你讀進去時，就會發現，這裡不僅是個小的社會，更像是當今世界的縮影。內政、外交、軍事在一個

[1] 罷黜：貶低並排斥。黜（chù）：降職或罷免。

個小的諸侯國中掀起了無數的波瀾。這樣的時代，往往就應驗了「亂世出英雄」這句話。在東周列國的世界裡，英雄絕不僅限於君王、首領，那些走在中國文化與思想前沿的智者們，也是不朽的英雄。

於是，百家爭鳴。那時的每一位有志之士，都是思想家、哲學家；都是軍事家、政治家；也都是教育家、科學家。動亂的年代讓他們必須懂得各方面的技藝，成就了他們經天緯地的才能。

後人所說的「三教九流」，便是其中百家文化的代表。九流，一定是個中性詞。它在這裡並非是職業的上、中、下三等，而是當時東周不同派別的文化。九，是個虛指。

讓我們來瞭解一下各家吧。

儒家：儒家的思想，從古到今都是中華的指導性理論。它們促使社會健康發展，重在人與人之間的和諧。格物致知、誠意正心、修身齊家、治國平天下。從聖人孔子，到荀子、孟子，都在傳承德治和仁政的思想。「仁」是孔子理論的核心，它實際是一種愛心。用愛心塑造品德，用愛心建立制度，也讓愛心充滿人間。

道家：如果說和平年代以儒學治國；那麼戰爭年間就要用道家主導。老子創立的「道」的概念，從中衍生出了百家的墨、法、名等各派。道家有三位代表人物，分別是老子、列子和莊子。自老子的無為到列子的清虛，再到莊子的逍遙，都是靜和灑脫的彰顯。這其實就是大自然在告訴我們世界上那樸實無華的規律。我們不用刻意，不用強求，自然而然，便是美好的。

墨家：由墨翟創立。墨子這個人很有才能，不僅具備著自己的主流思想，而且還在辯論和邏輯學領域有著突出的成就。「兼愛」就重在愛人愛己的和睦；同時，他還崇尚節儉，興天下利，除天下害。墨子明顯與儒學背馳，但卻同樣積極向上。他的理論不僅用於治國，在日後的認識論、物理學、數學上都具有著深遠意義。

法家：法家的理論比較接近現代社會，依法治國。社會有人情，人情自然主觀，不能兼顧公平。但如果依照法律，一視同仁，就有望讓百姓生活平等，和平發展。法家的代表人物，從最初的商鞅、中期的韓非子到末期秦朝的李斯，都是難得的宏韜大略之才。也是巧合，此三人的思想都被秦國所採納，而使秦逐步發展成了強國，最終達到統一。商鞅的變法，使秦由弱轉強；韓非的理論，促使嬴政統一六國；最後李斯，在修改禮制，提倡郡縣制等治國策略中，為秦的改革作出了不朽的貢獻。法的力量是一種依據和標準，在人人平等的今天，才是奮發圖強的起點。

兵家：這是著名的軍事理論，《孫子兵法》便是起源。如果說各家的思想都在治國、為人、處世，那麼兵家則是非綜合性質的，只專一在戰爭上。孫武的專業意識很強，具有著實際的作戰方法和技術。然後，在宏觀的大方向上，將戰爭的意識上升到哲學高度，以達到「不戰而屈人之兵」或是「知己知彼，百戰不殆」的效果。其實，最終的目標永遠是和平，還有人們的幸福生活。

名家：「名」是指名實關係的名。名是名稱、概念，是思想意識方面的，與實對立。主要人物是惠施和公孫龍。名家注重如虛實、內外、表裡等等的一系列名實關係。既然這種關係是主導，必然提倡統一的思想。世間有同和異的兩個對立面，要合而為一，方有所包容。

縱橫家：代表人物是鬼谷子先生叱吒風雲的兩個徒弟蘇秦和張儀。鬼谷子精通縱橫捭闔遊說之術。蘇秦合縱，合眾弱以攻一強；張儀連橫，事一強以攻諸弱。此學說善於運用謀略，翻雲覆雨於虛實之間，再假之以三寸不爛之舌，形成有利言辭，來實現最終目的。

陰陽家：陰陽家以五行學說為基礎，並得以發展。陰陽，起源於道，後衍生出八卦。代表人物是鄒衍，齊國人。此學說利用陰、陽及金、木、水、火、土五行作為基本元素，通過五行的相生相剋來代表人世中的種種行為。這是用抽象理論來指導實際生活，是哲學的高度。解釋宇宙的同時，也讓人們的生活去符合自然規律。

農家：代表人物是許行。據《漢書・藝文志》言，許行有著《神農》二十篇，但現今已佚。農家注重「食」與「貨」，食是糧食，要發展農耕，防天災饑饉；貨是商業，要使人民富足。在農業高於商業的東周，將商業提出重視，是偉大的革新。

雜家：雜家的「雜」字，代表了要綜合各家之長。雖然有著「兼儒墨，合名法」的稱號，但實際理論思想並不突出。代表人物是東周末期的呂不韋和西漢的淮南王劉安。呂不韋著有《呂氏春秋》、劉安著有《淮南子》，都好像是諸子集成，但實際並沒有原搬照抄，而是引用各家的觀點，轉換為自己的思想分類詳細敘述。雖說是集腋成裘，可想要將諸子的每一「腋」都完美無瑕地融合起來，是不可能的。就算有了足夠的包容，必定也會因欠缺自己真正的思想，而乏於深度了。

可以看到，浩瀚的百家文化絕非隻言片語所能盡述。但是僅小小的窺探一斑，也讓我們無比自豪。更何況，這才是中國兩千多年前的樣子。

百家的著作雖然經過秦始皇的焚毀，已損盡大半。不過，還是有不少的論著流傳至今，讓我們學習、研讀。後人都喜歡「治經典」，所謂「經典」，不正是如《論語》、《道德經》之類的經世著作嗎？東周的百家們，已經將這些思想提出，建立了構架，而後來的人們便在這些學問的基礎上傳承、發揚。

不愧為：東周定中國。

國學的哲學階梯：真、善、美

照亮我的道路，並且不斷地給我新的勇氣去愉快地正視生活的理想，是善、美和真。
——愛因斯坦

國學是一門教人如何生活的學問，而哲學中追求最高理想的階梯也是人們追求生活的真諦。一步一步踏踏實實的生活、感受時，帶給我們內心永久平靜的是：真、善、美。

真善美是一個哲學概念，是人基本價值觀的三個層面。真善美在時間序列上存在著先後，即：真先於善，善先於美。這好像是不同的人生境界，每至高一層，便日臻完善。

雖說現代哲學的理念來自於西方，但東方的文化也滲透著這些精髓。中國國學，作為東方最耀眼的文化，更好地詮釋了真、善、美在其中的意義。

真，是真實。在古文法中釋義為「正」。它兼顧了真實與正確兩層含義。真，是知識性的。科學家們窮其畢生精力追求真理；社會學家們也在自始至終探索和發現真相。「真」的重要性，在知識的海洋中體現得多麼淋漓盡致。哥白尼、伽利略等著名科學家都曾為真理付出過慘痛的代價，但他們無悔於這些犧牲，因為真實與正確，總在指引人們、指引這個社會前進。科學，就是「真」這一個層面的最好體現。

國學，也有「真」的一面。它不僅僅是知識範圍內的，更多的是思維性的。比如史學，中國歷史。在以史鑒今的基礎上，首先要追求歷史的真實性。從而衍生出的考證學，就是追求真實性的一門學問。有了真實，時間和空間的脈絡才會清晰，才能讓國學的精華更加彰顯。再舉一例，像茶道、武術，也在初步有著對「真」的體現。制茶的工藝，現在已成為了一項技術，為了創造出美味的飲料，有關茶的一切知識和經驗都是不容忽視的。

在真的基礎上，有了善。善，是道德範疇的。知識與技術的進步是為了人們生活水準的改善和提高，偉大的發現和發明也要用在造福人類的基礎上。當它們有了很好的利用，不也正是一種行善的方式嗎？二十世紀初，愛因斯坦因發現了相對論而給物理學帶來了驚人的進步。在相對論的指導下，科學技術日新月異。然而，當愛因斯坦得知自己的質能方程被應用創造出了原子彈，成為了戰爭中最具殺傷力的武器時，他是何等的後悔，曾有過這麼一項研究成果。善，是道德上的真，引向人生的和平。

國學，講究如何為人處世，行善自然是前提。儒家以仁義為核心，佛家也在時刻宣揚慈悲之心，多行善事。儒學注重人文，將人的這個方面做到盡善，後面便有佛學裡的眾生平等。無論範圍如何擴展，有關善的理論都會讓社會安定、人民生活幸福。說得通俗一點，大家誰都不希望社會動盪，邪惡滋生，每天提心吊膽的生活吧。當國學喚醒了每一個人從善的內心，而非法律上的約束時，才會是一片祥和的景象吧。

最後，是美。美，是三個層面裡的最高境界。藝術是在這個範疇裡的。我們可以說一條偉大的理論是美的；也可以看到社會上的種種善行是美的；無數的作品與創意也都是美的。在美的世界裡，無所謂學科和領域，它只是帶給人們以平靜和美好。當你發現「美」時，心情的愉悅，感受的欣喜，都是無與倫比的。

同樣，當你步入了國學的殿堂，美，便充斥其中。它已不再僅限於客觀的世界，也不僅限於社會和生活，而是增加了心靈層面的交流。比較有代表性的像是書法或繪畫，當它們真正產生出藝術價值以後，往往已不是技法的純熟和巧奪天工，而主要在於心和作品的融合。心的境界上升到一定高度時，它們的美便自然而然地表現了出來。高深一點說，在美的感覺中，是天人合一的境界。

我們每個人，從出生就被這些文化所包裹著。國學才是脊，但如今多元文化下的我們，脊外裹著的是不中不西的乃狀物，有時已很難摸清這真正的民族文化究竟在哪裡。但我始終知道：

中國人的樣子，那是多麼的美呀。

美，有的時候不只是永恆，還因為它有了故事。就如同我們的人生，不會只是一瞬的輝煌，更多的是時光流逝所帶來的積澱。

再回到篇首愛因斯坦的那句名言，國學也許能讓我們更好地生活；而這更好地生活也許就是在國學中逐步體會到的真、善、美。

世界的又一巔：國學

我從小接受的都是科學教育，相信科學，也一直在努力地學習科學。所以，科學的意識，以科學為基礎的分析方法，已深深地植入在我腦海裡。我反對迷信，到現在也是。但我並不能讓生命中只有一種思維。就好像你在上班的途中，是有多條路徑可以選擇的。根據天氣原因，根據時間早晚，可以決定一條路，更好地欣賞沿途風景，或者更加便利地到達目的地。同樣，我們所生活的這個世界很大，很精彩。不僅是科學，還有著其他不同的領域，都需要我們去擁有，去探索。這個時候，就要讓自己處在什麼樣的領域，就去用什麼樣的方法來解決它，發展它，事情才會變得順利。

工作時，我有一位同事，平常喜歡研究占星學。他閒暇時還會參加一些論壇、活動，從中學習學習，偶爾也進行推理、算命。一提到算命，我的第一反應就是太不靠譜了，這不就是迷信嗎？因此，抱著這種想法，就算有興趣，潛意識也是排斥的。那天，我就很好奇地向他請教算命的問題，剛開始談話還比較愉快，後來就變成爭論了。我總是以一副學工科的思維質問他怎麼證明，科學依據在哪?最後把他問急了，很厲聲地回了我一句：「科學是科學，玄學是玄學。你怎麼能用你科學中的那套理論去驗證玄學上的東西呢？」

這就像生病了去看大夫一樣。如果是西醫治，就按照它的流程來，是哪個部位的問題，就針對哪個部位醫療，該消炎就消炎，該打針吃藥就打針吃藥，慢慢會恢復。如果是中醫治，也要按它的流程來，必然先望聞問切一番，根據整個身體的平衡，治理病情。也許眼睛疼是肝火過旺，耳鳴是腎虛，損有餘而補不足，慢慢調理也就好了。兩個不同的醫學體系，各有其功效。就怕病急亂投醫，混著來，中醫的病灶，西醫的藥，那體內平衡就亂了。最後不但沒治好，反而更嚴重了。

國學正是一個新的體系，它可以和科學並立卻有著不一樣的神奇，不一樣的精彩，需要我們中華民族自己去探索，發揚。

二、諸子

先哲的思考，兒女的努力

儒家

※儒家十三經

中國一向以儒學治天下。和平年代，儒家的思想貫穿整個社會，上至帝王將相，下到黎民百姓，無不遵循。

儒學經典頗為豐富。幸好秦始皇在焚書坑儒時沒有將經典消失殆盡，才讓我們有著現在的瑰寶。儒學傳承的人物也遠不止孔、孟，經典更何況只限四書？清朝在編纂《四庫全書》時，《經部》位之首，而《十三經》又位於《經部》之首，可見其重要。

這十三經主要是指：**《周易》**、**《尚書》**、**《毛詩》**、**《周禮》**、**《儀禮》**、**《禮記》**、**《春秋左傳》**、**《春秋公羊傳》**、**《春秋谷梁傳》**、**《論語》**、**《孝經》**、**《爾雅》和《孟子》**等十三經。

本來孔子只治有六經，但由於《樂經》在秦以後失傳，漢武帝便在獨尊儒術的治國思想中只提出了五經。再至後來，唐朝有了科舉制度，儒學經典便受到如同教科書一般尊崇，在考試大綱中又增加了《三禮》和《春秋三傳》。同時還有《孝經》、《論語》也是讀書人的必備。到了唐末，已發展為十二經了。宋朝時期，考試範圍又涵蓋了《孟子》。最後到清代學者總結，十三經的稱謂才算完全。

這十三部經典，基本成書時期都是在東周列國已有。就連《孝經》與《爾雅》也在漢朝時記載說是秦朝以前所成。自然而然，它們便成為了儒學的鼻祖綱要，後人們都要奉之學習、鑽研，而形成了所謂的「治經」。清朝《四庫全書》在集成時，選取的是《十三經注疏》，也就是後人不斷在這十三經上評論、注解、正義的著作。緣此而來。

這就涉及了版本學和流派的方面，同樣的本源理論，可後人的見解卻是仁者見仁、智者見智。就好像一棵大樹，主幹之上，枝杈茂盛。目前較為經典和官方的版本都有著品牌效應，例如：《周禮》就以鄭玄的注比較好；《孝經》則是唐玄宗的注解最佳。後面分門別類，不再贅述。

在《十三經注疏》中，分為注疏和正義兩種說法。注疏中的「注」，是注解的意思，指對古書中原文的解釋，包括音讀的正訛，文字的正假，詞語的意義等。而「疏」是指對「注」的解釋。正義是指使之有正確的含義，只不過是注疏的另一種說法罷了。

有了注上加注的這種評論方式，經典所涵蓋的內容也越來越廣博，形成了現在蔚為大觀的儒學體系。這算是治經的好處吧。

※六藝之古詮今解

有人會認為，古時候要比現在簡單得多，只要學好文學，寫得一手好文章，便可升官發財。不像如今，科目繁多，除了語文，還有數學、物理、化學或者歷史、地理、英語等等。就算除卻學習與考試，也要懂電腦。大學裡還有各種專業可供選擇，任何一門，可能都要花卻你一生的精力也不能窮盡。

其實古代也同樣如此。中國文化尊崇儒家，所以儒家就提出了「六藝」，作為人們的生存、生活之道。這是在當時，每個人所必須具備的基本才能。孔子將六藝總結為：**禮**、**樂**、**射**、**御**、**書**、**數**。

> 養國子以道，乃教之六藝：一曰五禮，二曰六樂，三曰五射，四曰五馭，五曰六書，六曰九數。
>
> ——《周禮．保氏》

在這裡先籠統的介紹一下：禮，就是要懂得禮節，知道社會上的規範和常識性應用。樂是音樂，人們不僅要懂樂理，能欣賞音樂，更要會彈奏。射是射箭，它除了是一種戰鬥技能，還是一項體育活動，可以提高人們的體質。馭便是駕車的能力。書，才是前面所說的文學方面，但是，文學只是其中的一部分，還包括書法、繪畫、漢字學和語言學方面的內容。最後一項是數，就是數學與邏輯了，古人也是要學習數學的，這是生活中的基本技能。

《周禮》中，將六藝詮釋得更為清楚了。每一項「藝」，都是一套不簡單的學問，需要我們細細體味。

五禮，是指**吉禮**、**凶禮**、**軍禮**、**賓禮**、**嘉禮**。祭祀有著祭祀方面的禮節，軍隊也有著軍隊上的禮節，生活要懂得賓主之道，婚喪嫁娶也要遵循習俗。禮，是生活的一部分。它好像是一種社會規範，又好像不是。規範是人人都必須遵守的，俗話說：「無規矩不成方圓」。現代人生活的社會，要遵守交通規則，秩序才會穩定，出行才會安全、高效；不亂扔亂倒，不隨地吐痰，環境才保護得良好。這就是人們懂禮的表現。但禮絕不是規範，規範是條條框框的束縛，是被動的，是要受制約的。而禮不然，禮是主動的，是人們發自內心，自願去做，去堅持的。如果人們懂得謙讓，自然會去排隊，交通也自然順暢；如果人們懂得愛惜，城市自然乾淨、空氣也自然清新。像如此之謙讓、愛惜，就是禮。我們遵循了禮，懂禮，自然文質彬彬，素質高尚。從個人說，這也是修養。

禮，還屬於一種常識性內容，生活中隨處可用。舉例說明，賓禮就是如此。賓禮是待客之道，現代社會中可以說是人與人之間的交際禮貌。餐桌上一起吃飯時，晚輩就要懂禮，主動端茶、主動倒水。主客亦是一樣，懂得敬酒、懂得禮讓。平常見面時，謙遜的相互介紹後，要讓賓友先行，讓賓友上座。不用去想真誠與否，或是客套虛偽，當成為習慣時，你要知道，這是一種禮貌，一種尊重。我們再將禮的含義擴展，它便成為了生活所必備的知識。比如你去銀行辦理業務，利用自助機器或是拿號便是懂禮，如果有的人不會取號，進門便在窗口排隊，看似禮貌，其實影響了公共效率，反而失禮了。這時，就要去詢問，學習不同環境下的不同規則，即是懂禮。同樣，餐館點菜、購物付費，甚至運動、保險都要學習相應的常識性知識，方才有禮有節，不失身分。

六樂是指**《雲門大卷》**、**《咸池》**、**《大韶》**、**《大夏》**、**《大濩**[1]**》**、**《大武》**六套樂舞。它們都是上古時期的禮儀式樂舞，據說《雲門大卷》最早，產生於五帝時期，用於祭天；《咸池》產生於堯時，用於祭地；《大韶》產生於舜，用於祭四望，四望是望於東、

[1] 大濩（dà hù）：周代樂舞之一。相傳為成湯時作。濩：屋簷水下流的樣子。

南、西、北四方的意思；《大夏》產生於禹，用於祭山川；《大濩》產生於商，用於祭炎黃；《大武》產生於周，用於祭周朝的始祖姜嫄[2]。

現代人不必瞭解古時祭祀用的樂舞，但是音樂和歌舞在如今是密不可分的。資訊時代傳媒業的發達，讓各種藝人都能夠彰顯自己的才華。懂得欣賞音樂可以陶冶性情，練習唱歌會增加氣脈和體魄；舞蹈更是如此，它是藝術靈動的表現形式，有益於身體健康，還能增加美感。不管年老年少，都有著自己曾追憶過的歌曲。在和諧的今天，也有更多的人願意去學習舞蹈來鍛鍊氣質、增長交際。錦上添花的東西，何樂而不為呢？

五射是指**白矢**、**參連**、**剡**[3]**注**、**襄尺**、**井儀**。這是五種高超的射箭技藝。白矢，是指箭射穿靶心後還能露出其鏃，鏃是箭的頭部。形容射箭者發箭時準確而有力。參連，是指射箭者先放一箭，緊接著再連放三箭，此四箭皆以第一箭為準，頭尾相連成一條直線，說明發箭者穩定而且迅速。剡注是說持箭時，將羽頭高鏃低發出，箭十分銳利的樣子。襄尺則說君臣一起射箭時，二人不能並立，臣要退後一尺以讓君。最後是井儀，講的是連發四箭，全部正中靶心。

---

2 姜嫄（jiāng yuán）：周人始祖後稷之母。帝嚳之妻。傳說她於郊野踐巨人足跡懷孕生稷。

3 剡（yǎn）：削尖，銳利。

射，作為古代的高超技藝，是我們可望而不可及的。對於現代社會，我們也許不需要射箭，但需要一種體育運動。生命在於運動，更何況全球化的今天，運動已經不止是有限的幾種了。它們品目眾多，總有一款適合您。有的人喜歡羽毛球，有的人喜歡足球、籃球，有的人熱愛游泳，有的人喜歡打打太極拳。無論哪種運動，鍛鍊身體是前提，同時再根據這項運動的規則，熟能生巧，提高水準。既能預防體質不佳帶來的疾病困擾，還可以作為愛好和技能提升自己。不運動的人，甚至不懂運動的人，不僅會變得懶惰，還會因為工作和學習中帶來的不良習慣（如久坐、近視等），導致中年時候的各種病症：如高血壓、糖尿病、頸椎病、痛風等等。若想免遭此罪還是讓我們將運動作為生活中一項重要的組成部分吧。

然後是五馭，是五種駕馭馬車的技藝：**鳴和鸞**、**逐水曲**、**過君表**、**舞交衢**、**逐禽左**。鳴和鸞指的是行車時候能夠與鸞的聲音相互應和，鸞是古代馬車車衡上配的金屬鈴。逐水曲是指車子在彎曲的岸邊小路上疾馳卻不墜入水中。過君表是說車在經過天子的表位時從容而有禮儀。舞交衢指的是駕車過通道或路口時穿行自如。逐禽左是說在駕車行獵的時候追逐鳥獸能從左面射獲。

說到駕車，也許在二十世紀九〇年代的中國大陸還屬於一項謀生的技術，而現在，已經是必備的生活技能了。在美國，沒有身分證，駕照就是他們成年的身分標識。中國近幾十年的飛速發展，開車也已經成為了不可或缺的能力。車是一個代步工具，由於科技的進步，讓地域和地域間的距離縮短了。我們能夠開車，便可以高效的完成很多事，節省時間。如果沒有汽車，也可以騎自行車。自行車的價格更適合所有居民，而且它不受道路的限制，在城市裡更為方便。有時能到達汽車所不及的地方，還能夠鍛鍊身體。當然，自行車現在也成了旅行的時尚。你們曾知道在二〇一一年中國就有著三個年輕人從北京騎車到倫敦去看奧運會嗎？這還是一種不一樣的精神和生活理念。

再之是六書，這是涉及到漢語的部分，我在其他地方有著詳述。六書是指：象形、指事、會意、形聲、轉注、假借。說的廣泛一點，語言是我們最重要的能力，中國人通過漢語交流，通過漢字在社會的每個細節應用、生活。運用語言的高手，在言談上就會讓人覺得不俗，樂於接近；用詞嚴謹，寫得一筆好字，在工作中也能體面增光。不管從事什麼，會說話是一方面，寫得了文章也是一方面。市場行銷靠的是如何表達產品，經濟中要能製作得了各種報表，搞物理、化學研究時要寫的了論文，就是做工程、做軟體也要能寫得了計畫書和規範，各種專案上的合同更不必說了。無論文、理、工，語言文字都是我們的基礎。

最後是九數：**方田**、**粟布**、**差分**、**少廣**、**商功**、**均輸**、**盈朒**[4]、**方程**、**勾股**。這並不像是數學的九種方法，更像是科學中運用數學邏輯的不同分科。有著商業經濟、有著農業糧食、有著交通運輸、有著生物醫學。數學的概念在我們生活中的應用無處不在。大家要勤於思考，懂得每天都能用到的計算。不懂數學，你都沒辦法買東西，不能通過交易和溝通來改善你的生活品質。數學總能涉及到財產，自己辦理銀行帳戶也要明白財產的多少，利率的增減，甚至通過借貸、投資來改變你的生活條件。假如你精通數學，那太好了，你一定能在應用時比別人獲得的更多。數學和邏輯還可以促進思考來改善你的大腦思維，這會是一個善性循環，務必要好好把握。

經過粗略的瀏覽後，我們發現儒家提出的六藝是多麼的精髓，而自身應該具有的素質卻遠遠不及。不過無妨，既然得知，從現在開始努力，絕對不晚。

國學，就在現代生活中，一點一滴。

4 朒（nǜ）：朔而月見東方謂之縮朒。缺虧。

※仁者愛人

孔子說仁，孟子取義。仁義二字，乃儒家之至上理論。仁的範圍太廣了，簡單的說，可以是人與人之間的互相親愛。有了愛心，為仁你就入門了。

有子曰：「其為人也孝弟，而好犯上者，鮮矣；不好犯上，而好作亂者，未之有也。君子務本，本立而道生。孝弟也者，其為仁之本與！」

子曰：「巧言令色，鮮矣仁！」

——《論語．學而》

《論語》中第一次出現仁的句子，就是這裡。孔子說，孝悌是仁之本，且不能「巧言令色」。形容偽君子常會用到這個詞。巧言就是花言巧語；令色則展現出了一副討好人的樣子。當話語，神態，以至於行動都是做給別人看的時候，虛偽的皮囊便早已遮蓋不住內心的醜惡了。只要是裝的，必然和真誠的內心有著本質的區別。同時，內心的動機與目的也藏滿了仕途和功利。裝，是一種炫耀。你炫耀什麼，你就缺什麼。

一**顆真正的愛心，常常不由自主，而又發自肺腑**。曾經我和一個朋友在大街上溜達。路邊擺攤兒的小販只顧著叫賣，卻忘了睡在桌子邊兒上的孩子。正巧我們經過時，嬰兒輕輕的醒來，睜著大眼睛望著我們笑，時不時的還會手舞足蹈起來。這時，充滿愛心的朋友就把它向桌子中央抱起來移了移，還溫馨提示攤主兒多看管注意，防止小孩子摔下來。完全的不經意之間，哪怕是陌生人，愛心也會暖暖的傳達。後來那個攤主兒很感動的說：「謝謝你。」存在著仁，存在著愛心，有時就會有微妙的小舉動。我曾見到兩三次，就有剛學會走路的小孩子一搖一擺的晃到這個朋友跟前，用自己的小手緊緊的握住他的小指，怎麼也不鬆開。我們看到就會開心的蹲下，撫撫他的頭，問問幾歲啦之類的話，然後相視一笑，溫暖自在心間。這一點很神奇，當你充滿了愛心，第一個喜歡你的人將會是嬰兒。

撕掉面具，真誠與愛心，是仁的第一步。

※孝悌

說到「孝」這個字，它所具備的意義應該是中國所特有的。《增廣賢文》中彙集古今的諺語俗語，其中就有「百德孝為先」的句子。我們的儒文化一直都崇尚孝道，古今的天子也都曾有著「以孝治天下」的準則。就是現代，凡有長輩去世的家裡，晚輩們也都要披麻戴孝，從晚輩的尊敬與懷念之情中，詮釋了中華民族的傳統美德。

西方文化則不同，以自由這個概念為基礎，孩子們很少會去干涉父母，更不用說是孝道了。父母年邁之時，往往只能守燭孤坐。若有相伴，尚相依度日；若隻身一人，不免冷清，也不能感受天倫之樂了。這時的中國文化，則顯出了一片祥和，溫馨寧靜的樣子。大家注重團圓，逢年過節，親人朋友相聚，熱鬧非常。談笑中，透著寒暄與體貼，此間的溫暖，豈是西方人所能體會得到的？

從古至今，炎黃子孫們從未忘記過孝的教育。宋朝《三字經》裡就有著「香九齡，能溫席」的故事。**我們每個人，父母賜之以生，父母養之以豐，父母育之而成**。非子孫而不能報盡其恩也。「身體髮膚，受之父母，不敢毀傷，孝之始也。立身行道，揚名於後世，以顯父母，孝之終也。」此句話出自《孝經》，體現了孝道在中國文化中的宏大與深遠。除了父母年老時的照顧與關懷，自身的歷練更是孝的昇華。

那時的我，總是依偎著你。
聽著你講的故事，

感受著你的呼吸。

後來的我，時常會讓你生氣，
帶著和你截然不同的情緒。

也有一天，我會靜靜地獨自想念：
你在哪裡？
是否老是惦記？
不知不覺的，我淚流不已。

我曾想說，謝謝你。
賦予了我生命的奇跡。
我也曾想說，原諒我，
選擇了不一樣的方向，
卻帶來了一些叛逆。

我總在追尋陽光，
因為陽光裡有著勇氣。

我也會在陽光下徘迴，
去追尋將有著勇氣的你。

如果看到的只是膽怯與脆弱，
那是因為我也在時刻牽掛著你，
愛的記憶，
和不離、不棄。

不知你看到了嗎？
明天，我就在陽光下沐浴。
而今天，
我會握緊你的手，

帶你到陽光裡，
永不離去。

也許，
我更喜歡這樣的自己。

——葉離〈母親和我〉

父母之愛喚起了孝心，而悌便是兄弟姐妹之間的友愛和互相敬愛了。兄友弟恭，和和睦睦。

孝悌不僅是為人之道，更是團圓和美之情。

※忠

中國自古以來不乏忠臣、直臣。無論天子是英明神武，還是昏庸無能，總會有一些忠心耿耿的臣子輔佐。若為君者，善於納諫，則是百姓之福。若宦官奸佞當道，為君又無主見，近小人，那百姓就遭殃了。

忠雖然是美德，但一定要有方法。不必非要死心塌地的跟隨一個君主，才算是忠的體現。如果這樣，現今社會上凡是跳槽另謀高職的人皆成不忠之徒了，豈不可笑？領導者的殘暴和不辨是非會害死整個團隊。如商紂王，手下忠臣、能臣無數：微子啟[5]、箕子[6]、比干[7]等等。結果，比干反而落了個剖心觀竅的下場。

因此，一個決策英明的領導是忠的基礎。然後，忠就是團隊堅實的紐帶。有一次，正好和朋友談到創業的問題。聊到最後，發現其實開始最難，難就難在不容易組建一個團隊。能夠讓幾個散落的朋友形成一個整體，就是靠忠來連接的。每個人都忠於對方，每個人也都忠於這個集體。二人同心，其利斷金。

忠也是有技巧的。鄒忌諷齊王納諫，觸龍說趙太后，都是忠卻不直的經典例子。忠言逆

---

5 微子啟：子姓，名啟。世稱微子、微子啟（「微」是國號，「子」是尊稱），宋國（今河南商丘）開國遠祖，第一代國君。微子是商王帝乙的長子，紂王的庶兄。

6 箕子：文丁之子，帝乙的弟弟，紂王的叔父。官太師，封於箕（今山西太谷，榆社一帶），名胥余，為中華第一哲人。其在商周政權交替的大動盪時代中，因其道之不得行，其志之不得遂，「違衰殷之運，走之朝鮮」，建立東方君子國。

7 比干：子姓，沬邑（今河南淇縣）人，帝丁的次子，帝乙的弟弟，帝辛的叔父，官少師（丞相）。

耳是必然，但如果委婉的說出，效果就會好點。如果還能剖析利弊，說中要害，被接受的可能性就更大了。利用著非同尋常的思維和口才，更能將忠發揮的淋漓盡致，而且效果顯然。

※信

不知從什麼時候，信用開始變得流行起來。大家注重信用了，幾乎每個人都會有信用卡，可以預支未來的錢。可是如果在規定期限內不能按時還帳，或者沒有還夠，就會降低信用。信用是與銀行貸款，購物買房等自身利益掛鉤的。當個人的信用度極低時，辦事的不方便可想而知。

據說信用這個概念是從西方傳來的，中國不太注重這個，這絕對是個誤解。中國一直將信義排在首位，是約定俗成的江湖規矩。但信用卡的機制是向西方學的，有了信用的約束，會增加彼此的信任。我不禁想到在前些日子微博上看到的帖子，是兩幅掛圖，對比西方人和中國人的。也有的寫成德國人和中國人，反正差不多。中間有一幅是這樣的：西方人的時間觀念，說好八點，就是整整的八點。中國人則會在前後有個十分鐘左右的寬泛。其實往往是這樣，與朋友約好一個點見面，遲到的頗多，更有甚者乾脆放你鴿子。問到理由時，還會義正辭嚴地說，「有嗎？哦，忘了。不好意思。」結果根本聽不出有歉疚感。這就是不守信。

信用是一種連接關係，一種力量。好像化學中「鍵」的概念，可以綁定兩個碳原子緊密的連接在一起。信用的高低也就體現了兩者之間關係的強弱。朋友就是最好的例子，越要好的朋友一定是建立在彼此非常信任的基礎上的。

我曾上高中時，見過一次全國卷的高考作文，以「信」為題，寫一篇文章。記得當時比較有名的是一個學生寫的古文，還上了報紙，名曰「赤兔之死」。現在想起仍有所餘味。

道家

※道法自然，從德始

在大學時，聽一位學者的講座。尚未涉及到內容，先關於《道德經》是道篇在前還是德篇在前的版本問題介紹了一個多小時。好容易要進入主題了吧，他開始照著書本念。念一句，解釋一下。我忽然覺得，老子說的無為應該用在這裡。您還是別講了，我自學一下就好，名家的注釋還是易懂的。

不過，「無為」的涵義絕不像這個玩笑一樣狹隘。它的哲學理念是用來解釋人生意義和許多社會問題的。「無為」不是說什麼都不做，而是要在思想上無欲無求，捨棄志向或者欲望。我聯想到的第一個概念是「市場經濟」。有了市場，人們無須刻意做什麼，只要隨著自己的本性，追求最大利益就好。這時，就會有著一隻看不見的手，左右著經濟，使整體利益達到最大。自然而然，反倒有了很好的效果。

每個人都在力圖應用他的資本，來使其生產品能得到最大的價值。一般來說，他並不企圖增進公共福利，也不知道他所增進的公共福利是多少。他所追求的僅僅是他個人的安樂，僅僅是他個人的利益。在這樣做時，有一隻看不見的手引導他去促進一種目標，而這種目標決不是他所追求的東西。由於追逐他自己的利益，他經常促進了社會利益，其效果要比他真正想促進社會利益時所得到的效果更大。

——亞當・斯密

「無為」讓我聯想到的第二個概念是創新。別具一格總是來自於靈感，這是創作的源泉。也許平常觀察和學習時的逐步積累會對今後產生潛移默化的效果，但是創新理念的出現，絕非可以強求的。它像愛情一樣固執，不可捉摸，可是它一旦出現，這份美好是可以散盡繁華的。沒有其他能與之相比。

「無為」是一種自然而然，無心插柳柳成蔭的美好。估計順其自然這個詞，最早也是從《道德經》中來的吧。那麼我們所「順」的這個自然究竟是什麼呢？是「道」。道是本源。如果是「天道」，便是自然運行之法則。如果是「人道」，則是人生之法則。人生怎樣才是對的呢？要順應天道才對。

人法地，地法天，天法道，道法自然。

——《老子》第二十五章

自然是平衡的，損有餘而補不足。「道」分著有和無。不論人生還是世界，都是在這有和無的變化中進行的。**我們做得過分，則會物極必反，樂極生悲；我們做得不夠，則無功無果，原地踏步**。自然是在行進中的，人也是。只要我們把握好平衡，便能細水長流，讓平和永不斷絕。

遠離名和利，是從老子開始的。而摒棄貪心，正是無為的開始，道的法則。人道順其自然，便是善。是善則有德，有德則有得。

※神仙道學

道教和老子的道家不是一回事。

道教的思想已經通向神仙了，長生不死成為了最終目的。老子如果在世，都不知道該怎麼想了。

道教成為了宗教，是中國土生土長的。它雖沒有受到過外界思想的強烈衝突，但或多或少的影響還是存在的。比如佛教傳入中土，道教一定吸收了不少營養。值得欣喜的是，佛、道二教在中國歷史上並存共生，而且持續至今，是不小的成就。道教的存在一定有它非常值得的地方，這些地方慢慢形成了信仰。

如果給道教寫部歷史，算算起源，可謂十分悠久。從老子的《道德經》開始就有兩千五百多年；假如從有《易經》開始，就得三千多年了；如果再追溯到八卦，是不是以神話作為開端，伏羲都能成為創始人了呢？這個我們無從得知。然而，橫貫古今，整個關於「道」的體系，還是非常流暢，延綿不斷的。

作為宗教，必然是有定義和特徵的。我認為需要這麼幾點：一、**宗教以思想形成信仰**。相信、崇敬、追隨成為前提。二、**宗教思想提出的精神要高於普通的人間**。人們是不會信服於等同自己或低於自己的存在的。三、**宗教皆有組織、有儀式、有規則**。這些組織、儀式、規則，是人定的？還是高於人的存在定的？一般都不可考了。

具有以上這些條件的，便是宗教。道教無疑確是。

現在我還能記住小時候讀《封神演義》時老子一氣化三清的場面。《封神演義》裡的老子是神話了的太上老君，他在與通天教主鬥法時，化作了上清道人、玉清道人、太清道人三位神仙，場面瞬間震懾。「三」這個字在道家裡一直是個虛指，《老子》有云：「道生一，一生二，二生三，三生萬物。」三清通歸於老子，是萬脈同宗之意。也許這三清正是指過去、現在和將來。

以「道」為核心理論，貫通於天地，超出凡人便是神仙。對神仙的嚮往演變成了追求長生不老。追求長生不老的方法是修煉。修是修氣，煉是煉丹。再將卜筮的理論拿來當做推論，形成了算命學。

倘若將易學融入到醫學理論中，中醫的良好發展是顯而易見的。但若將易學融入到煉丹中，效果就不太理想了。他們將坎為鉛，離為汞；坎本代表水，離代表火；這樣水為陰，火為陽；鉛為陰，汞為陽。同時控制水、火的程度與變化，混而為一，煉成丹藥。這是《周易參同契》中所闡述的。參同契是指將易學、黃老和爐火三種學說合而為一的理論，用天地自然的規律來凝合成人間永恆的秘方。

丹藥以外，重在修氣。氣在道學中是人體的靈魂性物質。說「天有三寶日、月、星；地有三寶水、火、風；人有三寶精、氣、神。」天、地、人是相應相成的。簡單說，精是生命的物質抽象；氣是生命的活動抽象；神是生命的意識抽象。三者和合，形成人。精、血充盛成為物質條件的根本，是精；新陳代謝、機能活力成為生命活動和存在根本，是氣；知覺、意識、思想、精神成為人類靈魂的根本，是神。保養好精、氣、神，我相信一定能不老，但是長生還有待驗證吧。

最後，還有些所謂的道人，能夠預測未來。借易學為思想基礎，揣測並推論出人們今後的命運。若將所有的結果都預計準確，落實在時空中，這是需要多麼強大的力量啊。我總覺得**人生新奇的世界才會更精彩，更有意思。假如一切都在掌控之中，反而乏味**。當然，如果前面只是個方向的話，那就是希望。人有著希望，去經歷將來無數的偶然，生命才有意義啊。

也許我們正在摸索的這份期待，也是道的一部分吧。

墨家

※子墨子

「子」，在先秦時期是對成年男子的尊稱。「子曰」，已約定俗成，就是指孔子說……。在古時，沒有明顯的界限針對「說」來分類。不過會有這樣的語感：如果是「曰」，則高級一點，文人士大夫在說；如果是某某「云」，那就是普通老百姓的講話了。

翻開《墨子》，多見到的是「子墨子言曰」。其實這本書，並非其本人所作，而是其弟子記錄下來了他的思想和言行。有點類似於《論語》，但文體不大相同。《墨子》中對話較少，理論闡述居多，而且篇幅較長，不像孔子那樣短小精煉，句句發人深省。既是弟子記錄，自然要稱老師，遂有前一個「子」，再尊稱一下，便是後一個「子」，「子墨子」就是這麼來的。

想到了紀曉嵐智解「老頭子」的故事，在這裡引用一下：

紀文達體肥而畏暑，夏日汗流浹背，衣盡濕。時入直南書房，每出，至直廬，即脫衣納涼，久之而後出。高宗聞內監言，知其如此，某日欲有意戲之。會紀與同僚數人，方皆赤身談笑，忽高宗自內出，皆倉皇披衣，紀又短視，高宗至其前，始見之，時已不及著衣，亟伏御座下，喘息不敢動。高宗坐二小時不去，亦不言。紀以酷熱不能耐，伸首外窺，問曰：「老頭子去耶？」高宗笑，諸人亦笑。高宗曰：「紀昀無禮，何得出此輕薄之語，有說則可，無說則殺。」紀曰：「臣未衣。」高宗乃命內監代衣之，匍匐於地，高宗厲聲繼問「老頭子」三字何解。紀從容免冠頓首謝曰：「萬壽無疆之為老，頂天立地之為頭，父天母地之為子。」高宗乃悅。

——（清）保珂《清稗[1]類鈔》

紀曉嵐本用「老頭子」一詞調侃高宗，最後反解釋的有理有據。「老」可說是長壽，「頭」可說是「鼇首」，「子」當然是生於天地了。

---

1 稗（bài）：禾別也。比喻小的，非正統的。

※墨攻

墨子這個人很厲害，有個著名的故事是「墨子救宋」，在「公輸」這一篇裡有記載。公輸指公輸盘，就是魯班，我們熟知的魯國能工巧匠。他不僅熟於木工，更善於製作和創造各種器械，算是春秋時偉大的發明家。當時楚國要攻打宋國，請公輸盘造了雲梯。雲梯不是普通的梯子，它高達城牆，下有輪子，移動方便。墨子知道這件事後，便立即從齊國出發，歷經十天十夜到達楚國都城郢。

公輸盘問：「你來幹嘛啊？」墨子說：「北邊有人罵我，所以來想借你之手替我把他幹掉。」公輸盘一聽，不高興了。墨子說：「我給你一個億作為報酬。」公輸盘說：「我講道義，不無緣無故殺人。」墨子聽完，馬上起身，鞠躬拜禮，說：「那宋國沒招你沒惹你的，你幹嘛造雲梯要欺負他？楚國有的是地，還要占宋國的？楚國缺的是人，卻還要殺人。你明明知道，這樣損不足而補有餘是錯的，無罪興師也是錯的，卻不據理力爭，這是不忠義，你爭又無所得，這是不堅強。殺一個人違反道義，殺眾人反而沒事啦？」言畢，公輸盘頓時無語，服氣了。

可是公輸盘已經承諾給楚王了，不能失信。墨子便隨公輸盘介紹，親自面見楚王。墨子問楚王：「有人開著寶馬，卻不想要了，去偷鄰居的三輪車；吃著珍饈佳餚，卻想搶鄰居的糟糠苦水；穿的絲綿絨裘，卻想要鄰居的襤褸破布。這是什麼人啊？」楚王說：「這人一定是偷竊上癮了。」墨子說：「楚國不就是這樣嗎？富庶五千里，卻要搶鄰宋的貧瘠五百里。大王不是和那個竊賊同類了嗎？」楚王說：「好吧。但我已經讓公輸盘造好雲梯了，不能不打啊。」

於是，墨子解開腰帶圍作城池，公輸盘拿竹片作攻城器械，開始模擬對戰。公輸盘設計了多種攻城方法，但一條一條的都被墨子的方法防守住了。公輸盘已經才智耗盡，可墨子卻還有很多謀略沒有用上。最後，公輸盘說：「我知道怎麼對付你了，但我不說。」墨子回答道：「我也知道你要怎麼對付我了，但我也不說。」楚王不解。墨子說：「公輸盘想要現在殺掉我，這樣就能攻宋而不敗；但我早已在來以前將這些守城方法傳給弟子了，若我回不去，他們便嚴陣以待。」楚王這下沒辦法了，便打消了攻宋的念頭。

可墨子回去時，途經宋國。天下著雨，想要在閭門那避避雨，守閭門的人卻不願接待他。這就說明瞭一個道理，有著大智的人，眾人並不知道他；而總在明處競爭彰顯的人，大家反而都知道。

※墨學

墨家和儒家大有不同，歷代研究者對其褒貶不一。「兼愛」廣於「仁」，卻乏於「孝」，批判之聲遂起。《孟子・滕文公下》中曾說到楊朱[2]和墨子：「天下之言，不歸楊，則歸墨。楊氏為我，是無君也；墨氏兼愛，是無父也。無父無君，是禽獸也。」這就好比是說不忠不孝，與儒家的仁義相悖。再說唐宋到明清時期，有持批評的王安石，也有持肯定態度的宋濂。我**觀思想，還是要從積極的方面出發，看到它好的一面**。

墨子尚賢，尊重並擢拔有志有才之士。好比伯樂能選中千里馬，用人是管理學的核心。物有所用，人盡其才。舉賢者富貴，方能治國。墨子尚同，是指要全國上下的意見一致。只要齊心，必能有所作為。方法很簡單，上級正確，則服從；上級錯誤，則勸諫。賢能之士傍立，能減少歧途。

兼愛是無私的。因為大家自利自愛，天下秩序才會混亂。如果愛人能如同愛己，那麼兼相愛就能產生出交相利的效果。上古時期的堯舜禪讓，正是以此為天道，而天下大治。兼愛

[2] 楊朱：先秦哲學家，戰國時期魏國人，字子居，道家楊朱學說派創始人。

有和睦，和睦才能積累出和平。所以墨子反對戰爭，提出非攻。不征伐他國，亂殺無辜；不因戰爭而消耗大量的資源物品。

這些資源物品是人民生活富足的保證，不僅需要保護、更要節儉。現代的社會也是如此，只不過變成可持續發展和環保的角度了。杜絕鋪張浪費，「節儉則昌、淫逸則亡。」人生而如此，死亦要如此。對待葬禮，也要節儉。把這些奢侈用在活人身上豈不更好？

墨子崇尚天道，相信鬼神，卻不信命運。人的意志要和天的意志相互統一，也就是遵循自然規律，才能和諧發展。墨子通過各種傳聞和記載來證明鬼神確實是客觀存在的。若有了鬼神，對人間就有著震懾。當人人都心存敬畏時，自然不敢妄行。這一切都是為了國、為了家。但是，國家的興亡、個人的榮辱卻不是由命運主宰的，一定要靠自身的努力來完成。針對於命運是否真的能主宰自己，墨子採用了「三表」的方法來予以判定和證明。

有本之者，有原之者，有用之者。於何本之？上本之於古者聖王之事；於何原之？下原察百姓耳目之實；於何用之？廢以為刑政，觀其中國家百姓人民之利。此所謂言有三表也。

——《墨子・非命》

判斷命運是否左右人生，先要追溯古時的先例，再要考察現今的實踐，看看是否能真正帶給老百姓利益。如果此三者都符合，便可證明瞭。周全的判定方法，告訴我們命運，是主宰在自己手裡的。

不過，墨子也有不盡人意之處。例如音樂，現在這是一門藝術。但墨子認為聲色方面的享受一定要廢除，否則會亂人秉性。他不希望沉迷而誤國，便用古時的例子作為教訓，同時，為音樂產生的所有物質消耗也要廢除。

種種觀點，使墨子自成一家體系。墨家思想來源三處：孔子儒學、大禹夏政和清廟之守。墨翟之後，又分為三派：相裡氏之墨、相夫氏之墨、鄧陵氏之墨。眾者皆是墨學。

※東方之科學

誰說科學是西方創造的？春秋時期的墨子已有思想。

《墨子》中定義了力。「力，刑之所以奮也。」刑是指物體的運動。奮是指加快和加速。所以，力是導致物體加速運動的原因。力，可以是物體重力的稱謂。

墨子還專門敘述了杠杆原理。

故招負橫木，加重焉而不撓，極勝重也。右校交繩，無加焉而撓，極不勝重也。衡加重於一旁，必捶。權重相若也，相衡則本短標長。兩加焉，重相若，則標必下，標得權也。

——《墨子．經說下》

橫木，指杠杆。撓，是發生偏斜。極，是支點。如果杠杆兩邊加的物體，重力不同而又不發生傾斜，是因為支點的選擇，超過了重力的大小。交繩，是懸於支點上的繩索。如果移動交繩，就是改變了支點的位置，如果原來的兩物體重力不變，那麼杠杆必然會傾斜，是因為支點的選擇超過了重力。衡，是指平衡，就是這個秤。如果在秤的一側加重，那麼這一側必然受重力下垂。權，是砝碼的重量，衡量的標準單位。本，是重物到支點的距離。標，是砝碼到支點的距離。如果砝碼的重量與物體的重量相互平衡，是因為砝碼到支點的距離要長於重物到支點的距離。如果兩邊加相同的重量，那麼標的這一邊一定會下垂，因為標獲得了權。

本、標、權、重、衡，這五個術語清楚的闡述了杠杆原理，而且，這也成為謀略哲學的一部分。除了這些，墨子還對力的平衡，浮力等理論有所闡述。這只是力學方面。

宇宙這個詞，是指時間和空間的集合。宇，是上下四方的所有空間。宙，是古往今來的所有時間。墨子用久來代替宙的概念。「久，彌異時也；宇，彌異所也。」利用不同的方式，描述自然的時空規律。科學的範圍非常廣闊，墨子還在數學、幾何、光學等方面有著突出的成就，這裡就不多說了。

但必須要重點敘述的是邏輯學。世界著名的三大邏輯學分別是：**古希臘亞里斯多德邏輯學**、**古印度因明邏輯學**和**古中國墨辯邏輯學**。

墨子通過辯論的方式來判定是非，合理與否。墨辯邏輯學的基礎是，針對同一類的矛盾進行判定。在這一類中，對矛盾的真假命題來判定是非，尋求正確。墨子還言明瞭墨辯邏輯學的作用和目的。

> 夫辯者，將以明是非之分，審治亂之紀，明同異之處，察名實之理，處利害，決嫌疑。
>
> ——《墨子・小取》

這是爭辯的目的。爭辯的人，是為了分清一個是非曲直，懂得真假；然後減少矛盾和糾紛，維護社會安定與和平；再之，要明瞭相同和不同；察明概念和實物之間的真正關係；最後才能趨利避害；摒除疑惑的地方。

墨子還給出邏輯判定的基本思維。

以名舉實，以辭抒意，以說出故。

這個思維實際就是概念、判斷和推理的過程。名，是指概念或定義。名分為三種：達、類、私。達是最普遍的名；類，是一類事物的名；私，就是特定專有的名。先用名定義事物的本質屬性，利用概念性描述說明一個命題。接著，通過言辭來表達命題的真假異同。最後，推理證明，告訴大家這是為什麼。如此這般，一個墨辯的邏輯才算是完整了。

但如何能證明推理呢？墨子又給出了幾種方法。

一是「**效**」，效是一個標準，有了標準的衡量，通過比較來判定命題是否符合。

二是「**譬**」，就是打比方。用已知的命題來推論出當前命題的正確性。

三是「**侔**[3]」，好像是等量代換。一個命題成立時，另一個命題也自然成立。

四是「**援**」，用對方的觀點推出己方的觀點正確。

五是「**推**」，以對方觀點為基本，反推出一個與對方觀點相矛盾的命題。

[3] 侔（móu）：相等，齊。

方法結束後，予以總結。與現在的歸類法和演繹法相似，歸類法是「以類取」，以特性推出共性；演繹法是「以類予」，由共性找出特性。

末了，墨子寫出了邏輯學的三大定律：**「同一律」**、**「矛盾律」和「排中律」**。同一律是指一個事物只能是其自己，不能成為其他。矛盾律指兩個相對的觀點必有一真一假。排中律是指這樣的觀點也只限於彼此兩者，不能有其他。

墨辯邏輯學非常的嚴謹，曾經所達到的高度，如果我們現在不認真學習、利用，可能還停留在原地，而不知其所以然呢。

法家

※依法治國

秦朝本是邊陲小國，爵位較低，只是伯爵。東周初期，因其曾助王室剿滅犬戎，因而地域有所擴張。後來國力逐步強盛，法家的思想功不可沒。

商鞅變法被歷史學者們定義為奴隸社會和封建社會之間的分割點。主觀的人情開始依照法律法規，秦朝因此大治。不論何時，最能體現法制嚴明的例子就是賞罰。賞罰分明，自然會受到百姓和士卒的愛戴；然而卻嚴重觸犯了那些靠非常手段得逞的高官貴族。商鞅的作法更甚，使用厚賞重罰，有功必然多利，然而有錯則施以酷刑，讓人民不堪懲負。他不避權貴，依法治國，貶低工商業，注重農業，是標準的軍國主義思想。當變法的一系列條目實行以後，秦國走向了富強。

商鞅留有著作兩本：《商君書》尚存世，《公孫鞅》已佚。《商君書》中體現商鞅重法輕人、重農輕商、重戰輕和、重刑輕賞的治國原則。這些思想在施行過程中侵犯了權貴的利益，引來政治鬥爭。後來，商鞅的變革雖帶來了不朽的功勳，卻在戰爭中受人誣陷，被用以車裂之刑，並誅滅了其全族。車裂是一種極其殘酷的刑罰，也稱為五馬分屍。將人的頭、雙手、雙足五個部分用繩索分別綁於五輛車上，然後以馬牽車，向五個方向奔跑，活生生的將人身體撕裂成五塊。如此情形，不堪想像。

商鞅雖死，但變法並沒有被廢除。秦國的實力得以保持。到了戰國末期，秦已是數一數二的強國了。就在將要一統的那段時期，還有兩位法家的代表人物與秦國有著密切的關係，他們便是**韓非**和**李斯**。韓非是法家的集大成者，將商鞅的重法、慎到的重勢以及申不害的重術三者相互結合。法，是健全的法律制度；勢，是君王的軍事、政治權勢；術，則是組織、管理的策略和手段。所以，要以法律為依據，運用權勢，通過任免、賞罰等多種策略來組織和管理朝政。

可是韓非命途多舛，一生不被任用。憂憤之下，寫出的《孤憤》、《五蠹[1]》、《內外儲》、《說林》、《說難》等十余萬言的著作，傳入秦國。秦王政觀後，不禁感慨：「嗟

[1] 蠹（dào）：蛀蟲。

乎！寡人得見此人與之遊，死不恨矣」。韓非，曾將自己的理論逑與韓王，但未被採納；到了秦國，卻又受到李斯的排擠、陷害，而死於秦國獄中。

相反，李斯成為了法家理論的實踐者。他輔佐秦王政，統一律法、統一文字，廢除分封制，執行郡縣制，加強中央集權。秦國做出的種種努力都有著飛一般的成就，然而卻逐漸走向了極端，人民苦不堪言，最終不能承受，奮起反抗。

法家之法是核心，可決不能代替人情、道德。**世間的一切運行，遵循主動和意願才會有生活的幸福感，強迫和被動的制度只能遭來反抗**。當秦始皇發現自己按照李斯所執行的政策與儒家格格不入時，百家的文化衝突日益彰顯。而李斯卻建議，廢除言論，皆是讀書之過。結果，有了焚書坑儒，導致我們如今遺失了大量的典籍著作。

法，是無情的；但是，法，也是人去制定的。一部適合於所有人民的法典綱要，是需要隨著人們的生活逐漸調整和改變的。這些細節中，無不滲透著人情、言論、自由、道德。平衡這些因素，才是法律真正要去完成的，因為它的要旨，始終是每個人的幸福生活，還有不斷前進和發展的世界。

兵家

※兵法初窺

人類的文明史就好比一場戰爭史，據說在歷史的長河裡，整個世界都處於和平的時期總共也不過幾十年，不同的地域裡總是大小衝突不斷。

戰爭的意義是可想而知的。每個國家、每個民族都會為不同的利益、不同的信念爭取著什麼，以至於不惜代價，也要通過武力來獲得。《孫子兵法》在第一篇中就有言：

> 戰爭，乃國之大事，死生之地，存亡之道，不可不察也。
>
> ——孫武《孫子兵法·始計第一》

不管什麼原因誘發，一旦戰爭打響，為獲得最終的勝利，將成為永恆的目標。但是，在實際戰場中，變化多端，詭譎相套，為了贏得一場戰爭所涉及到的因素多的不可勝數。選擇最高效且損失最小的方案必然成為了眾家所求，這就是兵家。

兵家的代表人物是孫武，春秋時期吳國的將領，原為齊國樂安人，當時著名的軍事家、政治家。他在完成《孫子兵法》十三篇後，曾攜之以拜見吳王闔閭[1]，後受命為將，戰無不勝、攻無不克，同伍子胥一起輔佐吳王稱霸。但在最初，孫武拜見吳王時，還有個小故事，在《史記》中有所記載：

孫子武者，齊人也。以兵法見於吳王闔廬。闔廬曰：「子之十三篇，吾盡觀之矣，可以小試勒兵[2]乎？」對曰：「可。」闔廬曰：「可試以婦人乎？」曰：「可。」於是許之，出宮中美女，得百八十人。孫子分為二隊，以王之寵姬二人各為隊長，皆令持戟。令之曰：「汝知而心與左右手背乎？」婦人曰：「知之。」孫子曰：「前，則視心；左，視左手；右，視右手；後，即視背。」婦人曰：「諾。」約束既布，乃設鈇鉞，即三令五申之。於是鼓之右，婦人大笑。孫子曰：「約束不明，申令不熟，將之罪也。」復三令五申而鼓之左，婦人復大笑。孫子曰：「約束不明，申令不熟，

1 闔閭（hé lǘ）：（西元前五一四年至前四九六年），一作闔廬，姬姓，吳氏，名光。又稱公子光，吳王諸樊之子，春秋末期吳國君主。

2 勒兵：治軍，操練或指揮軍隊。

將之罪也；既已明而不如法者，吏士之罪也。」乃欲斬左右隊長。吳王從臺上觀，見且斬愛姬，大駭。趣使使下令曰：「寡人已知將軍能用兵矣。寡人非此二姬，食不甘味，願勿斬也。」孫子曰：「臣既已受命為將，將在軍，君命有所不受。」遂斬隊長二人以徇。用其次為隊長，於是復鼓之。婦人左右前後跪起皆中規矩繩墨，無敢出聲。於是孫子使使報王曰：「兵既整齊，王可試下觀之，唯王所欲用之，雖赴水火猶可也。」吳王曰：「將軍甘休就舍，寡人不願下觀。」孫子曰：「王徒好其言，不能用其實。」於是闔廬知孫子能用兵，卒以為將。西破強楚，入郢，北威齊晉，顯名諸侯，孫子與有力焉。

——（西漢）司馬遷《史記・孫子吳起列傳》

闔閭本來並不看好孫武，有調侃之意，讓其訓練妃嬪。可眾妃嬪哪懂軍事？列隊聽令時狂笑不止，不能指揮。於是，孫武按軍法，一句「將在軍，君命有所不受。」斬首了兩位作為隊長的闔閭寵姬。不僅嚇壞了吳王，更瞬間整頓好了軍士。孫武知吳王只是對他的話語感興趣，並沒有用兵的意思，所以用此方法激之。而吳王既已失愛妃，確知孫武不僅能用兵，還能知人心，並予以對策，便封其為將，稱霸諸侯。

《孫子兵法》的地位是至高的，是兵家鼻祖、兵學聖典，在《武經七書》中列於首位。兵家學說的體系極其龐大，《孫子兵法》算是最有代表性的了。後來，北宋年間，宋神宗為了軍事和武舉的方便，在朝廷頒布了一本官方的軍事題材教科書《武經七書》。這本書成為了兵法中經典思想和學說的合集。**《武經七書》**主要是指**《孫子》**、**《吳子》**、**《司馬法》**、**《三略》**、**《六韜》**、**《尉繚子》**、**《唐李問對》**等七本書。

《吳子兵法》是戰國初期的吳起所著。最初有記載言《吳子》四十八篇，但到了清朝，修訂後只剩六篇。《吳子》提倡內外兼顧，內政要修文德，外事可治武備。吳起能和軍士同甘共苦，曾以其超強的軍事才能幫助齊國收復五十多城，但也曾為博得齊國信任，將自己是齊國人的妻子殺害，謀得官職，成為其一種詬病。

《司馬法》是由春秋末期的軍事家司馬穰[3]苴[4]所作，司馬遷曾評價此書：「閎廓深遠，雖三代征伐，未能竟其義，如其文也。」司馬穰苴本姓田，後因為其幫助齊國擊退前來入侵的晉、燕兩國軍隊，而獲封大司馬，所以後世續為司馬氏。可後來齊景公聽信讒言，將其罷黜，遂鬱鬱而終。

---

3 穰（ráng）：禾莖中白色柔軟的部分。也指瓜果的肉。豐收。

4 苴（jū）：鞋底的草墊，用以墊鞋底。

《三略》也稱為《黃石公三略》，有著上略、中略、下略三冊，相傳是漢朝初期著名隱士黃石公所作。黃石公曾與張良在下邳有所邂逅，並授予其《太公兵法》，即是此書。《史記‧留侯列傳》中有所記載。據說張良當年就是潛心研究此書，依靠謀略，運籌帷幄幫助劉邦奪取了天下，成為漢朝開國三功臣之一。

良嘗閒從容步遊下邳圯[5]上，有一老父，衣褐，至良所，直墮其履圯下，顧謂良曰：「孺子，下取履！」良鄂然，欲毆之。為其老，强忍，下取履。父曰：「履我！」良業為取履，因長跪履之。父以足受，笑而去。良殊大驚，隨目之。父去裡所，復還，曰：「孺子可教矣。後五日平明，與我會此。」良因怪之，跪曰：「諾。」五日平明，良往。父已先在，怒曰：「與老人期，後，何也？」去，曰：「後五日早會。」五日雞鳴，良往，父又先在，復怒曰：「後，何也？」去，曰：「後五日復早來。」五日，良夜未半往。有頃，父亦來，喜曰：「當如是。」出一編書，曰：「讀此則為王者師矣。後十年興。十三年孺子見我濟北，穀城山下黃石即我矣。」遂去，無他

5 圯（yí）：橋。

言，不復見。旦日視其書，乃《太公兵法》也。良因異之，常習誦讀之。

——（西漢）司馬遷《史記・留侯列傳》

《六韜》分為六篇，分別是《文韜》、《武韜》、《龍韜》、《虎韜》、《豹韜》、《犬韜》，也稱為《素書》，是周朝開國名相呂尚所著。呂尚：姜姓，呂氏，名尚，又名望，字子牙，別號飛熊，尊稱太公望。姜子牙輔佐周文王姬昌、周武王姬發，滅商興周，堪稱武聖。《封神演義》中更將其神話。在兵法中，姜子牙從治國用人到排兵布陣都樣樣精通，後世的張良、諸葛亮等人也都借鑒過《六韜》。

《尉繚子》是戰國末期、秦初的著名軍事家尉繚所作。尉繚本是魏國大樑人，後遊說秦國，被秦王政封為國尉，為秦始皇統一六國立下了不朽的功勳。

《武經七書》中以上的六本都屬於漢前的著作，只有這最後一本《唐李問對》是唐朝初期的著作。該書也叫《李衛公問對》，是通過唐太宗李世民和其軍師李靖的對話來一一闡述李靖的軍事思想的著作。總共上、中、下三卷，問答九十八次。

《武經七書》的每一部成書都是一位軍事家的畢生經歷和思想，以獲勝為根本，延展出了複雜的謀略體系，在如今的社會也被奉之為經典。儘管沒有應用於戰爭，但在官場、商戰中都可以作為綱要指導，讓其中的哲學理念為每個人謀得勝利。

※《孫子兵法》詳說

孫武在入吳國受任軍師之前，已將《兵法》十三篇寫成。他是齊國人，居於齊國直至高昭子聯合欒、鮑、田三家反晏嬰時。是年，孫武三十歲。年輕時，他先求學於蒙山，再周遊天下，對各古戰場實地考證，最後博覽群書，刻苦鑽研，創立了自己獨特的一套軍事理論，後世尊奉為綱要經典。

《孫子兵法》十三篇，篇篇巨著。其中的很多名句、理論，眾人悉知。

一句「死生之地，存亡之道」，便道出了本書的核心，戰爭是何等的重要：微觀至人民的生與死，宏觀到國家的存和亡，戰爭成為了決定性因素，是不可不慎重、周密地認真觀察、分析和研究的。

接著，便利用「道、天、地、將、法」五事來具體決策戰爭的成敗。道是要君主和民眾的意志統一，一切為了人民；然後加之以天時、地利、人和，就可起到主導作用；再瞭解氣候和地形；將具備仁愛、守信、智謀、勇敢和嚴明等優點；最後，法貫穿其中，制度嚴明，井井有條，何言不勝呢？

始計第一

孫子曰：兵者，國之大事，死生之地，存亡之道，不可不察也。

故經之以五事，校之以計，而索其情：一曰道，二曰天，三曰地，四曰將，五曰法。

……

計利以聽，乃為之勢，以佐其外。勢者，因利而制權也。兵者，詭道也。

……

攻其不備，出其不意。

兵法中，有著一個獨特的理念，叫做「勢」。勢是因利而制權。因利是要瞭解我方的優勢，並將它建立起來；其次方能制權，以掌握主動。當優勢與主動彰顯時，自然有著壓倒性的氣場，也許尚未開戰，對方就已經輸了。這就是氣勢上的不敵，因勢利導的道理。

然而，兵者，詭道也。戰爭，是詭譎[6]之道。真真假假，虛虛實實，皆是以獲勝為最終

[6] 譎（jué）：欺騙，詭詐。

目的的。可能勢就是假的，虛張聲勢也可破敵制勝；可能看似假的，卻又是真的，讓人猝不及防。這便是戰爭的奧妙了。這也是所謂的攻其不備，出其不意。

所以，戰爭，貴在取勝，要笑到最後。為了取勝，制約的因素有很多，如糧草、時間，甚至剛剛所說的氣勢都很重要。這時，善於用兵的人，會抓住效率和時機，一舉制勝。如楚漢相爭之時，項羽雖勝有百場，但韓信之計使劉邦在垓下一役，扭轉乾坤，方是最佳。

作戰第二

故兵貴勝，不貴久。

「一鼓作氣，再而衰，三而竭。」這是《左傳・莊公十年》中告訴我們的道理。用兵宜神速，不宜持久，才能有著最好的時機和最大的優勢。

謀攻第三

是故百戰百勝，非善之善也；不戰而屈人之兵，善之善者也。故上兵伐謀，其次伐交，其次伐兵，其下攻城。

……

知己知彼，百戰不殆。

曾有一個故事，說有位老闆為自己在全國挑選司機，經過了層層考核後，剩下了三位駕駛技術精湛的選手，皆不分高下，難以定奪。於是，他給出了最後一道題目：前面就是懸崖，誰能在懸崖前及時將車停下保證安全，便是最終勝者。第一位在離懸崖五米的地方穩穩地停住了；第二位卻只用了三米的距離；等到第三位開車時，沒開幾步就停下了，離懸崖十分遙遠。老闆問第三位司機：「為何這麼遠就停下了？怎麼證明你的水準呢？」司機答道：「我明知前面有危險，為何還要靠近呢。」結果，第三位選手最終被錄取了。

可見，**安全的最優策略是預防，而非治療和補救，懸崖勒馬已經代表是看到了危險或過**

錯了，亡羊補牢就不能當其沒發生過。在用兵上，又何嘗不是呢？靠戰爭勝利只是下策；利用外交手段孤立對方是中策；如果還未開始，就已料到對方的意圖，才是上策，將其消滅在了萌芽狀態。因此，「不戰而屈人之兵，善之善者也。」

當然，到了不得不用兵的時候，就一定要審時度勢，知己知彼，方能百戰百勝。

軍形第四

勝可知，而不可為。不可勝者，守也；可勝者，攻也。

⋯⋯

善用兵者，修道而保法，故能為勝敗之政。

追求勝負是必然的道理。通過衡量利弊，充分保證自己的一方不被戰勝，這樣，獲勝是可以得知的；然而勝利是不能強求的。不可戰勝，就意味著守，保全；可以戰勝，就已有著足夠的優勢了，便可為攻。攻守的基本道理就在這裡，立於不敗之地是堅石。

既然能為不可勝，又能知可勝，便是善用兵的第一層境界。還有更高，那就是修道和保法，修治為戰之道，保全制敵之法，方能主宰勝敗。

兵勢第五

凡戰者，以正合，以奇勝。

……

勢如擴弩，節如發機。

古時用兵，分為**正兵**和**奇兵**兩種。正兵是正面交鋒的軍隊，敵我雙方相互對峙，所臨者都是正兵。而奇兵，是出奇制勝的兵種，一般不在明處，常常暗渡陳倉，處於決勝之機。戰爭響起之時，正兵對壘，奇兵制勝，才成為戰略。正兵和奇兵要互相搭配使用，各種組合，奇正相生，技法數不勝數。無窮變化帶來的不可知，是得勝的關鍵。

奇正運用的方法，在於**勢**和**節**。勢就好像湍急的水流，久而久之強大的衝擊能將沉水的大石推起；節就好像天上的猛禽，捕獵時能以迅雷不及掩耳之勢致獵物於死地。如要利用好勢，就要有充足的蓄能，劍拔弩張的態勢；如要利用好節，就要有突然間的速度，那扳動弩機的瞬間。

正兵可有勢、節；奇兵亦可有勢、節。如此又生出多少變化呢？

虛實第六

善戰者，致人而不致於人。

⋯⋯

夫兵形象水，水之行避高而趨下，兵之形避實而擊虛；水因地而制流，兵因敵而制勝。故兵無常勢，水無常形。

勢與節，都是為了讓用兵時，能夠掌握主動權。有著主動權，便可調動敵人，否則會被敵人所牽制。善用兵的人，必然能把握局面，不受制於敵。

虛虛實實，無窮盡也。

書中做了一個非常經典的比喻，用兵的形態要如水一般。水流是避開高處，順勢而下的；用兵也是如此，要避實擊虛。實是嚴密而強大的，虛是鬆散而薄弱的。以己方的優勢擊對方的劣勢，焉有不勝的道理？所以，地形的高低成為了水流態勢的原因，而敵方的狀態成為了我們用兵制勝的方略。既然如此，那麼用兵的準則就有了定論：用兵沒有一個固定的方法，固定的態勢，要隨機而變，因敵制勝。水也沒有固定的形態，根據地形而不斷的適應變化。有著萬般變化，就有著相生相剋，懂得了其中的機制，自然就有著如神一般的用兵。

軍爭第七

其疾如風，其徐如林，侵掠如火，不動如山，難知如陰，動如雷震。

……

三軍可奪氣，將軍可奪心。

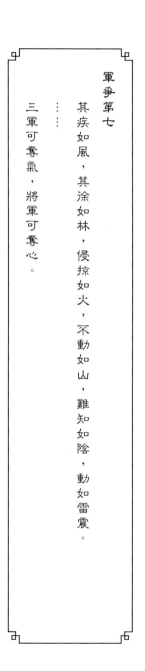

中國的文化一向被世界所重視。《孫子兵法》就曾被很多國家視為經典，在很早的時期就已引進學習。如今的社會已被用在了商業、政治等各個方面。記得就是在二〇〇七年，日本NHK每年一部的巨型歷史題材大河劇——「風林火山」上映。雖然故事講述的是日本德川幕府前戰國時期武田信玄家的著名軍師山本勘助的一生，但每一集的軍事戰略無不體現了《孫子兵法》的核心思想。這每集開篇的風、林、火、山四字正是出自這《軍爭》一篇。

軍爭所要爭的不是利益，也不是時間，而是要率先爭得可以制勝的條件或時機。可以先發制人，也可以後發先至。但無論如何，都要抓住這種條件。那麼，用兵自然要：行進時如風一般飛速；布陣時如森林般從容延展；攻略城池時如火一般迅猛；防禦駐守時如山一般巍然不動；隱蔽時，又如烏雲遮日；出動時，好似雷霆萬鈞。

面對敵方全軍，要使其喪失氣勢；面對敵方將帥，要使其動搖決心。運用水流之勢，避其銳氣，擊其惰歸，軍隊自然土崩瓦解；攻心為上，以逸待勞，將帥自然身心渙散。所爭之道，便在於此了。

九變第八

君命有所不受。

「將在外，君命有所不受。」這就說到戰爭中的具體運用了。具體問題要具體分析。古時君主的耳目並不能直達現場，必然不能瞭解到全面的戰略情報資訊。因時而變、因地制宜則成為了準則。運籌帷幄是在知己知彼，又知所有戰略環境下的大才之法，而非簡單的紙上談兵，被玩弄於股掌之間。

行軍第九

令素行者，與衆相得也。

本章細說行軍主要在兩個方面：一是軍隊所在的環境；二是軍隊自身的狀態。環境可以利用，依靠山川險阻拒敵，依靠草木動向察敵。然而軍隊本身的狀態則在於平時，平常就能夠有章有法，貫徹執行的，將帥和士卒間就能相處融洽，互相受益，提高整體效率。也就是說，最終的成果，還是由你平時的狀態所決定。

地形第十

進不求名，退不避罪，唯民是保，而利於主，國之寶也。

戰爭和為人處世相同，切莫將心置於名利。戰時不要為追求獲勝之名，敗退也不要回避推卸責任；以民為上，保全所有的黎民百姓方才是將帥、君主以及國家最寶貴的財富。

用兵也是修德。

九地第十一

投之亡地然後存，陷之死地然後生。

……

始如處女，敵人開戶；後如脫兔，敵不及拒。

這是陰陽相互轉化的道理，轉化的條件是要到極致。所謂「物極必反」，正是如此。在極度惡劣或者極其嚴峻的情況下，人們就會想出一些辦法來解決問題。軍隊亦是如此，已不再是為了獲勝，當面臨敗亡的危急時刻，為了存活而急中生智，在無數的掙扎中動用出我方的全部潛能，必然可以置之死地而後生。這是一種心理戰術，但卻用心理激發出了實實在在的東西。**意識控制行動**。

我還在上小學時聽老師講過這樣一個故事，說：曾經有一棟樓房發生火災，態勢蔓延很快。住在四樓的是一位老太太，七十多歲了，家裡最珍貴的是個鐵皮大木箱，所有自己年輕時的家當和寶貝都藏在這裡了。當濃煙向家裡擴散時，老太太情急之下竟然扛起木箱就下了樓，然後才打電話報警。不一會兒，消防車趕到了，很快撲滅了熊熊大火，四樓安然無恙。既然無事，就扶老太太回去吧，可她還惦記著箱子。這個箱子，兩個年輕的消防員愣是沒有扛起來。可見，情急之下，潛力是無窮的。

嗯，現在的人會說：「人都是被逼的。」

用兵又要達到什麼樣的狀態呢？那就是「靜如處子，動若脫兔」了。開戰前，一定要靜，如處女一樣，不動聲色，靜候時機，等待敵人先打破僵局。敵一動，必有破綻，有破綻就會有對策，再集中火力擊潰敵軍。否則，敵不動，我不動。作戰中呢？要如掙脫的兔子一樣，收發迅然。攻擊時，敵方都來不及抵抗；就是退兵，敵方也不待發覺。這就是作戰之道了。

《孫子兵法》中，不僅僅是軍事理論，還涉及到了科技力量。古時科技的前沿，就是用火攻。一種新穎的技法輔助其中，可以事半功倍。

用兵也是商機，因利所趨。符合國家利益，則用兵；不符合國家利益，則不用。憤怒了，還能重新變歡喜；生氣了，亦可以重新變高興。但是，國家滅亡了，就不能復存；人死了，亦不能復生。只有一個祖國，只有一次生命，必須珍惜。

火攻第十二

以火佐攻者明，以水佐攻者强。

……

合於利而動，不合於利而上。怒可以複喜，慍[7]可以複說，亡國不可以復存，死者不可以復生。

用間第十三

用間有五：有因間，有內間，有反間，有死間，有生間。

既然前面所說，知己知彼，才能百戰不殆。知己已有方法在案，而知敵情則在用間。間就是間諜。孫子將間諜分為五種：因間，是利用敵方的鄉民作間諜；內間，是利用敵方的官

[7] 慍（yùn）：怒，怨恨。

吏作間諜；反間是敵方派來的間諜反被我所用；死間，是我方的間諜向敵軍散布假情報，誘使敵人上當，若被發現，難免一死；生間，則是經過偵查後還能活著回來報告敵情的人。此五種間諜，是決勝的法寶。

間諜是紐帶，它是連通著敵我雙方的橋樑，讓資訊更為通暢，制勝有方。

有了這十三篇兵法，孫武的理論體系早已成竹在胸。吳國委以軍師的他，屢立戰功，為其君主稱霸做出了不可磨滅的貢獻。最著名的當屬「柏舉之戰」。北方晉國為鞏固自身，採用吳楚相互制約的方法阻止其稱霸，吳楚兩國對峙多年。後來闔閭決定決戰，孫武便打出「興師救蔡」的旗號，與唐、蔡兩國軍隊匯合。匯合後吳軍本先走水路，結果孫武突然變換計策，改為陸路，直插楚國縱深。果然，出其不意，攻其不備，在柏舉打得楚軍措手不及。最後吳軍又趁勝追擊，行軍七百里，五戰五捷，以三萬軍馬戰勝楚國二十萬軍馬，直接拿下楚國都城郢，聲威大振。

這一場著名的以少勝多的戰例，讓戰國時期的軍事家尉繚大加讚賞：

有提九萬之衆，而天下莫能當者，誰？曰：「桓公也。」有提七萬之衆，而天下莫敢當者，誰？曰：「吳起也。」有提三萬之衆，而天下莫敢當者，誰？曰：「武子也。」

——《尉繚子・制談》

※《三十六計》陰陽詭譎

很多人認為《三十六計》和《孫子兵法》是一回事，其實這就錯了。《孫子兵法》這部兵書早在春秋時期就已經完成；而「三十六計」是後人總結的。

人們常說：「三十六計，走為上計。」據說，此言出自南朝宋將檀道濟，《南齊書・王敬則傳》中有「檀公三十六策，走為上計，汝父子唯應走耳」之語。從考古學歷年的不斷進展來看，二〇〇三年，郭克義在濟寧市發現了一部隋代玉簡《三十六計》，說明其成書可追溯至隋前。而這句「走為上計」，也只是三十六計中的最後一計罷了。

關於《三十六計》的作者，考據學中尚無定論，我們也無需深究，此書的精華之處在於每一計策的經典內容。六六三十六，全書被分為了六篇。前三篇作為處於優勢時所用的計策，後三篇適用於處於劣勢的時候。它們分別是：**勝戰計**，**敵戰計**，**攻戰計**，**混戰計**，**並戰計**，**敗戰計**。此六篇是以「勢」這個核心概念為基礎來分類的：我方完全優勢時，使用勝戰計；敵我雙方勢均力敵時，使用敵戰計；我方處於進攻之勢時，採用攻戰計；不分敵友，多方勢力混戰時，採用混戰計；友軍也反為敵軍態勢時，採用並戰計；敵方完全優勢時，採用敗戰計。三十六計，因勢利導，皆以獲得最終勝利為主要目的。

此書在最初完成時，只有原文，也就是原典。後來隨著書籍的不斷流傳，逐步深化完善後，又增加了按語，最後還有經典戰役的舉例，著實為一部佳作。

例如第一計，瞞天過海。原典如下：

備周則意怠；常見則不疑。陰在陽之內，不在陽之對。太陽，太陰。

——《三十六計・瞞天過海》

如果防備十分周全，往往會讓人心存懈怠，鬥志和士氣大降；如果一種事物十分常見，已形成了習慣，則容易讓人失去戒備，不存疑心。瞞天過海正是利用了習以為常便放鬆警惕的心態，而將機關設置在了平常之中，以示假隱真，蒙混過關。這種策略在軍事上常用來作為攻擊方攻其不備、出其不意的致勝手段。

後面又運用了哲學思想高度概括，是陰、陽之間的關係。陰陽學說在中國古代已不再是簡單的詞彙，而成為了抽象的概念。《易經》中說：「易有太極，是生兩儀。」這兩儀就是陰陽，於是陰陽概括了整個世界，陰陽是相對的，也是相合的。陽和陰可以是天和地，可以是男和女，可以是正和反，可以是黑和白，也可以是你和我，是日和月，是圓和方，甚至是1和0。所以，我們可以將陰陽當作公式一樣的解釋許多東西。

在這裡，陰代表隱蔽的，祕密的；陽代表公開的，顯露的。兵法裡就是在說，計謀真正的核心是隱藏在公開的事物裡，而並非存在於公開的對立面上。如果你把自己的用心藏在對立面上，由正推出反很容易就料到了；如果將這份用心藏於內部，則借助外衣的遮擋，不太會被發現，方可瞞天過海。太陽，太陰是連續的一句話，所謂陽到極致後必會顯露其陰到極致的部分，好像公開的事物如果非常明顯了，就往往會蘊藏著極其機密的謀略。

原典後配有按語：

陰謀作為，不能於背時秘處行之。夜半行竊，僻巷殺人，愚俗之行，非謀士之所為也。如：開皇九年，大舉伐陳。先是弼請緣江防人，每交代之際，必集曆陽，大列旗幟，營幕蔽野。陳人以為大兵至，悉發國中士馬，既而知防人交代。其衆復散，後以為常，不復設備，及若弼以大軍濟江，陳人弗之覺也。因襲南徐州，拔之。

——《三十六計・瞞天過海》

按語中先做了解釋，說陰謀假如有悖於尋常時間，隱藏在秘處反倒容易被識破。後面引用經典戰例，講述了隋朝攻打陳國的故事。

如此讀來，一計的內容方才完全。

陰陽的概念緣於《易經》，《三十六計》與《易經》的關係是緊密結合的。每一計的確切原理都是依據《易經》所推演的。例如，借刀殺人一計的原典中直接就說明是「以《損》推演」。隔岸觀火計中的「順以動豫，豫順以動」也直接就是出於《易經》中的《豫》卦。後續的按語也多是引用孫武、吳起、尉繚等著名軍事家的名言而成。正是對《易經》中的陰陽變化之理及古代兵家剛柔、奇正、攻防、彼己、虛實、主客等對立關係相互轉化的思想來予以推演，才最終形成了這一套完整而綜合的軍事思想。

三、語言

時刻的幸福和溫暖，都融在言語裡

千言萬語一家人

隨著華夏民族的不斷昌盛富強，漢語便顯得越發重要。世界各國也有了愈來愈多的人開始學習漢語，喜歡上漢語。

漢語，是世界上最古老的語言之一。它利用著具有自己獨特魅力的表意文字，流傳至今。在幾千年的傳承和演變中，漢語的美麗不僅展現在文字裡，更洋溢在華夏大地每一個中國人的話語裡。有的聲音輕快犀利，有的聲音豪放潑辣，有的聲音詼諧幽默，還有的聲音溫婉悠長。漢語就好像一隻出色的百靈鳥，能夠唱出整個中華所有的歌聲。這就是漢語中各色的方言。

想想外國人在學漢語時一定很辛苦。漢語的體系完全有別於其他西方國家的表音式字母文字，再加上語法結構複雜。對於沒有著環境的學習者來說，一定具有重重的困難和挑戰。可就算有朝一日學成，通過了中國官方的漢語普通話能力考試。結果來到中國卻發現，該聽不懂還是聽不懂，尤其在南方，更為顯著。中國的漢語方言種類繁多，就是中國人自己到了異地，也很難明白當地人的話。

方言的多樣性能保留至現在，是中華民族自身的生活特點所決定的。漢族人自古重視農耕，都願意有著自己的家院，自己的土地。不像游牧民族那樣人口流動較大，所以相對封閉。無論是歷史上的什麼時期，某個地域的人群都很少與外界溝通、走動。然後隨著時間的發展，不同的地域自然就產生了該地方特有的漢語語音、方言也逐步形成。舉個例子，好比東周，那時的各諸侯國，別說說話的音色不一樣，就是文字，各國也有著不同的寫法。所以後來秦始皇在統一中國時，為了統一管理，將文字也統一了，形成小篆。

現在的中國，在科技進步的推動下，人口的流動遷徙十分頻繁。畢竟開放與交流會有助於一個民族的發展，因此推行普通話顯得尤為重要。大家就算從未謀面的，在異地相遇之時，也能夠用普通話交流無礙。我們都是一家人。

目前，普通話是以北京語音為標準音，以北方話為基礎方言，以典範的現代白話文作品為語法規範，而通行於中國大陸、香港、澳門、臺灣及海外華人華僑間的語言。可以說，是官話。從語言學角度來說，其實也是方言，只不過算是方言中的標準語。

漢語方言主要被分為七類，分別是：**北方方言**、**吳語**、**湘語**、**贛語**、**客家話**、**閩語和粵語**。

分布最廣的是北方方言，以北京話為基礎的官話，天津話，河南、河北、山東、山西、內蒙古、安徽的方言，東北話為主的遼寧、吉林、黑龍江，西北的陝西、甘肅、寧夏、青海的方言，以及西南的四川話、雲南、貴州、湖北、廣西大部的方言，這些地方都屬於北方方言。北方方言的內部語音體系比較一致，幾乎沒有入聲。雖然不同的地域，音色或是俚語、俗語有著大的不同，但整體的語感，認真聽，都是可以互相明白的。北方方言和普通話是十分接近的，使用人數占到了全國的百分之七十多。

這和南方的各種方言有很大區別，稍隔幾座山，可能就完全聽不懂了。從發音到使用的漢字、詞彙，甚至語法結構都有著明顯的不同。

上學時，我有個室友是湖南人，他給家裡打電話像說外語一樣，我們完全不懂。看似湖南和湖北、四川相隔較近，語音分布應該不明顯。其實不然，由於湖南周圍山林相隔的關係，這裡的居民本來又不太遷移。隔離愈久，語言的差距也就越大。

在東邊沿海說有吳語，像上海話就屬於吳語的一部分。還有傳說中巨複雜的溫州話，也是吳語。曾見到網上的帖子調侃說，抗戰時，若溫州人民來傳遞消息，都不用加密了，周圍沒人能聽得懂。

後來國民經濟的發展，廣東一直遙遙領先，有時GDP和歐洲相比，都富可敵國。香港更是如此，在經濟方面、文化方面、都有著超越內地的實力。既然發達，追隨者就多，粵語便流行了起來。很多人到珠江三角洲地區發展，就要會粵語。粵語算是漢語方言中保留古音入聲最完全的一種方言了。粵語有九個聲調，平聲、上聲、去聲各分陰陽兩種，入聲分陰、陽、中性三種，總共九聲。說話也許要比普通話複雜，但是如果在韻文方面，會好聽許多。比如，用粵語去讀《詩經》，你會發現，很多在普通話中不押韻的詩，在粵語裡卻是非常押韻的。現在香港的各個大學仍然以粵語授課，偶有普通話。當然，也會用英語。

還有一種是贛語，贛是指江西。贛方言還包括江西周邊的一些地區。這一片方言區的位置很獨特，是咽喉地帶，承接著周邊各類的方言。西邊是湘語，東邊是吳語、閩語，北邊是北方方言，南邊還有粵語。錯綜交織的文化，加上人民的遷徙與交流，成為了這裡獨特的方言體系。

最複雜的方言區要屬閩語了。閩是福建，據說福建省內，閩東、閩西、閩中、閩南、閩北的方言都不一樣，甚至過一個村子，下一個說的就不一樣了。閩語的內部分歧極大，以至於影響到了臺灣。在臺灣，如果捷運裡聽到廣播報站，就是先一遍國語、然後一遍閩南話、再一遍客家話、最後是英語，很有意思啊。

提到客家，先要講一下客家人。客家人屬於漢族民系，因為古時戰亂的原因，從秦朝開始，歷經南北朝、唐、宋，他們一直經歷著多次遷徙。從中原先是到江南地區、然後再南遷到閩、贛、粵等地。由於他們遠離家鄉，總是客居異地，便有了客家人的稱呼。我對客家人情有獨鍾，除了勤勞、善良、堅韌等優秀的品質，最重要的是他們時刻都散發著家的感覺，很溫暖。曾經的遷徙，讓他們遠離家鄉，所以更團結，更愛自己的家；曾經的遷徙，也讓他們走向新的世界，開始新的生活，所以思想更寬廣，人們更出色而美麗。就是這一批人，儘管總伴隨著移動，但他們自己的這個小團體、小的社會，久經朝代更替的風雨後，形成了自己的方言體系，這就是客家話。現在，客家話是以廣東梅州地區的梅州話為代表的方言。客家話很分散，廣東、廣西、福建、江西、湖南、浙江、以至於海南、臺灣、香港、澳門都有著客家人存在。

我曾經以為方言的不同僅是在音調上，其實不然，很多詞彙也都有著不同。例如北方人說「衣服」，古時叫「衣裳」，上身為「衣」，下身為「裳」；可是到了福建，閩南話說的就不同，寫成漢字是「衫褲」，想想古時詞法，也有道理，上身為「衫」，下身為「褲」。不過雖然說法不同，但漢語的文化理念，一直都沒有變，有著深刻的含義。

當現在的你走在中華大地上，欣賞著沿途美景的同時，還可以感受到各地人們不同的方言話語，融入其中，更多的是親切。

說什麼味道的話並不重要，重要的是，我們都是一家人。繽紛多彩的一家人。

漢字如畫，繁簡都是中華

自從有了漢字，黃河流域的文明便豎起了一面旗幟。它不但星光璀璨，而且芬芳洋溢。不止華夏九州，整個東方都享受著漢字所特有的，如畫一般的沐浴。

這幅畫不是一成不變的，它是絢麗多姿的。它像季節一樣，在每個時間段都有著不一樣的色彩。這一點，不用細諳漢字的演變，只要感受一下中國的書法藝術，便可窺見一斑。從最早的象形文字到篆書，還保留著與自然、與生活的交織。再到隸書、楷書，象形文字已經過渡到了符號文字，有著特定的意義。同時，筆、墨、紙、硯這樣的書寫工具也在不斷進步。人們為了不斷地提高書寫速度，還有著行書、草書。

可見，效率是引領人類發展的一項重要因素。為了提高效率，中華民族改進了不少方法，以讓我們的文明傳承下來，但漢字的主體思想卻從未改變。看著漢字的運用，就好像看著我們這個民族生機勃勃的樣子。

因此，大家不用特別擔憂。漢字的發展是語言發展的一部分，在時代的潮流下，經得起沖刷的必然會永遠保存，被歷史所遺棄的，我們也會留有痕跡，來推動後來的發展。

一九四九年以後，中國大陸推行了簡化字。每一件新鮮事物的出現，都會讓輿論紛然，褒貶不一。到現在，香港、臺灣也還保留著繁體字。簡體字與繁體字的並存，自然會有一點點小衝突。我不想做任何的評價，因為在簡化字和繁體字之間選出個誰好誰壞來，並沒有太大意義。畢竟這樣小孩子似的判斷，是不成熟的。

我只想分別談談它們的優點，因為都是漢字嘛，都是一家人。像書法中敘述的真草篆隸一樣，都是美麗的。

繁體字更貼近我們的文化。硬筆從西方引進到東方後，書寫速度有了飛速的提升。每一個繁體字都好像能感受到其經歷的歲月。舉兩個例子吧：一個是「发」，它在曾經，繁體有著兩種：「發」和「髮」，前一個「發」，就是放、射的意思。古時射箭，箭離弦的那一刻就是發，所以偏旁部首從「弓」。後一個「髮」呢，從「髟[1]」，自然和毛髮有關，是頭髮的髮。而簡化字只剩下「发」了，不能看出其中的區別。再一個例子是「云」，古時也是兩個字：「雲」和「云」。前者有著雨字頭，和自然現象有關，白雲的雲。後者單一個云字，

[1] 髟（biāo）：毛髮下垂的樣子。

是「說」、「曰」的意思。現在的簡化字也只剩一個「云」了。

這就是很多學者，甚至語言專家都不滿意簡化字的原因。本來現今全球化的融合，東方文化已被西方文化侵蝕的不像樣子了，簡化字好像讓我們看得更模糊。自然爭議也愈發的多了起來。還有的臺灣學者說，好好的一個「臺」字，都簡化得沒有意義了。

如果我們真正去學習漢字，研究漢字，感受漢字，就會發現，有些爭論，是讓人貽笑大方的。

現在說說簡化字。馬上強調一句：「簡化字絕不是隨隨便便就簡化了的。」我來說得專業一點吧，這樣會更讓人信服。漢字的簡化，從古到今一直都是存在的。晉朝的王羲之，就在他的書法和文章中用過：「东、岂、为、临、终、张、时、将、见、当、孙、扬、实、尔、鲤、鱼、与、长、乐、陈、来、顾、灾、饮、谢、学、万、发、问、视、于、随、侠、结、给、粮、谓、语、数、败、丧、盖、纸、书」等字。後世如唐朝的歐陽詢、褚遂良，宋代的蘇軾等也都用過多種簡化字。

早在一九二二年，錢玄同先生把簡體字的構成歸納為八種：

（一）全體刪減，粗具匡廓（如「亀」作「龟」）；

（二）採用草書（如「為」作「为」）；

（三）僅寫原字的一部分（如「聲」作「声」）；

（四）原字一部分用很簡單的幾筆替代（如「觀」作「观」）；

（五）採用古體（如「雲」作「云」）；

（六）音符改少筆劃（如「燈」作「灯」）；

（七）別造簡體（如「響」作「响」）；

（八）假借他字（如「幾」作「几」）。

這就是說，每一個簡化字和曾經的文化、演變都是密不可分的。如果我們只看到了片面，那便也只會片面的認為這一切的不符合邏輯。

除了中國，其實日本和韓國也在二十世紀推行了自己的一套簡化字體系，有和我們相同的漢字，也有著它們自己的改進和創造。我們可以看到，漢字，是博大精深的。周邊很多國家都使用著漢語，就是有著獨立語言的國家，也會受到漢字的影響，拿來借用，讓他們的語言文化更為清晰、明瞭。朝鮮與韓國在以前，幾乎文字中都是漢字，但後來因為政治等其他原因廢除了。只使用拼音符號的韓文和朝鮮文最初讓他們很苦惱，沒有漢字的區分，使得在生活中混淆了很多概念。不過日本還在堅持使用漢字。就連日語中的基礎文字——假名，也是從漢字演變而來的。如「あ」，其實就是安全的「安」在古時候的草書，讀音近似於「阿」，其實連讀音也有著相似。

前段時間曾有聽到學者們建議將來廢除漢字，用中文拼音替代，才能和國際化接軌的謬論。不用辯駁，光是聽到就讓人怒火中燒。有損中國文化的事情絕對不能幹，漢語是傳承，而漢字是精華。我們應該有骨氣的用美麗的漢字文化去感染西方，讓西方學習漢語，而不是讓所謂的字母文字將我們吞噬。我相信，當時制定中國中文拼音方案的那些專家們，絕對沒有要用其取代漢字的意思。中文拼音只是一個助手，一個我們和世界的介面，來更好的學習漢語語音。

存在即合理，語言的發展就是如此。雖然現在還有著千奇百怪的網路用語，火星文之類的。也許是畸形，也許會帶來方便。不過，何須多想呢？**自然而然間，留下的即是被傳承的，不合理的也會隨著時間的推移而消逝吧。**

末了，再回頭看看這繁體字與簡化字，又有什麼區別呢？都是我們文化在源遠流長時，留下的印跡啊。**我們只有看到它們的美好，才能讓美好繼續下去。如果總是在批判，就留不下什麼了。**

六書成字

說漢字是怎樣起源的呢？很難探知究竟。但語言一般都是先有意，再有聲，後有形。相信動物們的啼、嚎、鳴、叫都是有意義的，可除了人類，能夠將這些聲音書寫出來的物種，幾乎沒有。從意識轉變成圖畫，需要一定的過程，再將這些表達出來的圖形符號化，語言的音、形才能完備。

據文獻資料，最初世界上的人類文明，運用的語言文字大部分是表意的。如古埃及的象形文字、古巴比倫的楔形文字等等。中華漢字也是其中之一。表意文字重在語義，意義的數量決定字形的數量，所以，漢字才會有數千數萬個之多，再通過排列組合，形成詞語，才能表達人類需要的無窮意識。如今，殘存於世界上的表意文字已為數不多了，還仍然能大面積使用，在眾多人群中流行的也只剩下漢語了。其餘大部分是表音文字，如英語、法語、阿拉伯語、日語都算是。表音文字以語音為主體結構，以字母或其他形式的符號作為元素排列組合，書寫就會簡單很多。首先，不用記憶那麼多的字，只要一些字母，就可以組成各種各樣的詞彙了。像英語、法語都是以詞為基本單元的。

既然語言是先有語音，後有文字，借文字為交流來服務的話，那麼語言體系也一定是先具有了人與人交流中存在的所有詞彙、語句，然後才出現了語法。語法是為總結語言規律、學習語言而服務的。因此，針對中華文字的形成，就有了「六書」來解釋。一定是先出現了這變化無窮、多姿多態的文字，其次才有了解釋文字的規律——「六書」。

六書是倉頡造字法，指**象形**、**會意**、**指事**、**形聲**、**假借**和**轉注**。東漢的許慎編寫了中國最著名的一部漢字字典《說文解字》，他在此書的序中有著明確的介紹。

> 周禮八歲入小學，保氏教國子先以六書。一曰指事，指事者視而可識，察而見意，上下是也。二曰象形，象形者畫成其物，隨體詰詘[1]，日月是也。三曰形聲，形聲者以事為名，取譬相成，江河是也。四曰會意，會意者比類合誼，以見指，武信是也。五曰轉注，轉注者建類一首，同意相受，考老是也。六曰假借，假借者本無其字，依聲托事，令長是也。
>
> ——（東漢）許慎《說文解字》

1 詰詘（jiē qū）：屈曲；屈折。滯塞；艱澀。詰：詢問、追問。譴責。詘：言語鈍拙。

象形是直接繪畫，表現它的外形特徵。如「日」、「月」，就直接畫成太陽、月亮的樣子；「馬」，就畫上鬃毛和四條腿；「木」，就畫一棵樹，有枝幹，有根莖。

指事是表達所指，顯示抽象，要一看就知道「哦，是這麼回事」。如「上」、「下」，分隔號的方向一目了然，向上則上、向下則下；再如「刃」這個字，刀本是象形，在刀處點一點，指明鋒利的地方，就是「刃」。

會意是融匯組合，將兩個或多個具有獨立意思的漢字放在一起，表達新的意思。如「止戈為武」；「鳥口曰鳴」；人靠在樹旁則是「休」息；「解」的本義呢，是用刀將牛和角分開的意思。

形聲最多，是指組合漢字時，以形旁表義，以聲旁讀音。如「肤」，以月肉旁為部首，表示和身體有關，再讀夫的音；「神」，以有關禮儀祭祀的示旁作部首，讀近似「申」的音。

轉注已不僅是造字了，還屬於解釋的部分。大致分為**音轉**、**形轉**和**義轉**三種。即是指可以同類互用。古時各地方言不同，可互用讀音、互用字形或者互用語義。如「考、老」，都是長者的意思，可以互訓，考即是老，老即是考，又同韻。再如「顛、頂」，都是頭頂的意思，又同聲。

假借則是替代。本來沒有這個字，找一個替代它。最常見的是借「說」為「悅」，表達內心高興的意思。

有了六書，漢字的意味我們便能感覺個大概了。據說，如果母語是表音文字語言的人們，他們在交流時只能動用其中的一個半腦，也就是語言發達的左葉；而使用表意文字為母語的人們，整個大腦的兩半球都會活躍。看似紛繁複雜的漢字，卻因為多樣性而帶給了我們無窮的意識表達。

六書只是作為文字的形成而給出的簡單解釋，真正的語言，變化是無窮無盡的。也正是因為無窮無盡，才會一直發展下去，不斷進步。

在這裡，我仍想對那些提倡廢除漢字而改用拼音來與國際化接軌的所謂的語言學專家們說一句：「膚淺的意識帶來的這個觀點也許是因為你本身漢語就沒有學好，所以才決定不得不放棄了。我想，**不懂得珍惜現有存在的人，也許在不久的將來，連曾經的美好也會遺失殆盡的。**」

漢語雜談

許慎的《說文解字》統計了當時的漢字九千三百五十三個，加上異體字一千一百六十三個，共有一萬零五百一十六個字，全部以篆體的形式記錄了下來。之前，秦始皇對東周各諸侯國的文字字形進行了統一；利用反切法確定了每個漢字的讀音。《說文解字》加以總結，統計出了在用漢字的具體數量；並為它們方便查閱而按照筆劃和部首分為了十四篇。而在字義方面，最早的一部書籍是《爾雅》，它是按照意義劃分的。所以，《爾雅》是以字為基礎的百科全書；《說文解字》才是真正的字典，畢竟重點是在「解」上。

上學時，有朋友讀不懂古文。我告訴他一個秘訣：就是注重漢語的孤立性，而非共同性。這也是我在初中時，偶然明白的。我最喜歡的一句詩是「曾經滄海難為水，除卻巫山不是雲。」雖然自小懂得它的意思，卻沒辦法按字面解釋。「為什麼曾經的滄海就很難成為水呢？」這樣翻譯的我現在想想都覺得可笑。那時，有位老師告訴我說，這裡的「曾經」不是現代漢語的曾經，它是兩個詞，曾和經。曾是以前、過往；經是經歷、相逢。這下我恍然大悟了，因此，才有這句詩的意思：「經歷了滄海之後，便再無水了。其他的水已經很難稱為水了。」從「曾經」這個詞的點撥中，我發現，現代漢語一個詞就是一個詞，這叫共同語；而古代漢語，一個字是一個詞，有著不同的意義，是孤立語。漢語的發展是從孤立語逐步擴展為孤立語和共同語同時存在的過程。

可以利用這個技巧解釋一下「爾雅」。爾是近、接近的意思；雅是雅言，《詩》、《書》皆是雅言，就是古代的官方語言，像現在的普通話、國語一樣。於是，爾雅指向標準漢語靠近的意思。爾和雅都作孤立語；雅言是共同語。

漢字由最初的象形、金文發展至今，始終沒有捨棄表意文字的經典之處。它自存在以來，已累積了幾萬個漢字，不像那二三十個希臘字母或拉丁字母一樣隨便排列組合一下就好。而且漢字結構複雜，字字筆劃不同，都需要記憶。最重要的是，漢字囊括了形、音、義三大元素，除少數的獨體字以外，它將整體的形分有表音和表意的兩個部分。這就是為何外國人在學習漢語時要比中國人去學習外語更困難的原因。

有幾個外國朋友曾給我講他們學漢語的難處，這裡有兩個故事。一、他說自己接受不了漢語沒有時態的變化，「著、了、過」三個字也太萬能了吧，就分別代表了進行時、過去時和完成時。我說你可以把它們當作動詞尾碼，只是沒有那麼複雜的變化罷了。二、他說：

「你們中國人說話也有著情態動詞吧，就是『能』與『不能』。比如我要擰開瓶蓋，可以說『我能擰開』或者『我不能擰開』，這樣應該是規範的，對吧？可是地道的中國人表達情態否定時卻會說：『我擰不開』。這是為什麼？擰開不是一個詞嗎？還能把它一分兩半後加入否定啊。太不可理解了。」我聽了為之絕倒。

由於漢語使用眾多的漢字，便導致了其每個字發音的獨立性。古音我們已無從知曉，但是今音基本上都是一個音節，利於交流。而詞彙逐漸轉變為共同語居多的現代漢語後，這類共同語也充分利用了詞根和詞綴。當然，這些語素全部都以獨立的漢字形式完成。隨便一個兩個字的詞，都會有此特點，如「桌子、石頭、暢談、真情」等等。

然而，漢語最大的魅力是表達。它重在虛詞和次序上。「著、了、過」三個字既簡單又明瞭的體現出了「進行時、過去時、完成時」的特點。詞序也是這樣，「我愛你」和「你愛我」完全是相對的意思。「飯你吃了嗎？」和「你吃飯了嗎？」意思卻又完全相同。這種順序帶來的漢語語感的細微變化增加了人們表達時的不同語氣和不同感覺。不需要靠嚴謹的語法和固定的發音來決定說話之間的時態是一件多麼幸福的事啊，語言的自由能給我們更多的創造空間，這才是漢語的強大之處。

為了和國際接軌，大陸制定出了一套中文拼音方案。這個以周有光先生為代表的研究組為漢語的發展做出了不朽的貢獻，它架起了英文字母和漢字之間的橋樑。無論臺灣的國音，還是要兼顧漢語的六大方言，真正的意義在於，漢語的博大能包容任何西方文化。

但是，結果只有一個，就是我們要吸取精華，匯百家之長。讓漢語去影響、把握西方；而西方，無論怎樣都侵略不走我們的文明。

四、詩詞

情感的珍惜

詩起情更濃

現在的社會壓力很大，人們在不堪重負，或者憂鬱苦惱時，都願意借酒消愁。當然也有的人，會出去走走，或者選擇一個人在屋裡靜靜，就能緩解很多。而我，養成了寫詩的習慣。縱觀歷代詩家，好像大家都不太如意似的。但又好像這些不太如意的心，帶給了他們非常了不起的句子，也沉澱出了非常了不起的意境與道理。「問君能有幾多愁？恰似一江春水向東流。」

詩，一直都是一個很古老的文學體裁。無論哪個國家，無論哪種語言，其實都是如此。大家不僅需要交流些什麼，更需要抒發些什麼。語言不由得簡短，變得有節奏，有味道，然後，詩就產生了。我戀於詩，是因為她的韻味，她的幹練，如淡淡的清風，如湛湛的藍天。

《詩經》是中國的第一部詩歌總集。從「關關雎鳩，在河之洲」的愛情嚮往，從「氓[1]

[1] 氓：民，特指外來的百姓。

之蚩蚩[2]，抱布貿絲」的市井生活，從「昔我往矣，楊柳依依」的邊關企盼，無不蘊含著每一個人心中最真切的情感。無論是在水一方，還是宜室宜家，這些都是我們的訴說，內心的獨白。孔子曰：「詩三百，一言以蔽之，曰：『思無邪』。」這裡沒有什麼對錯，沒有什麼善惡。**情感油然而生時，自然是美的**。

人，難免鬱悶，心生煩躁。越是難受，越不能飲酒。並非酒能亂性，而是酒會亂了你的思緒。讓煩惱消失遺忘或將其置之不理，都不會是最終的解決辦法，只是逃避罷了。當你酒醒之時，清晰重回之際，還得經歷新的開始，可能經過這場酒，反而耽誤的更糟了。我不飲酒，首先煩悶之時不飲。取而替之，我會寫點什麼。文章也好，詩詞也罷，單純的文字記錄就好。一點一點理出來，心靈便清晰了許多。如果想要發洩一些，不妨成詩，也許這時的自己，**情到濃時，詩自然成**了。

《詩經》中的句子，不正是如此？只不過大家在生活中自然成詩的時候，那份情感不僅僅是煩惱鬱悶之類的吧，它還有著寄託，有著觸動。

不知覺中，你已經學會了寫詩最重要的一個方法：「**有感有情方動筆，無思無意莫行詩**。」有感，這是基礎，而且承載著你的真情。真情沒有抑制，一字一字的洋溢成詩句。每

2 蚩蚩（chī chī）：敦厚貌。蚩：蚩蟲。引申為無知。

每寫下一些什麼的時候，周圍都好像變得安靜了。情感一旦出來，思路便也清晰明瞭了。也許靈感就在其中閃現，綻放後的你，煩惱之餘，早都解決了吧。

詩，竟然有著如此作用！若非如此，它又如何能徜徉在文學的海洋中奕奕[3]至今呢？不妨科學的說，它是有著自己的道理的。《尚書・堯典》中記錄：「詩言志，歌永言，聲依永，律和聲。」詩在配合著韻律的同時，便有著更濃厚的情感力量，還能避免普通交流文字中的蒼白。有感之際，正是言志之時，在聲詠歌律的依伴下，心情是否也更加暢然了呢？

3 奕奕（yì yì）：高大貌。煥發貌。

華夏詩傳今古，安能僅盛於唐

一說到詩，自然聯想到唐詩，緊接著聯想到唐代的三大詩人**李白**、**杜甫**、**白居易**。一說到唐詩，必然又想到**絕句**、**律詩**；**五言**或**七言**。這些已經是近體詩的範疇了。所謂近體詩，就是格律詩，有著平仄的規範和韻腳的要求。盛唐詩體一變的風貌便展現於此了。但回頭再想想時，發現自己讀過的唐代三大詩人的作品，竟然大部分都不滿足格律詩的要求。詩，源遠流長啊。

我首先要說明的是，現在一直說的都是舊體詩的範疇，也就是區別於現代詩歌的。在唐朝近體詩的出現以前，所有的詩歌作品，都被稱之為古體詩。針對於古體詩的分類，目前的學者們還沒有一個統一的說法。我大概給出以下幾種類別：

《詩經》體：每句短短四言，興於景、比於情、賦之於交融中；不論是展現各地百姓的國風，還是朝廷宴會中的正聲雅樂，或者宗廟祭祀的頌辭，都傳遞著「思無邪」的世間平和。

《楚辭》體：屈原用著濃厚的楚地聲樂，芬芳的楚地花葉，鏗鏘的騷體長歌，道出了人系世間，情懷蒼天，道持於胸，德馨在前的高遠理想和真摯情感。後來的宋玉等人又將此文體予以了昇華。李太白的浪漫主義色彩不正追溯到了這裡？

樂府：本是漢武帝時掌管音樂的官署名稱，後變成詩體的名稱。漢、魏、南北朝時，樂府官署會採集民間詩歌，或自己創作、擬定，形成了一套獨特的體裁，貫穿於歌行當中。到了唐朝時，李白、杜甫等著名詩人也開始競相運用發展。

古風：從漢至晉、隋，都有此種古體詩的創作。三、五、七言不等，篇幅很隨意，有時長短句間雜，很少有格律限制。

中國的古詩是何等的豐富，我們所能看到的，只是滄海一粟。可就這小小的一粟中，讓我們所能感受到的氣息卻聞之不盡，香綿不絕。

清朝乾隆年間的詩人沈德潛，認為「詩至有唐為極盛，然詩之盛非詩之源也」，而「古詩又唐人之發源也」。於是，他「溯陳、隋而上，極乎黃軒[1]，凡三百篇、楚騷而外，自郊廟樂章訖童謠裡諺，無不備采」，「於古逸存其概，於漢京得其詳，於魏晉獵其華，而亦

[1] 黃軒：黃帝軒轅氏。

不廢夫宋、齊後之作者。既以編詩，亦以論世。使覽者窮本知變，以漸窺風雅之遺意」。（《自序》）所以，他編成**《古詩源》**一書，成為了唐之前古詩最重要的選本。

含蓄之美

中國的古典詩詞之美，不是一兩句話就能道明的。雖說統稱為詩詞，但實際詞和詩大有不同。現在的人們會普遍認為，詩盛於唐朝，而詞興在宋代。格式的不同讓它們表現形態迥異。然而，詞和詩的主要差異在於其和音樂的關係。

詩和音樂分離，但還保留著吟誦的方式。連接起來的字詞，配合著格律，有著抑揚頓挫的感覺。詞，自古就是配樂而歌的。儘管現在的詞已不能撫琴而唱，但詞牌還保留著。詞牌就相當於曲譜，填詞時，每一個字都是比較講究的，不同的聲調和不同的韻腳都抒發著不一樣的感情。

不僅如此，詩和詞在風格和內容上也不盡相同。曾經的這些文人同樣是在作詩與作詞時，也會十分注意。我曾想到南宋的女詞人李清照，她的詞一向婉轉淒涼。如代表作《聲聲慢》，一句「尋尋覓覓，冷冷清清，淒淒慘慘戚戚。」就讓人感覺到了詞作的柔美而又滲透出的無限悲意。可是當她改為作詩時，卻手法大變，有著雄渾的氣概：「生當作人傑，死亦為鬼雄。」這並非是情感的突變，而是她對不同文體的尊崇。先將此兩首作品收錄於下供讀者對比：

尋尋覓覓，冷冷清清，淒淒慘慘戚戚。
乍暖還寒時候，最難將息。
三杯兩盞淡酒，怎敵他，晚來風急？
雁過也，正傷心，卻是舊時相識。

滿地黃花堆積，憔悴損，如今有誰堪摘？
守著窗兒，獨自怎生得黑？
梧桐更兼細雨，到黃昏，點點滴滴。
這次第，怎一個愁字了得！

——（宋）李清照《聲聲慢》

生當作人傑，死亦為鬼雄。
至今思項羽，不肯過江東。

——（宋）李清照《夏日絕句》

再追溯至唐朝，李白可算是詞之鼻祖。現在所公認的兩首著名詞作《菩薩蠻》和《憶秦娥》就完全拋卻了其詩中浪漫主義色彩的灑脫。

平林漠漠煙如織，寒山一帶傷心碧。暝色入高樓，有人樓上愁。
玉階空佇立，宿鳥歸飛急。何處是歸程，長亭更短亭。

──（唐）李白《菩薩蠻》

簫聲咽，秦娥夢斷秦樓月。秦樓月，年年柳色，霸陵傷別。
樂游原上清秋節，咸陽古道音塵絕。音塵絕，西風殘照，漢家陵闕。

──（唐）李白《憶秦娥》

詞的感覺是柔美的，是深情地，是讓人讀起來回味無窮的。古時人們有句話叫作：「詩莊、詞媚、曲俗」。也許這一個字的概括並不是那麼確切，但它確實讓我們瞭解到了詩詞曲的主要特點。一個「莊」字，詩言志的情感便出來了。而一個「俗」字，市井平民間那種大家都能理解、傳唱的感覺也體現了出來。

最後說說詞的這個「媚」字，我總覺得差那麼一點點味道。每回讀到一兩篇優美的詞作，總有股意猶未盡的感覺在其中，淡淡的，很悠遠。如果你再細細的順著詞的每個情景遊歷時，曲徑通幽，總有著別開生面的不同。不管是豪放派，還是婉約派，詞的深意，綿長而無窮，卻又像個含蓄的姑娘，「猶抱琵琶半遮面」一般。

說到這裡，我忽然想到一個典故。

東坡在玉堂，有幕士善謳[1]。因問：「我詞比柳詞如何？」對曰：「柳郎中詞，只為十七八女孩兒執紅牙拍板，唱『楊柳岸，曉風殘月』；學士詞，須關西大漢執鐵板，唱『大江東去』。」公為之絕倒。

據說這段話出自俞文豹的《吹劍錄》。俞文豹乃南宋時人，曾自稱：「以文字之緣漫浪江湖者四十年。」這本書主要是一些南宋宮廷、官場及民間之遺聞軼事的雜記。文中的「謳」是歌唱的意思。「玉堂」在這裡指的是蘇軾的宅邸。「幕士」相當於他們院子裡的衛

[1] 謳（ōu）：無伴奏；齊聲歌唱。

士、保安之類的。蘇軾有一天問家裡比較會唱歌的庭衛說：「我寫的詞和柳永的相比怎麼樣呢？」這個人回答：「柳永的詞是小女孩拿著紅牙板輕聲歌唱，您的詞可要關西大漢持銅琵琶，鐵綽板豪歌『大江東去』。」蘇軾聽完絕倒。「絕倒」可以譯為笑翻了。那紅牙板聲音清脆細膩，而鐵綽板鏗鏘有力。此典故是否真有此事，尚不足論，但我們能從這個小故事中看出豪放與婉約的不同。不妨先欣賞一下。

大江東去，浪淘盡，千古風流人物。故壘西邊，人道是，三國周郎赤壁。亂石穿空，驚濤拍岸，卷起千堆雪。江山如畫，一時多少豪傑。

遙想公瑾當年，小喬初嫁了，雄姿英發。羽扇綸巾，談笑間，檣櫓灰飛煙滅。故國神游，多情應笑我，早生華髮。人生如夢，一尊還酹江月。

——（北宋）蘇軾《念奴嬌・赤壁懷古》

寒蟬淒切，對長亭晚，驟雨初歇。都門帳飲無緒，留戀處，蘭舟催發。執手相看淚眼，竟無語凝噎。念去去、千里煙波，暮靄沉沉楚天闊。

多情自古傷離別，更那堪、冷落清秋節。今宵酒醒何處？楊柳岸，曉風殘月。此去經年。應是良辰好景虛設。便縱有千種風情，更與何人說。

——（北宋）柳永《雨鈴霖》

蘇軾的詞中，一句「江山如畫」，一句「人生如夢」，讓我們產生了多少聯想？當他領略到曾經赤壁之戰的豪情，欲言又止，然盡思於畫中；當他英雄的縱橫終年，經過時間的積澱，卻是人生如夢。這種含蓄之美，就是在豪放派中，也是那麼的意味深長。柳永的婉約詞更不用說了，言下之意的效果更甚。離別時的千里煙波，朦朧之美，如夢如幻；別後的淒涼是那淡淡的曉風殘月，縱是無限感慨，又能與誰說呢？

現在的人都說西方人總是直來直去的，而東方的文化就偏向於委婉，猜又好像猜不透似的。含蓄是一種美，並不代表人們有時要掖著藏著，而是形成的這種文化是在尊重和理解對方的基礎上的。當「話到嘴邊留半句」時，是為了給對方一定的空間，從而有著人與人情感的默契。就像這些美麗的詞作，總想讓人一讀再讀，才有了作者與讀者間心靈的溝通。

人與人之間，不也是如此嗎？

詩詞閒筆

我從第一次寫古詩詞開始，至今也有十三四年了。說到緣起，自己也不知為何。小時候家裡管教很嚴，無事之時不是休息就是學習。早睡早起的習慣反倒讓中午很精神，便靜靜的看會課外的書籍。

小學時就對古文產生了興趣的我，啟蒙書應該是父親買的《三國演義》和《封神演義》。這兩本書翻開就是原文，字不認識不說，很多句子都拗口難懂，我是查著字典一點一點的看完的。有著其中生動情節的吸引，是我讀下去的唯一動力。

初中時，不斷成長的思想在萌動，難免思考或煩悶，突然間就想寫點什麼了。可惜到筆尖，卻心中無墨，半天一個字都蹦不出來，只能棄之了。白話太俗，我又嫌囉嗦；那些古詩詞多好，簡單明瞭，沒什麼語法，跳躍性思維亦可成章，幾十個字也不多，終於，我胡編亂造了一首。第一次寫完覺得很不錯，表達出來後，藏在心底的憂煩暫態輕鬆了。如今回看，詩句不怎麼樣不說，這麼彆扭拗口的四句二十個字，寫了我一天。

寫詩詞為了抒發情感。

以後一改痛恨語文的常態，偶爾發表一下心情蠻不錯的，自然要多寫一些。那時學校裡老師會留有周記或是隨筆之類的作業，我總是無話可說，亂抄一氣。老師便評語：「書讀的太少，當然無話可說。」原來想寫東西是要讀書的啊，怪不得沒得寫呢。那為了寫詩，我自然要多讀詩。

「熟讀唐詩三百首，不會作詩也會吟。」

借著年輕時的記憶力好，興趣又濃，詩詞沒讀幾遍就記下了。縱有不認識的，長篇幅的，我也會記下經典詞句到本子上，久而久之，形成了**詩囊**。詩囊這個詞是有典故的，說的唐朝詩人李賀。

> 恒從小奚奴[1]，騎距驢，背一古破錦囊，遇有所得，即書投囊中。
>
> ——（唐）李商隱《李長吉小傳》

---

1 奚奴（xī nú）：古者從坐男女沒入縣官為奴，其少才知以為奚，今之侍史官婢。或曰：奚，宦女。

每日觀詩詞，常會讀有所感。很多句子都能讓人們有所交融，回味其中。文章是有完整性的，詩詞也是一樣。一篇好的詩詞，絕不僅是作者創作出來就算完成了，還要有著讀者的品味。**作有所感，讀有所得**。當詩詞成為了讀者與作者之間的橋樑，讓心靈有著溝通時，這篇作品才完整了。

我自寫詩以來，何嘗不觀讀他人之作而泣下，何嘗不抒己之情以暢然。有了自己內心真正的情感，才會真實動人。作和讀也都是在真實的基礎上產生著共鳴的。

作詩填詞，真情實感是基礎。

有感而發了，我便憑依靈犀，探取詩囊，點綴筆墨，縱橫紙上。青澀之路，輾轉到了高中畢業。忽然有朋友讀了我的詩說：「這是什麼啊……格律就不說了，韻都不對。啊，這一句七個字都是平聲啊。你是在寫詩嗎？」

注重靈感、注重真實過後，卻忽略了詩詞應該有的韻律美，那與散文無異了。何苦還糾結於古典詩詞呢？寫現代詩算了，沒有格律限制，沒有押韻的限制，甚至連字數都沒有限制。但既然已提筆行雲，為何不潑墨墜雨呢？堅持與前進方是正道方向。

其次講究音韻美。先能押韻，再分平仄陰陽，加之記誦格律牌調，最後填意，作情於紙上。

詩詞的格律音韻絕不簡單。押古韻還是押今韻必須要有區分。平、上、去、入四聲皆有韻表可以記憶、背誦，以至於用到之時可以信手拈來。同時格律是一套規章制度，按照要求會讓詩詞讀起來節奏明快，有著聲音的美。

初練之時，自己的思緒難免會受到格式的束縛。想表達的，不符合韻律；符合韻律的，卻又牽強虛假。矛盾之處，才要多思，多寫。隨著思考的深入，知識儲備的增加，慢慢就會有心得。要麼是詞彙量不足，不能表達出思緒；要麼是意境淺顯，滿紙盡是浮華辭藻。既然發現問題所在，亡羊補牢，未為晚也。當詞彙和思緒都有了一定的積累後，忽然有一天，發現出自真心的詩句竟然不由自主的就符合格律時，是何等的欣喜。就算偶爾略有瑕疵，也只需調整一兩個字詞即可。於是，落筆從容了。

詩有情，詞有意，方出佳句。

詩詞果然不分用詞的華麗與樸實，只要有情有意，都會是美麗動人的。李商隱用典極多，白居易通俗易懂，李白飄逸神游，杜甫為百姓言。深度也許各異，廣度可都有著自己的風格和特點。「為人性僻耽佳句，語不驚人死不休。」

詩詞創作的宏觀也就到此了，再深入的專家就會專注於細節。據說詩到最高層後，就是蛛絲馬跡也會決定成敗。好像打羽毛球：打野球的在戶外鍛鍊鍛鍊就好；專業級的在室內，微風的空調都不能開。也許我們打球的力道和落點的方向只能決定在左右半場，而再極致的高手呢？他們可以讓羽毛球定點降落。

詩詞便是如此了，曾經有位先生和我說，一點點聲調的變化，一點點文字的運用，都會影響到整體的。稍有不慎，就差之毫釐，失之千里了。

詩詞，從意境追求昇華，自細節感知卓越。

讀詩

一擻南北朝浮豔綺靡之風，隋唐初期的詩變得真切樸實，清新自然。初唐四傑就一直揚起著詩歌改革的風帆。

王勃，是其中最具才華的一位。從駢文《滕王閣序》中，我們便可看出他的卓越；「海內存知己，天涯若比鄰」的名句也膾炙人口。

城闕輔三秦，風煙望五津。
與君離別意，同是宦遊人。
海內存知己，天涯若比鄰。
無為在歧路，兒女共沾巾。

——（唐）王勃《送杜少府之任蜀州》

其他三位：**楊炯**、**盧照鄰**和**駱賓王**也在詩歌上各有建樹。駱賓王的《詠鵝》僅十八個字，卻描繪出了鵝游水時，心融於景的所有特點：簡單，栩栩如生。四傑之風格可謂超然。

鵝，鵝，鵝，曲項向天歌，
白毛浮綠水，紅掌撥清波。

——（唐）駱賓王《詠鵝》

與四傑同期的還有沈、宋，是**沈佺期**和**宋之問**，他們偏於古風。而後來的**劉希夷**和**張若虛**則偏於歌行，也十分有藝術魅力。劉希夷的《代悲白頭翁》，一句「年年歲歲花相似，歲歲年年人不同」不但讓我們感受到了韶華易逝，而且還充滿了無限的悲歎。張若虛的《春江花月夜》更不必說了，千古絕唱，以至於到了清朝，曹雪芹都在《紅樓夢》裡借林黛玉之筆仿作了《葬花吟》、《秋窗風雨夕》和《桃花行》。

唐初還有一個著名詩人是**陳子昂**，這可是一位老師級的人物，他在詩歌理論和實踐兩方面都具有著革新的意義。最著名的是《登幽州台歌》，它不同於其他作品，字數格式上仿照了楚辭體，錯落有致，氣勢遒勁，不像五言或七言那樣規律死板。最重要的是它有著慷慨激昂的抒發，意義非凡，非其他詩所能匹敵。

前不見古人，後不見來者。
念天地之悠悠，獨愴然而涕下！

——（唐）陳子昂《登幽州台歌》

我最喜歡的詩人當屬**李白**，這就到了盛唐時期。雖說**王維**、**孟浩然**、**王昌齡**和**岑參**這樣的大詩人也各有千秋，但李白畢竟是巔峰。

中間提到王維，在此點幾句閒筆。以目前所流傳的王維的詩來說，其中「空」字和「白」字運用十分頻繁。我總以為，詩人也會有江郎才盡、文思不足的情況。既然沒有什麼可以描述的了，重複運用一些也無妨。可後來才發現，這和王維的思想有關。我曾經記不住王維的字，王維，字摩詰。摩詰很不好解釋，但其實這是取自佛學著作《維摩詰經》的關係。首字作名，後面的兩字作字。王維的佛學造詣很高，詩中的「空」字居多，自然也不奇怪。有著心空的佛學意境，無怪乎後人稱其是「詩中有畫，畫中有詩」了。

再回過頭來說李白。李白是頂級的，作詩信手拈來，出口成章，有酒更是飄逸揮灑。在唐玄宗請其作詩之際，不阿附權貴的性格硬是讓李林甫磨墨，高力士脫靴，最後才依旨為楊貴妃作出了《清平調》中「雲想衣裳花想容」之句，頗為暢快。

李白出生於碎葉城，現屬於吉爾吉斯斯坦，祖籍是現在的甘肅隴西。他周遊全國，歷經名山大川，懷著自由和理想的遠大抱負，在性格上脫顯出清新飄逸的詩風。我曾告訴朋友，李白是生而知之者，他作的詩，別人是學不來的。靈感的閃光之時，那些字句都是躍動的。無論《蜀道難》、《將進酒》，還是《月下獨酌》、《早發白帝城》都散發著一股浪漫主義氣息，天生我材必有用，當然無憂而瀟脫。

詩仙李白，詩聖**杜甫**。學詩還是要學杜甫的詩，工整而且有意味。杜甫講究措辭，反映民間疾苦，很有詩的正統樣子。《兵車行》、三吏三別都是著名的歌行體代表。人生在世，舞文弄墨的學問不是學問，真正為人民做出貢獻方是大才。一句「朱門酒肉臭，路有凍死骨」，便深刻的揭露出了社會現實的悲涼。我更喜歡「感時花濺淚，恨別鳥驚心」之句，情與景的交融，是詩中的妙筆。這些技法和情感的抒發，我們是可以學來的。認真觀察，努力思考，再付以真情，你也能有佳句。

李白是天才，筆行之處，盡是華章，鬼斧神工；杜甫是大才，筆到之時，非凡意義，巧奪天工。無論先天的靈感與才思，還是後天的勤奮和真摯，都是需要我們去借鑒學習的。

到了中唐，除了**韓愈**、**柳宗元**、**李賀**、**劉禹錫**，**白居易**是最值得稱讚的。白居易的詩歌樸實深刻，卻通俗易懂，歌行體也屢出佳篇。《琵琶行》和《長恨歌》可謂雙璧。白居易對愛情是讚美的，「在天願作比翼鳥，在地願為連理枝」，成雙成對，最終才是幸福美滿的歸宿。既然真愛綿綿，那份默契自然是「此時無聲勝有聲」的了，又何須「猶抱琵琶半遮面」呢？白居易利用老百姓的通俗話語，卻組織出如此清新感人的詩歌。在吟誦之時，無論老少，只要是傾聽的人們都能夠明白他的詩，是其一直以來的原則。所以，深受民間愛戴。

晚唐最傑出的詩人是**李商隱**。李商隱的詩在於意義深刻，用典出眾。往往初讀不易懂；複讀卻回味無窮。如果這種層疊感讀者能有所知，就好像吃竹筍一般，要一層一層的剝開，才能體會到越來越香，越來越嫩。一步一步的累加，一層一層的積澱，我們與詩就有了交融，也就能慢慢體會到「心有靈犀一點通」的感覺了。

這讓我想起了「推敲」的典故。

島初赴舉京師。一日於驢上得句云：「鳥宿池邊樹，僧敲月下門。」始欲著「推」字，又欲作「敲」字，練之未定，遂於驢上吟哦，時時引手作推敲之勢。時韓愈吏部權京兆，島不覺沖至第三節，左右擁至尹前。島具對所得詩句云云。「推」字與

「敲」字未定，神遊象外，不知回避。退之立馬久之，謂島曰：「敲字佳。」遂並轡而歸，共論詩道，流連累日，因與島為布衣之交。

——（後蜀）何光遠《鑒戒錄·賈忤旨》

賈島因詩句中一字選「推」還是「敲」而猶豫不決，韓愈給出了指點。友誼產生於推敲之中，而推敲又產生出細細斟酌之味。詩作到極致時，真情和意義便只是大體方向。微小的選音和選字都將成為重要因素而影響著整個詩歌的意境，必然要「推敲」一番了。

詩分唐宋。我們前面只說了唐詩，但並非唐人所作的詩為唐詩；宋人所作的詩為宋詩。唐詩以豐情神韻擅長，宋詩以筋骨思理見勝。並非朝代之別，而是格調體性之分。典型的宋詩如**朱熹**的《觀書有感》，思理明顯，讀詩見義。

半畝方塘一鑒開，天光雲影共徘徊。
問渠那得清如許？為有源頭活水來。

——（宋）朱熹《觀書有感》

宋詩在這裡不多贅述。總之，讀詩，體會的是情感與意境，不論唐宋，亦不論初、盛、中、晚，好詩都要多讀。情景交融的同時，也是筆者和讀者之間的交融。

品詞

現在的網路時代流行微博，把大家都聯繫了起來。打開網頁介面，有發微博的，自然就有評論微博的。在古代，詩詞也具有同樣的效果。有的人創作詩詞，有的人評論詩詞。詩人們，寫出了一首首經典的作品，合成詩集或詞集；同時，那些評論家們，或許也是詩人，將自己讀過的作品積累起來，寫出感受，引用名句，也形成集子，就是「詩話」和「詞話」。

詞話裡，最值得關注的要數晚清民國初期**王國維**的《人間詞話》了。我個人認為，王國維的詞寫得很一般，但是，他在詞話中的觀點著實精妙不已。印象最深的，應該是人生成大事之三種境界。

古今之成大事業、大學問者，必經過三種之境界：「昨夜西風凋碧樹。獨上高樓，望盡天涯路。」此第一境也。「衣帶漸寬終不悔，為伊消得人憔悴。」此第二境也。「衆裡尋他千百度，驀然回首，那人卻在燈火闌珊處。」此第三境也。此等語皆非大詞人不能道。然遽以此意解釋諸詞，恐為晏歐諸公所不許也。

——（清）王國維《人間詞話》

他說的是大家，真正的成就者。三種境界引用了三個著名詞人的句子。由於詩詞本身文體所形成的跳躍性，使讀者在品味時往往會有著「仁者見仁，智者見智」的效果。而王國維選用詩詞作為人生境界的闡述，也正是為了表達出這樣的意味。一樣的詞句，我們品讀後，體會到每層的人生境界是不同的。

第一層境界引用了**晏殊**的《蝶戀花》。原詞本來寫的是離恨，西風凋零了一樹碧葉，又增添了幾絲悲涼。而高樓上的孤身一人，望的是離人遠去的道路，或是等候迎送的歸途。可就是望盡了、望到天涯，又有什麼呢？若從王國維言，第一層境界可遠不止離恨，而是無論環境多麼的困苦惡劣，哪怕突然的西風凋盡了碧樹，也要能獨自擔當，高瞻遠矚，運籌帷幄。望盡的不止是道路，而是代表了方向和藍圖。所以，第一層境界應該說的是計畫。

第二層境界引用的也是《蝶戀花》，作者是**柳永**。柳永本來就擅寫如歌妓生活等香豔婉麗之詞，這首也不例外，借春愁抒發男子對那個她的眷戀，茶不思飯不想的都消瘦了，但仍然無悔，是懷人之作。但從第二層境界來說，則點明的是努力和堅持了。不管艱難險阻，也要勤奮前行，持之以恆，哪怕是日漸消瘦，憔悴得衣帶都越來越寬鬆了，也要堅持這「為伊」的目標和對於最終事業的執著追求。

最後第三層境界，引用的是**辛棄疾**的《青玉案・元夕》。既然是元夕，描述的必是元宵節燈會上的繽紛景象。熱鬧繁華中對比出光和影的相映，也是那一個人，望見時，燈火都寂靜了。作為這最高境界，意義卻顯得非凡。當你努力過了，成熟了，能夠遊刃有餘、把握貫通很多東西的時候，可能還沒有成就。這並非你做的不夠，而是量變的積累到質變，需要一個時機。這個時機就是「驀然回首」的那一瞬，你突然望見的，才是最重要的，真真正正所成就的。好像是靈感，但絕對是轉折。

我不由得想到愛迪生的那條經典名言。「天才，等於百分之九十九的汗水加上百分之一的靈感。」據說中國人拿來翻譯教育孩子時，曾斷章取義，其實原句並未說完，後面還有：「但那百分之一的靈感是最重要的，甚至比那百分之九十九的汗水都重要。」王國維的第三層境界，說的不正是如此嗎？在那茫茫的人群中，尋他了千百度，可就那突然回首的瞬間，才正是你所追求的，在燈火闌珊處。

如此風格、情感各異的三首詞，讓靜安先生精挑細選拿過來後，竟然成了著名的人生三境界，堪稱妙評。不過，詩詞品讀本來就各有所感，既然「仁者見仁，智者見智」，那我也不例外。

我覺得，這三句，說的是愛情和眷戀。開始時，和她相距遙遙，環境也不盡人意，總有著西風凋碧樹般的孤寂與淒涼，望盡天涯路，卻仍不能相見。然後，你努力，堅持，無數的思念和記掛為伊而憔悴。到了最後，你傾注千百度的追尋，終於在那一個對的時間，對的地點，遇到了對的她，而終成眷屬。與她的相離、相記和最後的相聚，讓這三層境界譜寫出不一樣的愛情真諦。

因此，**詞注重意境**。

都說詞起源於樂府，伴著音樂聲律流傳下來。目前我們所知道的最早的詞，是敦煌壁畫上的，稱之為**敦煌曲子詞**。詞和詩是有本質區別的，詩可用來誦讀，可詞是需要吟唱的。詞有對應的詞牌名，每種詞牌有著不同的意義不說，還有著固定的譜調。這就需要依譜填詞，依律和聲了。雖然現在關於詞譜如何來唱，已無人知曉，但它的美，一直都是存在的。

詞調的樂曲分為令、引、近、慢四種，如果對應於填詞的字數，又可分為小令、中調和長調。引和近屬於中調的範疇，慢是長調。詞就好比是現代的歌曲，唱的時候是分段落的，在詞裡叫做「**單調**、**雙調**、**三疊**、**四疊**」等等。根據詞牌規定的格律，倚配四聲平仄，方可填詞。

詞，自唐朝、五代時期就有發展。前人所舉最早的填詞者是**李白**，《菩薩蠻》和《憶秦娥》這樣的鼻祖之作已有介紹。後來**白居易**的《憶江南》也是佳作，共有三首。

其一

江南好，風景舊曾諳；日出江花紅勝火，春來江水綠如藍。能不憶江南？

其二

江南憶，最憶是杭州；山寺月中尋桂子，郡亭枕上看潮頭。何日更重遊！

其三

江南憶，其次憶吳宮；吳酒一杯春竹葉，吳娃雙舞醉芙蓉。早晚複相逢。

——（唐）白居易《憶江南》

晚唐時期，有**溫庭筠**。他是花間詞的領軍人物，濃豔是他的味道。例如《菩薩蠻》，「能逐弦吹之音，為側豔之詞。」

小山重疊金明滅，鬢雲欲度香腮雪。懶起畫蛾眉，弄妝梳洗遲。

照花前後鏡，花面交相映。新帖繡羅襦，雙雙金鷓鴣。

——（唐）溫庭筠《菩薩蠻》

這種風格，後來影響了五代後蜀時期的一批詞人，著名的有**韋莊**、**張泌**、**牛希濟**、**歐陽迥**等。至後蜀廣政三年，**趙崇祚**將這些詞人的作品編撰成集，共一十八人、五百首，便是大家熟知的《花間集》了。花間詞香軟、濃膩的感覺是婉約的前奏。

我喜歡南唐二主詞。南唐二主是指中主**李璟**和後主**李煜**。中國歷史上，會有這樣的現象：皇帝是個昏君、或是個暴君，但在其他方面卻頗有才能。像商紂王，雖然暴虐，卻武藝精湛；再如宋徽宗，雖然昏庸，卻一筆好字。南唐這個小朝代，歷經短暫，卻連續出現了兩個能作詞的皇帝。李璟的「細雨夢回雞塞遠，小樓吹徹玉笙寒」滿是悲傷的格調；而李煜的詞，更將感傷發揮到神秀。用王國維的話說是「詞至李後主而眼界始大」。

春花秋月何時了？往事知多少。小樓昨夜又東風，故國不堪回首月明中。
雕欄玉砌應猶在，只是朱顏改。問君能有幾多愁？恰似一江春水向東流。

——（南唐）李煜《虞美人》

李煜的人生是坎坷的，曾是奢侈淫逸、貪圖享樂的南唐皇帝；後又被俘，成為國破家亡的階下囚。前後的天壤之別，讓他的詞風驟轉。曾經的風花雪月已灰飛煙滅，後來慘敗的人生，才寫出了真摯與超凡。花間詞的牢籠在這裡被打破了，詞也可以直抒胸臆，像詩一樣懷著抱負和現實意義。

對了，南唐詞人裡還有馮延巳，他是李璟時的大臣。王國維說：「馮正中詞，雖不失五代風格，而堂廡特大，開北宋一代風氣。」這裡，還有李璟和馮延巳君臣之間對話的一點小故事。

延巳有「風乍起，吹皺一池春水」之句，皆為警策。元宗嘗戲延巳曰：「吹皺一池春水，干卿何事？」延巳曰：「未如陛下『小樓吹澈玉笙寒』。」元宗悅。

——（宋）馬令《南唐書·黨與傳下》

詞至宋朝繁盛，達到頂峰。北宋有**晏殊**、**歐陽修**，南宋有**姜夔**、**張炎**，各是領軍人物。詞從世俗小調，逐漸擴展到官員名士，後又流傳回民間。太平日久，天地人間皆怡然自樂，詞的流傳也功不可沒。

詞雖沒有唐宋之分，但卻有著婉約和豪放。**柳永**詞豔，慢詞居多。**蘇軾**和**辛棄疾**，則鏗鏘有力。詞作上的改革與創新是不容易的，我本一直以為，蘇、辛既然是豪放派的代表人物，那豪放一定是他們獨特的風格了。其實不然，蘇軾的詞風變化多端，極其豐富：灑脫飄逸、清新明麗皆有他的才情。千萬不要只被那一首「大江東去」所蒙蔽了。詞作的優劣在於境界，縱觀宋詞，豪放之作只占了極小的一部分。詞的特殊表達方式早已擬定了她的美感，即便風格變換，但還得意猶未盡，品之深長才稱得上好詞吧。

李清照也同樣有著風格上的轉變。作為著名的一位元女詞人，她用文字喚醒了自己的不同經歷。李清照生活在北宋到南宋的過渡期，她自小家境優越，書香門第，丈夫趙明誠也是官宦世家，但二人的生活卻十分簡樸。北宋末期的腐朽和朝廷內部的政治鬥爭，逐步牽連到李清照的家庭。隨著金軍入侵，北宋皇帝投降，宋高宗趙構開始南下遷都。大批百姓也開始南渡，李清照的家庭便是其中之一。誰知福無雙至，禍不單行，其丈夫趙明誠偏又在途中感疾，卒於建康。南渡前和南渡後，其喪夫前和喪夫後，李清照的詞風隨著思想和感情的坎坷，變得哀傷、沉重和無限悲痛，只能在「淒淒慘慘戚戚」中尋覓。

詞，是感情抒發的凝練，心境的昇華。第一次聽到「問世間，情為何物，直教生死相許」這句話時，就已經被金庸先生《神雕俠侶》中的故事所感動了。這句詞，出自**元好問**的

《摸魚兒》。

小序：太和五年乙丑年，赴試並州，道逢捕雁者云：「今旦獲一雁，殺之矣。其脫網者悲鳴不能去，竟自投地而死。」予因買得之，葬之汾水之上，壘石為識，號曰「雁丘」。時同行者多為賦詩，予亦有《雁丘詞》。舊所作無宮商，今改定之。

問世間、情是何物，直教生死相許。天南地北雙飛客，老翅幾回寒暑。歡樂趣，離別苦。就中更有癡兒女。君應有語，渺萬里層雲，千山暮雪，只影向誰去。

橫汾路，寂寞當年簫鼓，荒煙依舊平楚。招魂楚些何嗟及，山鬼自啼風雨。天也妒，未信與、鶯兒燕子俱黃土。千秋萬古，為留待騷人，狂歌痛飲，來訪雁丘處。

——（金）元好問《摸魚兒・雁丘詞》

元好問是在金元時期最著名的詞人。他在乎真摯，**詩詞的創作莫不出於真情，技法格調莫不出於自然**。一套完整的理論讓元好問的詞別具特色。

最後來說清詞。過了宋朝，清朝還有一個小高峰。儘管注意到的人不多，但他們的光芒是無法被掩蓋的。

清詞有著多種派別。明末清初，**陳子龍**、**宋征輿**、**李雯**、**夏完淳**是雲間詞派。到了康熙年間，**陳維崧**的陽羨派和**朱彝尊**的浙西派堪稱雙璧。陳維崧富麗豪邁，朱彝尊悠雅濃情。後面再加一個**納蘭性德**，形成了三足鼎立的局面。現代很多年輕人都喜歡納蘭性德的詞，比較容易相惜共鳴，感動非常。

人生若只如初見，何事秋風悲畫扇。等閒變卻故人心，卻道故心人易變。
驪山語罷清宵半，淚雨霖鈴終不怨。何如薄幸錦衣郎，比翼連枝當日願。

——（清）納蘭性德《木蘭花令・擬古決絕詞柬友》

到了清中期，有著七家、十家之說。**張惠言**堪稱奇才，作品不多，卻個個不俗，創立了自己的常州派。**蔣春霖**的《水雲樓》詞也影響很大，他重視詞的內容和作用，認為：「詞祖樂府，與詩同源。偎薄破碎，失風雅之旨。情至韻會，溯寫風流，極溫深怨慕之意。」

最後是晚清四大家：**王鵬運**、**鄭文焯**、**朱孝臧**、**況周頤**。不遜於前期的作品，也不失於自己的創新和獨特，形成了彗尾般的星光。不過我個人認為，晚清更重在評論。況周頤的

《蕙風詞話》、王國維的《人間詞話》都成為絕頂佳作。雖然我不是很看好王國維的詞，然而，有作有讀，有品有評，這首詞才算完整了吧。

唱曲

如果說詩詞僅限於文人雅士的話，那麼，曲便能深入民間。它通俗易懂，老百姓樂在其中，可說可誦，可歌可舞。戲曲之廣泛無處不在。

當文字的表現形式加入了音樂，感情可更為生動；當再加入了人物的行為、神態，並融於舞蹈以後，整個故事不僅活靈活現，更成為生活的藝術。很多人說，近現代藝術的最高表現形式是電影，有聲有色，有行動有語言，有內心有外在，是生活的翻版，藝術的昇華。而戲曲，正是電影的前身，實實在在的表演。

不說當今的戲曲，只說元曲、曲。它好像是由詞過渡來的，有著曲牌，有著格律，還有著調式。元曲大體分為兩類：**雜劇**和**散曲**。雜劇是長的，有著一幕一幕的曲文，間雜著賓白和科範；散曲是短的，獨立的一段是小令，由多支曲子組成的是散套。

散曲沒有詞牌的格律要求那麼嚴，語言相對通俗，言下的意境較少。可曲子的直白，使大眾的普及率很高，反而真實詼諧，更為流行。很有名的如**馬致遠**的《天淨沙·秋思》，短短的景物排列，卻色調明顯，意味深長。

枯藤老樹昏鴉，小橋流水人家，古道西風瘦馬。夕陽西下，斷腸人在天涯。

──（元）馬致遠《天淨沙・秋思》

除了馬致遠，還有**關漢卿**、**鄭光祖**、**白樸**，他們四人被稱為元曲四大家。散曲精煉，偶作之外，大型的曲子都是雜劇的形式。關漢卿的《感天動地竇娥冤》應該是無人不知、無人不曉了。這是一部悲劇，選擇的調式和曲牌也偏向悲愴和沉痛。全劇共四折一楔子。

折，是曲子的分段，一出一出的意思。楔子，本是支撐、固定用的物件。在小說或戲曲中作引子，放在整部劇的最前面，有著引出正文、補充說明的意思。先定好五宮四調，再將符合基調的曲牌由創作者選取並組合起來，形成每一折。出場人物也分為不同角色，都有他們主唱的不同曲調，這些才是主體。雜劇中，主要人物為正色，男主角是正末，女主角是正旦；演唱時，正末唱為末本，正旦唱為旦本。其餘的角色還有副末、貼旦和淨等。所以，元曲有著三要素，**唱**、**科**、**白**。唱詞是其中最重要的部分。整個唱詞如流水般行進的同時，還有著賓白穿插其中，使得情節完整，故事流暢。賓白就是旁白，只說出來，有著輔助效果；

還有科範，是指每位演者在臺上固定時間或固定段落時的一些輔助性表演動作，活靈活現就可想而知了。

這雜劇說來，在元明清時期，有著位於巔峰的四大古典戲劇。分別是**王實甫的《西廂記》**，**湯顯祖的《牡丹亭》**，**孔尚任的《桃花扇》**和**洪升的《長生殿》**，可以說，這些都是美麗的愛情故事。無論悲情、還是喜劇，追尋真摯而美好的愛情是永恆的主題。我們無須考慮有情人是否能終成眷屬，但我們知道，能有著相戀，便是幸運的。這一句一句的唱詞，都會讓人們為之感動、流淚。

是的，情不知所起，一往而深。曲詞的寥寥數言，唱出的卻是無限的情思。

五、文學

浪漫的洋溢

四大名著、名著中國

一說到中國的四大名著，幾乎是無人不知、無人不曉。可是如果要問問現在的人們這四本著作全都讀過的，又會有多少呢？這個百分比一定少得可憐。

這四本書是中國古典小說的巔峰。明朝三部：**羅貫中的《三國演義》**、**施耐庵的《水滸傳》**、**吳承恩的《西遊記》**；清朝一部：**曹雪芹的《紅樓夢》**。

四本書是四個不同的世界。每一部的思想觀、價值觀都深深的影響著每個中國人。儘管金聖歎老先生在批評這些著作時曾說：「少不看水滸，老不讀三國。」此話並不無道理，但如果從國學的角度來說，就不完全了。**為了真正懂得，一定要親自體會**。

《三國演義》是中國第一部章回體小說。什麼是章回體，讀者從小說中每篇的題目就能領略一二。「七星壇諸葛祭風，三江口周瑜縱火」。《三國演義》是一部謀略史，是一部戰爭史。在這個世界裡，所有的市井平民都可以為自己的生存奮鬥，所有的小人物都可以懷志而起成為大英雄。大家是平等的，大家也都是出色的。在動盪不堪的年代，每一個人都有著發揮自己實力的機會。無論英雄劉備，還是奸雄曹操，都在自己的生涯中縱橫馳騁。

《水滸傳》在宣揚一種為不平等和不自由抗爭的反叛精神，好漢一百單八將各個都被刻畫得活靈活現。全書主要分為兩個部分：七十一回以前講述好漢們在不同的經歷下卻同被逼上梁山聚義的故事；七十一回以後則申訴了以宋江為首的好漢們受朝廷招安，剿滅方臘等其他起義軍而慘重傷亡的悲歌。由於前後兩部分風格迥異，便有人傳說前半部為施耐庵作，後半部則是羅貫中續寫，施耐庵與羅貫中本是師徒關係等等。不管怎樣，有著叛逆，必然有著不平，而書中正是通過描述人民付出的血與汗來抨擊對社會的不滿。

《西遊記》是佛學的世界。全書充滿了佛學的各種專業詞彙和理念。想想小時候地理老師問我，世界分為幾大洲啊？由於我當時正在讀《西遊記》的關係，便不假思索的回答：「世界分為四大洲：東勝神洲、南贍部洲、西牛賀洲、北俱蘆洲」。老師聽完，當場就懵了。這只是個笑話，現在已經知道，這所謂的四大洲是在佛學中的定義。《西遊記》裡唐僧師徒經歷的九九八十一難，都是佛教因果觀的反映。在這些仙神鬼怪的緣起緣落中無不滲透著因果循環的道理。而唐僧師徒的每行一步，每一個舉動，甚至包括每一個念頭，也都是在告訴讀者們業力的作用，這些業力，系起了緣分，譜寫著因果。第一次讀它，如果只是一個孩子去感受用正義的力量來擊敗邪惡的話；那麼再一次讀它時，一定要用一顆平靜的心去感受世間的因果輪迴。

最後一部小說的成就之偉大，已讓她變為了一門學問——紅學。在《紅樓夢》這個微縮的世界裡，反映的絕不僅是一個社會的千姿百態那麼簡單。除了對女性的歌頌，悲劇性的文學手法更能夠帶給當今世界以反思。很多的紅學家還從書中研究到了：服飾學、古典建築學、中醫學、植物學、飲食學等等，不可勝數。甚至從考據學的觀點來說，《紅樓夢》的版本及其殘缺的部分本身就值得無盡的研究下去。這些未免有些誇張，但從我的角度，《紅樓夢》至少有這四點是非常偉大的。

（一）盛衰悲劇的人間高歌。

（二）草蛇灰線的伏筆映襯。

（三）詩詞曲賦的畫龍點睛。

（四）國學文化的璀璨發揚。

這就是中國具有著傳奇色彩的四大名著。之所以是小說，是因為故事的表現形式更能夠打動人們，也更能夠將社會的一點一滴反映得淋漓盡致。這些作家們用自己激昂的筆墨，為中華繪出了精彩的一筆。

有很多朋友都會告訴我，《三國演義》讀起來還很精彩，情節絲絲入扣，牽動著你的心。但《紅樓夢》就太沒意思了，讀到第四回，第五回就讀不下去了，前面完全都不知道在說什麼！我有時笑笑回答說，**靜下心來，才能感覺的到。美妙的地方不是因為它難懂，而是因為你每次體會，每次都能有不一樣的發現。**

戲說八股文

還記得小學的時候老師教寫作文嗎？很多老師都嚴格要求使用三段式結構來寫作，又稱總分總原則。第一段總起，概述；第二段作為重點詳細敘述；第三段結尾總結。也有的老師會教一種四段式結構，會說作文寫得比較好的學生可以選擇這種方式，即：起因、經過、高潮、結果。文采的發揮與文章的核心都用在這叫作高潮的段落裡。等到有一天我們真正想去創作時，或者在事業和工作中，要應用文章來表達時，無疑根深蒂固的三段式和四段式規則已束縛了我們的靈感，更別說語言了。

這種教育方式難道不是八股文嗎？運用死板的規則限制一顆本來具有著文采的心靈，導致在極小的範圍內沒有了發散思維的真正拓展，大家只成了考試的機器而已。**當內心的情感只能被關在規則裡時，就是再好的語句也會索然無味**。

八股文的規則是有著政治因素的。八股文最初現於明朝，源頭可以追溯到宋朝科舉制度時的經義。政府在選拔出題上為了讓每位學子能將中國的儒學觀念全盤的貫通於文章之中方顯才能，所以拿文體加以限制，因為這是涉及到個人思想的問題。結果，八股就細化到每字每句了。

顧炎武[1]在其作的《日知錄・試文格式》中說到，八股的「股」是對偶之名。每句之中都採用一正一反、一實一虛、一深一淺等技法。其格式正好由破題、承題、起講、入手、起股、中股、後股、束股等八個部分組成，所以名為八股。明朝時規定字數不能超過四百字，到了清朝康熙年間，政策有所寬鬆，擴大到七百字以內。正是格式的限制，讓本來的古體散文成為了駢散相結合的文體，倒更加約束了。題目主要是出自四書五經中的名句，論述也一律以朱熹的《四書章句集注》為基礎，決不能稍有新異，隨性發揮。否則，便是再出眾的文采和思想，也會受到政治倫理的打壓。

咱們按文體分析。破題必先一針見血，直接揭示主題，突出一個「破」字。但揭示的文

[1] 顧炎武：（一六一三年至一六八二年），漢族，明朝南直隸蘇州府昆山（今江蘇省昆山市）人。著名思想家、史學家、語言學家，與黃宗羲、王夫之並稱為明末清初三大儒。本名絳，字忠清；南都敗後，因為仰慕文天祥學生王炎午的為人，所以改名炎武，字寧人，亦自署蔣山傭，學者尊為亭林先生。明季諸生，青年時發憤為經世致用之學，並參加昆山抗清義軍，敗後漫遊南北，曾十謁明陵，晚歲卒於曲沃。學問淵博，於國家典制、郡邑掌故、天文儀象、河漕、兵農及經史百家、音韻訓詁之學，都有研究。晚年治經重考證，開清代樸學風氣。其學以博學於文，行己有恥為主，合學與行、治學與經世為一。詩多傷時感事之作。著有《日知錄》。

字不能過於直白，常常需要透澈概括，卻又含有韻味為佳。破題的字數簡短，限制在兩句，難度可想而知了。接著是承題，承接上文加以闡發，補充說明時要自然圓滿。字數大約限制在三句左右。然後就開始敘述了，起講，一般以議論為主，但要借用古人的語氣來說，就是所謂的「代聖賢立言」。到了入手，才是所謂的入題。後面方有真正的八股四比。

股和比都是對偶的形式，借用了駢體的結構，好似對聯。一比正好是一副對聯，而一股就是其中的某一上聯或下聯。每股的長短並無限制，但一定要按照起、中、後、束的原則分別敘述清楚，有著起因、有著總結。好像是古時候的三段式或四段式作文。

如此一篇八股文寫完，無論你想說什麼還是不想說什麼，定式早已將思維圈死了。因此，應試教育的苦果在準備階段並不曾發現，但當經過了這類方式的教育以後，想要再逃出牢籠，有所創新和進展時，又無形的增加了多少難度啊。

其實文學藝術的好壞，和體裁又有多少關係呢？只是我們應該知道，**文學和藝術可以是任何形式，但任何形式都不能定義文學和藝術**。

忽然想到王安石的一篇有名的議論文《讀《孟嘗君傳》》，短短的四句話，八十八字，卻清晰明瞭，自然流暢。豈是八股所能表達出來的？

現選文如下，敬請欣賞。

世皆稱孟嘗君能得士，士以故歸之，而卒賴其力以脫於虎豹之秦。嗟乎！孟嘗君特雞鳴狗盜之雄耳，豈足以言得士？不然，擅齊之强，得一士焉，宜可以南面而制秦，尚何取雞鳴狗盜之力哉？夫雞鳴狗盜之出其門，此士之所以不至也。

——（北宋）王安石《讀《孟嘗君傳》》

作家三等

作家分三等。

下者寫散文，筆墨隨心；中者寫詩歌，文字生情；上者寫小說，感而聆聽。

決定文之高、低、優、劣者有四。

真情、意境、文筆、共鳴。

是否動人，不如是否情真。真情，才是實實在在的生活。生活中沒有高、低、優、劣，凡是在這個世界上生活著的人們，都會隨著時光的流逝而有所經歷。過往和將來，都在印證著活生生的你。如果一切始於虛假而終於幻滅，又怎能做好一個人？成就出不可替代的人生？故情真，才動人。

意境若來自開始，那是獨特的立意；意境若走向結束，那是無盡的深意。不去分體裁，只要作文，必然會表達出什麼，這就是意義。沒有意義的文章便是亂塗有墨水的廢紙一張，而有了意義，才能讓文字躍然紙上。意義有著高、低、優、劣，上者被稱為意境。當一部作品呈獻給讀者，有的能激發欲望，有的能引起思考，有的能左右人生，有的能讓人平靜非常。這些，都是好的。好的意境，推動人們前進。

前面所述的是實，有實還要有名。名，就是文筆，雖錦上添花卻缺之不可。文筆的範圍很廣，可以是修辭、是技法、是視角、或是真與假的結合。文筆是需要學習和練習的。文筆不好，是硬傷。沒有內容並不可悲，可以去觀察、經歷、感受；但空有內容和想像，卻不知如何表達最可悲。畢竟理論立於實踐，懶於增進文筆水準的人，將會是一無所成的。

最後是共鳴。為文絕不是作者一個人的事，還有著讀者。文是作者與讀者之間的橋樑，文之好壞，就好比這座橋，實用不實用，方便不方便，強大不強大，美觀不美觀，全在這橋上了。文的這個橋樑，帶來了溝通。溝通並不能說明什麼，人與人講話，自然有合得來合不來的。但如果談得投機，就是好的。文的作用是融合了作者與讀者，產生共鳴。也許共鳴之處不同，但此文，一定是一鳴驚人的。只有作者而沒有讀者的作品，是不完整的，不可稱之為文。

於是，為文者多矣，作家產生了。

文體本沒有高下，但有著束縛。

散文隨意，信筆馳騁。我們能讀到多姿多彩的世界，也能讀到其中的美麗。既然隨心，必有真情，這是基礎。意境可發之深遠，引導著整個生活的世界。同樣，我們也能讀出這字裡行間的筆墨，滲透著一點一滴的跳動。共鳴就更不用說了，可以身臨其境，可以且住且行，這一切吸引著我們。

詩歌則要高一點。她高在韻律：詩歌很好聽，有著抑揚頓挫，吟唱起來，更易抒情。她高在精煉：只要幾個字，卻跳動著鮮明的節奏；也只要幾個字，卻有著無窮的意味。她高在言外：我們讀到的，是第一層的美；我們想到的，是第二層的美；我們讀不到的，是第三層的美；我們想不到的，是第四層的美。如此的一首詩歌，凝聚了作者多少的心血和情懷，豈是信筆隨心所能做到的？詩歌的抒情，有著音樂伴奏，有著閃亮的結構，還有著讀者作者之間無盡的追求。

小說則要更高一點。他不是一個人的故事，他是大家的故事；他不是一個人的世界，他是大家的世界；他也不是一個人的過去、現在和將來，他的時間是大家生活的結合。所以，當作者只以一人之心，一人之情，所作一人之意，就縱有天下人聆聽，那也只是在聆聽一人。燕雀之心怎能比鴻鵠之志？燕雀之所見怎能比鴻鵠之所望？高度不同，必然境界不同。寫小說時，更要有「會當淩絕頂，一覽眾山小」之態勢。從文字的最初起筆到最終落款，都是要架構好的。當你運籌帷幄，健筆淩雲之時，天下之態盡收於其中，天下之情盡抒於其上，方有天下之人願為之感動、聆聽，而影響著每個人精彩的生活。

六、紅樓夢

不一樣的世界，芬芳的氣息

紅學

二〇一二年五月三十一日，得聞著名紅學家、古典文學研究家、詩人周汝昌先生逝世，我深感惜惘悲慟。悲慟者，是人死不能復生；惜惘者，是中國當代紅學之集大成者，從此再無第二人矣。

周汝昌先生曾將紅學定義為四個部分：**曹學**、**版本學**、**探佚學**、**脂學**。曹學是研究曹雪芹生平以及其與《紅樓夢》之間關係的學問；版本學是關於現有《紅樓夢》版本的對比和考據；探佚學是因《紅樓夢》原書的殘缺，而對其佚稿的探索與結局的推理；最後的脂學是指對脂硯齋和相關批評者及其所有評注文字的研究。

曹雪芹，名沾，字夢阮，號雪芹，又號芹溪、芹圃[1]。其先祖本是漢人，後入了滿洲籍，為滿洲正白旗包衣。其曾祖父曹璽至其父親曹先後五六十年任職江寧織造，這是一個

[1] 圃：種植果木瓜菜的園地，周圍常無垣籬。

官階雖不高，但是替宮裡採辦各種御用物品的肥差。再加之曹璽的妻子曾做過康熙皇帝的乳母，而曹雪芹的祖父曹寅又做過康熙皇帝的侍讀，所以使曹家成為了顯赫的百年望族。但是，當傳到其父親曹頫這裡，連續多年的虧空加上皇族內部鬥爭的政治牽連，使家庭每況日下，甚至遭到了削職、抄家的處分。由盛轉衰，是曹雪芹經歷的童年。待至成人，家族已經十分破落，曹雪芹只住在北京西郊，過著異常貧困的日子。

曹雪芹的家庭，就是《紅樓夢》的創作背景。將曹雪芹的人生和小說中的故事相互結合，成為了紅學研究中的一條關鍵路徑。

曹雪芹家曾經不僅奢華，而且是書香門第。祖父曹寅，字子清，號荔軒，又號楝[2]亭，是清朝著名的藏書家和校勘家。曹寅文學造詣很高，能寫詩、詞、曲，又善於書法，和陳維崧、朱彝尊、納蘭性德等當時的名流都有過交往。曹雪芹雖然生平事蹟流傳下來的很少，然而從《紅樓夢》中就可看出，他受家族影響，再加上自己的勤奮努力，在詩詞文賦上都有著極高的成就，才讓這部小說，一字一個精彩。

曹雪芹作《紅樓夢》，曾「批閱十載，增刪五次」。各種不同時期、不同評閱的本子輾轉傳抄，再加上傳抄過程中難免的「加工」問題，使得如今流傳下來的版本十分複雜。不

---

[2] 楝（liàn）：欄木也。

過，經現在學者的研究統計，目前尚存世的原版主要有著十種，還有經程偉元、高鶚修改續寫的兩種本子，總共是十二個版本。

經典版本算是現存七十八回的庚辰本，目前市面上的《紅樓夢》多以此本為底本，缺者從其他脂評本補齊。而像甲戌本（現存十六回）、己卯本（現存四十一回）、鄭藏本（現存僅兩回）等本子，都殘缺過多。可是，每種版本都有著當時存在的意義。記得張愛玲先生在其考據作品《紅樓夢魘》中，憑藉著自己驚人的記憶力和觀察力，竟然通過對多種版本《紅樓夢》的品讀，比較其中的微妙差別，而推理求證出了很多紅學難以確定的問題。就連周汝昌先生看了以後，也不由得感歎：「張愛玲之奇才，心極細而記極強，萬難企及，我自慚枉作了『紅學家』！」

殘缺是一種美，它能引起人的無數思考與遐想。

《紅樓夢》之所以偉大，其中很重要的一個因素就是因為它不全。大家對結局的推測成為了重要的探佚學。不僅是曹雪芹的文字，在傳抄中，還有著評述者的筆墨。脂硯齋就是其中最著名的。但在脂學中，對脂硯齋究竟是誰還沒有定論。有的說脂硯齋是女子，曹雪芹一生中的唯一紅顏知己或妻子；也有的說，脂硯齋並不是一個人，畸笏叟、梅溪、立松軒等都應該是其中的一份子。至於具體答案就不得而知了，但我們能知道的是，脂硯齋的評語對

《紅樓夢》研究是有著卓越貢獻的。

脂評紅樓夢對很多關鍵的伏筆都做了解釋，給結局的推測加快了腳步，卻又變得複雜而匪夷所思。在有限的作者與評者的語言裡，看出了從讀者的角度無限的言下之意，是何等的有趣。正是這樣的草蛇灰線與未知結局的交疊，才讓《紅樓夢》有著怎麼讀，也讀不盡的感覺。當讀者經過每一次的品讀與研究後，發現無論什麼時間、什麼態度，每讀一次都會有新的收穫和感悟。這才成為了《紅樓夢》無窮無盡研究下去的最終意義。

因為未完，便有了續寫。曹雪芹的原版作品實際和當時的封建制度還是有著很強烈的衝突的，為了避免不良的官僚影響對朝廷和人民的衝擊，又因曹雪芹在最終抄謄未完時而去世，後面殘缺的部分由高鶚和程偉元續寫。比如第一回，程甲本或程乙本就有很多不同於甲戌本和庚辰本中的內容，微妙的篡改會導致閱讀時的意義和感覺大不相同。而後四十回續寫的內容，更大打折扣，曹雪芹優秀的細節描寫及經典的詩詞曲賦都不見了，贅言無數，人物性格也有著突變。最重要的是，竟然賈、史、王、薛四大家族沒有衰敗，反而復興了。寶玉也考取了功名，是何等的荒謬之極啊。

為了探佚而有了續寫，但續寫的不足又為探佚增添了幾分複雜和玄妙。人們讀《紅樓夢》時究竟在追求著什麼？現在的一群無聊的研究家也許將曹雪芹從未想過、或者從未表達過的思想都硬是推測出來，大談特談。好像害怕有一天，紅學研究盡了，自己就沒飯碗了一樣，而剖墓掘墳得愣是想要把每個漢字都擠出一些營養來。曹雪芹如要在世，不得笑哭了？可惜就是九泉之下，現在也要詐屍出來說道一二吧。

《紅樓夢》的經典在於，我們能從中看到的不僅是人物和故事，還有著飲食、科學、建築……等各個方面。不要因其博大精深而只去學習，更重要的是，我們每個人讀過以後，還能夠從中看到自己需要前進的方向和感悟，然後用這些感悟去讓我們的世界、我們的生活也不斷前進，變得美好。

這就不會是甚解了，這是正解。

詩詞曲賦綻紅樓

詩詞曲賦，在《紅樓夢》中絕對是精華之所在。記得很多剛讀或未讀的朋友和我說，《紅樓夢》的前幾回著實凌亂，完全不知所云。當讀到第五回時則更甚，滿篇的詩詞曲賦，更不能理解了。所以，大多數人們都是讀到第五回後，便再也沒有讀下去的欲望了。面對第一次讀或者有興趣的讀者，我往往建議其從第六回開始，因為這兒就要講故事了，那園子裡繽紛多彩的故事。

其實，這第五回是全書的核心篇章，點睛之筆。賈寶玉夢中經警幻仙子指引遊歷太虛幻境，無意中翻看了金陵十二釵的簿冊，那薄命司裡的每一首都預示著其中女子的最終命運。有詩有畫，一詩雙關，妙筆不凡。如：

畫著是兩株枯木，木上懸著一條玉帶。地下又有一堆雪，雪中一股金簪。也有四句道：「可歎停機德，堪憐詠絮才。玉帶林中掛，金簪雪裡埋。」

我們雖看不到畫，但作者的描述已經讓畫成為了謎面，兩「木」即是「林」字，「玉帶」倒置便是「黛玉」；「雪」諧音「薛」，「金簪」不就是「寶釵」嗎？兩大女主角藏在畫裡，詩裡自然是命運了。

詩是五言絕句，前一聯說典故隱喻，後一聯描述畫面，賦予深意。

「停機德」在《後漢書·列女傳》中有載，戰國時河南樂羊子[1]遠尋師學，一年來歸，其妻跪問其故。樂羊子說：「出去太久了，十分念家，就回來了，沒其他原因。」妻子便拿起刀走向織機說：「這絲織雖然生於蠶繭，卻成於此機杼。一絲累積成寸，再累積成丈匹。如今若將其割斷，不是枉費時日嗎？你今天半途而廢，怎能成學？」於是樂羊子感悟，又復還深造，七年不返。

「詠絮才」說的是東晉時期的才女謝道韞[2]。謝道韞是安西將軍謝奕之女，王羲之之子王凝之之妻。

曾在家遇雪，叔父謝安召集眾子侄論文義，俄而雪驟，安問：「何所似也？」謝朗

1 樂羊子：樂（yuè）。
2 韞（yùn）：蘊藏，包含。

答：「撒鹽空中差可擬。」道韞答：「未若柳絮因風起。」謝安大為稱賞。

——（南朝・宋）劉義慶《世說新語・言語》

有婦德是喻薛寶釵，有詩才是喻林黛玉。但「玉帶」本佩於官服腰上，卻淪落到閒置掛於枯木；「金簪」亦插於髮髻，結果卻被埋沒在雪中。此二者皆預示她們二人將來好景不長，悲慘的命運。

再拿一例：

畫一惡狼，追撲一美女，有欲啖之意。其下書云：「子系中山狼，得志便猖狂。金閨花柳質，一載夢黃粱。」

「子」加「系」正好是「孫」字，暗示迎春在出嫁之後，被其丈夫中山狼孫紹祖折磨致死。

有人曾問，這《紅樓夢》裡的詩詞，比起唐詩宋詞如何？葉嘉瑩先生曾回答說：「意境筆法雖不如唐詩宋詞，可其伏筆與暗示之意在書中卻是其他詩詞所不能及的。」

曹雪芹還用高超的技法對《金陵十二釵正冊》的判詞作了說明，這就是後面為賈寶玉演奏的《紅樓夢曲》。電視劇中，請了著名作曲家王立平為每篇譜曲，讓本來悲涼的深意更多了些濃郁的氣息。

除了這些有著深邃意義的詩詞曲外，作者在用詩詞曲對人物的性格刻畫上也別有一番功夫。同樣是開詩社《詠白海棠》，同樣是限定了「門、盆、魂、痕、昏」韻腳的七言律詩，但寶釵、探春、寶玉、黛玉、湘雲寫出來的詩卻各有特色，每個人的性格不由自主的顯現了出來。

「珍重芳姿晝掩門」是寶釵心地重德而高於才也；而「芳心一點嬌無力」的探春在才與能上都要遜色一些；寶玉則是「曉風不散愁千點，宿雨還添淚一痕」，始終掛念著黛玉，掛念著自己珍惜的情感；黛玉是高潔逸才，「偷來梨蕊三分白，借得梅花一縷魂。」最後的湘雲，更是那直爽的性格，一次性來了兩首，直接就說：「神仙昨日降都門，種得藍田玉一盆」了。

半卷湘簾半掩門，碾冰為土玉為盆。
偷來梨蕊三分白，借得梅花一縷魂。

月窟仙人縫縞袂，秋閨怨女拭啼痕。
嬌羞默默同誰訴，倦倚西風夜已昏。

——《詠白海棠・林黛玉》（瀟湘妃子）

也許唐宋的詩人詞人都有著自己獨特的風格，可曹雪芹在書裡卻要把握住每個人的風格，真是大才，眾人所不及者。

黛玉的才情一直是最高，雪芹必然借其筆而出之多也。作者一向崇尚於張若虛的樂府《春江花月夜》，便仿其格調，先後作了《葬花吟》、《秋窗風雨夕》、《桃花行》三首。「花謝花飛花滿天，紅消香斷有誰憐？」林黛玉歎己之悲，花為誰感？然而「天盡頭，何處有香丘？」隨花逝去，不見歸宿。茫茫世間，終無人相惜相憐，唯有「一朝春盡紅顏老，花落人亡兩不知」了。

晴雯好似黛玉的化身，在被趕出門後，遺落而終的時候，寶玉又撰一篇誄[3]文，訴出無數的懷念。《芙蓉女兒誄》是駢體，中間又夾有楚辭仿《離騷》之勢，堪稱文賦中的高峰。

---

[3] 誄（lěi）：敘述死者生前事蹟，表示哀悼，亦即為謚法所本。僅用於上對下。

屈原本自高潔，這些女孩子不也正是如此？寶玉認為唯有用《離騷》這樣的辭體才能盡展她們的純潔與芳華。沉浸在文字間的，卻又是滿滿的悲泣之聲。

一部小說，文字不僅是敘述與抒情，詩詞曲賦的融入也為其增添了不少色彩。多樣的文體格式表現的不再是才華而已，而是一語的無限深意，延綿不了每個人的壽命，卻能延綿她們的無限情長。

瀟湘月下，惟戀怡紅

人生自是有情癡，此恨不關風與月。

——（北宋）歐陽修《玉樓春》

愛情也好，親情也罷。在《紅樓夢》中，寶玉和黛玉之情，千絲萬縷，不知所起，卻一往而深。這種情感，結緣在前生，溫存於今世。點滴之間是超凡脫俗，卻又沒有一絲不融入在溫馨的生活之間。

我們沒有辦法確定上輩子，但在今生，一定有著痕跡。那塊頑石只是觀眾，神瑛侍者在警幻仙子處掛號要下凡塵，這頑石也巧合被隨攜。曾經這神瑛侍者，每日以甘露灌溉，對絳珠草呵護有加。一天，這絳珠草脫得草胎木質，換成人形，終日游於離恨天外，纏綿不盡。便也欲下了凡塵，報其滋養之恩。絳珠仙子說：「他是甘露之惠，我並無此水可還。他既下世為人，我也去下世為人，但把我一生所有的眼淚還他，也償還得過他了。」

到了黛玉進賈府與寶玉初面，寶玉便說：「這個妹妹我曾見過的。」黛玉也有同感，心想何等眼熟至此。而這個瞬間，情誼就早已定下了。

一見鍾情，緣於似曾相識。只需一眼，就已經知道那是對的人。

大家逐漸在一個園子裡生活，是言談舉止之間的。而寶玉和黛玉，是心靈之間的。寶玉一向不喜儒家禮教，曾讀《會真記》於沁芳橋畔。而黛玉借過，讀之更是心曠神怡。後來黛玉葬花之日，哭聲低訴：「儂今葬花人笑癡，他年葬儂知是誰？一朝春盡紅顏老，花落人亡兩不知。」寶玉聽到，更是潸然淚下。追上前去，雖是賭氣的一句，「既有今日，何必當初？」但卻道出了寶玉對黛玉的掛心。也許黛玉只是耍耍小性兒，然而你來我往之處，無不在乎。

後又一日，黛玉偶聽得寶玉和湘雲因金麒麟而大談特談經濟之事，忽然寶玉說：「林姑娘從來說過這些混帳話不曾？」林黛玉就在不遠，聽了這話，不覺又喜又驚，又悲又歎。

林黛玉聽了這話，不覺又喜又驚，又悲又歎。所喜者，果然自己眼力不錯，素日認他是個知己，果然是個知己；所驚者，他在人前一片私心稱揚於我，其親熱厚密，竟不避嫌疑；所歎者，你既為我之知己，自然我亦可為你之知己矣，既你我為知己，則又何必有金玉之論哉；既有金玉之論，亦該你我有之，則又何必來一寶釵哉！所悲者，父母早逝，雖有銘心刻骨之言，無人為我主張。況近日每覺神思恍惚，病已漸成，醫者更云氣弱血虧，恐致勞怯之症。你我雖為知己，但恐自不能久待；你縱為我知己，奈我薄命何！想到此間，不禁滾下淚來。待進去相見，自覺無味，便一面拭淚，一面抽身回去了。

——（清）曹雪芹《紅樓夢》第三十二回
訴肺腑心迷活寶玉
含恥辱情烈死金釧

簡簡單單的一句話，竟然引出了這許許多多的內心變化，是何等的在乎才會如此心想，又是何等的在乎才會如此說來。**真正的眷戀，緣於相互的掛念；這掛念，終生出無盡的珍惜和愛憐。**

心中留存有對方，也必然希望對方記得。黛玉曾送寶玉自己親手縫的荷包，因見眾小廝討賞將寶玉身上佩戴之物悉盡搶去，以為荷包也在其中，便一氣之下，剪了寶玉曾經送的香囊。誰知寶玉趕來，將裡面衣襟解開，露出荷包，黛玉方悔之不及。**一份簡單的禮物，送去，是為了讓對方記得；收下，是為了讓自己想起。它是一條線，連接著你我，成為牽絆。**

在寶玉去探望寶釵的第八回，黛玉也來了。是時下雪，天氣有些冷，寶玉喝了幾杯熱酒，大家一起說笑，直至薛姨媽她們吃畢晚飯。這時有一個簡單而溫馨的細節。雪雁等丫鬟也吃過飯，來伺候黛玉。黛玉因問寶玉道：「你走不走？」寶玉乜[1]斜倦眼道：「你要走，我和你一同走。」

看似隨隨便便的兩句話，卻是曹雪芹的親身體悟。所以自然而然的，沒有任何龐雜就敘述了出來，反而是真正情誼的體現，這叫做默契。寶玉在薛姨媽這裡，喝了酒。黛玉因為掛念，一直沒走，一直在等待。寶玉也是，黛玉在此，他豈能走？外面又天寒驟雪，只有一同，才呵護得她溫暖。一直到吃完晚飯，黛玉注意身體，不得不早回，但仍有掛念，便很順其自然的問道：「你走不走？」沒有刻意，正是因為一直將寶玉放在心上，所以自然使然。而寶玉不也是如此，雖然酒已微醺，但見黛玉未走，所以也不走，一直等待。黛玉此言一出，寶玉便立馬答道：「你要走，我和你一同走。」多麼的肺腑之言。這不是什麼轟

---

1 乜（miē）：眼睛眯成一條縫。

轟烈烈的場面，不像電影裡的那麼宏大。好像《鐵達尼號》中傑克對蘿絲說：「You jump, I jump.」是啊，**我們無須面對生死，我們只要珍惜生活**。就在這平平淡淡的日常中，一句「你要走，我和你一同走。」就已經道出了兩人之間的心心相印。

同聲自相應，同心自相知。

——（晉）傅玄[2]《何當行》

後來小丫頭給寶玉戴不上大紅猩氈斗笠，黛玉親自服務。這裡，曹雪芹做了非常細微的描寫。簡簡單單的場景，簡簡單單的動作，卻充滿了愛情。

---

2 傅玄：（二一七年至二七八年），字休奕。北地郡泥陽縣（今陝西銅川耀州區東南）人。西晉時期文學家、思想家。傅燮之孫、傅幹之子。傅玄幼年時隨父親逃難河南。專心誦學，性格剛勁亮直。舉孝廉，太尉辟，都不至。州裡舉其為秀才，除任郎中。後參安東、衛將軍軍事，轉溫縣令，再遷弘農太守，領典農校尉。任內頗為稱職，曾數次上書，陳說治國之策。五等制建立，封爵鶉觚男。司馬炎為晉王，以傅玄為散騎常侍。西晉建立，進爵鶉觚子，加附馬都尉，與散騎常侍皇甫陶共掌「諫職」，後拜侍中，因事被免官。又任禦史中丞，提出了有名的「五條政見」。後升任為太僕，轉任司隸校尉，因當眾責罵謁者及尚書被劾免。不久即去世，享年六十一歲，諡號剛。後追封清泉侯。

黛玉用手整理，輕輕籠住束髮冠，將笠沿掖在抹額之上，將那一顆核桃大的絳絨簪纓扶起，顫巍巍露於笠外。整理已畢，端相了端相，說道：「好了，披上斗篷罷。」寶玉聽了，方接了斗篷披上。

——（清）曹雪芹《紅樓夢》第八回
比通靈金鶯微露意
探寶釵黛玉半含酸

等待也好、掛念也好、嫉妒也好、生氣也好、猜疑也好、關心也好、悲痛也好、欣喜也好，這都是癡情。癡情無關風月，無論瀟湘、無論怡紅、在這清風月下，我只愛你一人。

七、佛學

緣聚終是別離

證信與迷信

都說中國人是無神論者，沒有信仰與宗教。大家都崇尚科學，反對神、鬼等迷信。不過回顧一下中國歷史，根據一些可以考證的史料典籍，可以估計出佛教大約是在兩漢時期從印度傳入中國的。

明帝永平十年（西元六十七年）明帝夜夢金人飛行殿庭，明晨問於群臣。太史傅毅[1]答說：西方大聖人，其名曰佛；陛下所夢恐怕就是他。帝就派遣中郎將蔡愔等十八人去西域，訪求佛道。蔡愔等於西域遇竺法蘭、攝摩騰兩人，並得佛像經卷，用白馬馱

1 傅毅：（？至約九〇），東漢辭賦家。字武仲。扶風茂陵（今陝西興平東北）人。明帝永平中，在平陵習章句之學，作《迪志詩》自勉並以明志。又因為明帝求賢無誠意，士多隱居，而作《七激》以諷諫。章帝時，廣召文學之士，任他為蘭台令史，拜郎中，與班固、賈逵共典校書。作《顯宗頌》十篇，文名顯於朝廷。後被車騎將軍馬防聘為軍司馬。和帝永元元年（八九），車騎將軍竇憲複拜請為主記室，及竇憲升遷大將軍，又任他為司馬。早卒。

著共還洛陽。帝特為建立精舍給他們居住，稱做白馬寺。於是攝摩騰與竺法蘭在寺裡譯出《四十二章經》。

——趙朴初《佛教史略》

上面這段話出自趙朴初先生編著的《佛教史略》。明帝是指東漢明帝劉莊。《四十二章經》現在已被確認為傳入中國的第一部佛學經典。我還有幸去過一次白馬寺，其址位於洛陽城東郊，蔥郁幽靜，只是古跡已為明清時所留，不見兩漢風貌了。

佛教傳入中土後，就深深的與中華文化相融在一起了，成為了特有的佛學。佛學是有著自己獨特的一套體系的，可以說與科學是兩個不同的世界。如果你要學習佛學，用科學的思路肯定不會有什麼進步，還可能適得其反。這時，便會有人大呼小叫道：「這都是迷信，別去聽它的，會讓你們誤入歧途的！」

迷信與否我並不敢定論，但畢竟一門學問經久不衰的存在於這個世界上肯定是有它的道理的。在這裡，我只能用自己佛學老師的一句話來答覆：「你們明白何為迷信嗎？**不懂它就盲目去相信，這是迷信；如果你學習它並懂了它，再去相信，這就是證信。**」

人們在做判斷之前，先去學習和瞭解肯定是有益處的。

我不僅又想到中華文化的博大了。朋友們，假如你們曾被中國的文化所觸動過，或現在萌發了一些興趣，或為了將來的進步與提高，不妨先放下懷疑的態度，去學習一點吧。你們一定會感受到，中華，是多麼的美啊。

佛學初階

我們不探討佛教是否是宗教；也不探討佛學是否是哲學；更不去管它的可信與不可信。我們只針對於一個有著好奇心的你來簡單說說。

既然學佛，就要好好學。可以先把它當作是一門課程，它有著自己的類別。像數學、物理、經濟或英語等課程一樣，佛學也是獨立而自成體系的。我們無須面對龐大而複雜的分類學理論，反正，先將佛學單獨拿出來說了。

佛，是覺者。簡單點說，就是已經得道的或開悟的。佛學的思想在於度己度人，終而成佛。梵語裡講的「波羅蜜」，就是這個意思。波羅蜜是梵文音譯，「波羅」是彼岸，「蜜」是到，言之成句，曰：「到彼岸。」未覺之人都在此岸，修成正果以後，自然就到彼岸了，所以成佛。

佛教是從印度傳入中土的。在印度發展時，隨時間傳承，引出了兩個主要派別，小乘和大乘。如果具體從佛學的各式理論來區分的話，不僅複雜不易理解，而且學者至今還在為此爭論不休。倒不如簡易化，留個初步印象。乘，這個字在古代就是交通工具，車的一種，可以運載渡人。用在佛學中，比喻普度眾生，可達彼岸之意。之所以有小乘大乘之別，是因為小乘偏於自度，而大乘重在普度，度己度人。佛教傳入中國時，實際是大乘小乘同時進入的，我們只需體會其中的思想，不要有分別心就好。

佛學有眾多經典，每部經典都講述著奧妙的理論。雖然萬脈同宗，但其枝葉的繁茂不得不讓我們驚歎。我在第一次聽老師講經時曾問，這些佛經都是怎麼來的呢？老師答道：「是佛口述，而弟子記錄下來的。」我方才知道，並非所有學佛之人口說或筆寫出的都會成為經典，而只有佛所敘述的才可稱之為經。

如此浩如煙海的經典很難一窺全貌，我們若想有個概覽，就要瞭解「三藏十二部」。

何謂三藏？有人會笑著說，這不是唐僧嗎？唐三藏。唐僧實名玄奘。被稱之為唐三藏是由於玄奘法師是精通於佛學中三藏經典的唐朝和尚。藏有「攝」之義：能總攝一切；藏也有「器」之義，能容受一切。藏用來涵蓋所有經典，三藏便是指：**經藏**、**律藏**和**論藏**。

經藏講的是理論，能上契諸佛之理，下契眾生之機。教你如何修行才能得定。律藏是規則，教你如何持戒。論藏貴於研討和記錄，教你如何開大智慧。三藏囊括大藏經所有之義理，是綱要總脈。

後面講「十二部」。十二部不是十二本經書，而是十二種分類，也許一部《法華經》就將十二部全然融匯在裡面了。請大家切記。

（一）按經文上的體裁分有三部：**契經**、**重頌**和**諷頌**。

1. 契經是長行文。是用敘述的方式來說佛理，不同於韻文。

2. 重頌也叫應頌。在每部經典的中篇或最後，都會以一種偈語或韻文的形式再說一遍，來總結或重新解釋前面的長行文，方便記憶。

3. 諷頌又叫孤起頌。也屬於偈語或韻文的形式。只不過它是相對獨立的，脫離於前面的長行文，又新起一段內容和思想。

（二）按經文所載的別事而立名的有八部，就是說記錄的事件不同，分別是：**因緣**、**本事**、**本生**、**未曾有**、**譬喻**、**論議**、**自說**和**授記**。

4. 因緣是講成因和緣起，依事說事，敘述一切所載所據。依如是如是因緣，依如是如是事，說如是如是語。

5. 本事講的是聖弟子等前世相應的故事。

6. 本生是說世尊，是佛在過去世，行菩薩道，積善歷劫的故事。

7.未曾有則說的是佛以及佛弟子所有的優點和專長，是所謂的共德與不共德。也就是講佛和佛弟子有共同的修行之道，卻也有各自的專長，不同的方法。

8.譬喻是利用比喻的方法來敘述，使之形象且更易理解。

9.論議為聖弟子在修行時已有所證悟了，但在自證時無有顛倒，所以需要對法藏論議經典的緣故。

10.自說是為了讓真正的佛學理論永遠傳承下去，因而不請自說。

11.授記有三層含義，一是記載弟子的死生因果。二是分明的記錄佛理深密之意。三是授記成佛。

（三）按所說的經法義理立名的有一種：**方廣**。

12.方廣是講說菩薩道，來宣說它法門的廣大甚深。

瞭解了「三藏十二部」，就對佛教經典有了初識。在浩然廣博的佛學理論中，千萬不要盲人摸象，應該先懂得「會當淩絕頂，一覽眾山小」。

走進寺廟

我遊過很多寺廟，我也很喜歡去參觀寺廟。

寺廟裡有著僧人，有著香火，有著鐘聲。旺盛的寺院會有很多人來信奉、求拜，所以聲音不免嘈雜、喧嘩，然而卻很有禮的樣子。大家的步履不緊不慢、言談不慌不忙、神情不悲不喜。走在其中，有種「蟬噪林逾靜，鳥鳴山更幽」的感覺。寺廟，看似熱鬧，卻是讓人能感受到平靜的地方。

中華的佛教寺廟千萬座，不能盡述其詳。我可以想像出一座標準版的漢傳佛教大寺院，使每位朋友在遊覽時，都不會遺漏這裡的每一個細節。寺廟裡的一草一木、一燈一案都是有美好的意義的。

寺院一般傍山而建。臨近山門，有著高大的**照壁**。照壁也稱蕭牆，是巨大的一面遮罩物。為了防止一覽無餘，照壁可在山門外或山門內。著名的杭州西湖靈隱寺，那巍峨的照壁上就寫著「咫尺西天」四個大字。照壁的顏色有三種，黃色最為尊貴。我們尚未進門，便可知其寺院的規模。

山門是寺院正門，通常一座三門，分別稱為：**空門**、**無相門**、**無作門**。這是三解脫門，進入門內，便得解脫。空門是因緣生起而無自性；無相門是一切諸法無自性，本性為空，無形相可得；無作門是無因緣之造作。出入三門，就已經是洗淨俗塵，自得清淨了。

有時，中間的門也會做成殿堂式，叫作山門殿或**三門殿**。殿內有著護持佛門寺院的密執金剛和那羅延金剛。他們本是印度王子，為保護佛法而成真神。當佛教與中國文化融合時，這兩位護持成為了哼哈二將，共同守護著這片佛國淨土。

從山門開始，整個寺廟的布局是由一條中軸線貫穿始終的。中軸線所涵蓋的建築，再加之兩翼，形成了伽藍七堂制。伽藍就是印度梵文中僧院的意思。七堂的安放布局並不統一，除中軸線上的各個正堂以外，兩旁的僧房和齋堂有時也含在其中。

山門之後是**天王殿**，天王殿是五間殿。左為鐘樓，右是鼓樓。殿內正中供奉的是大肚彌勒佛造像，東西兩旁分塑四大天王。**東方持國天王**守護**東勝神洲**，主音樂，代表「調」；**南方增長天王**守護**南贍部洲**，增善根，代表「風」；**西方廣目天王**守護**西牛賀洲**，可觀察整個世界，代表「順」；**北方多聞天王**守護**北俱蘆洲**，可聽聞天下，手持寶幡，代表「雨」。合在一起，正是風調雨順的意思。彌勒佛背後的神龕中，供奉著韋馱菩薩。韋馱菩薩有著多種姿態，預示著不同規模的寺廟。如果韋陀將杵扛在肩上，表示這是大寺廟，可以招待雲遊到此的和尚免費吃住三天；如果韋陀將杵平端在手中，表示這是個中等規模的寺廟，可以招待雲遊到此的和尚免費吃住一天；如果韋陀將杵立於地上，表示這是個小寺廟，不能招待雲遊到此的和尚免費吃住。

過了天王殿，就是正殿了，傳說中的**大雄寶殿**。大雄寶殿根據規模有七七四十九間或九九八十一間兩種，上下兩層，供奉著主佛。大雄是梵文的意譯，指的是佛有大力，能伏四魔。正殿堂上的主佛必然供奉著釋迦牟尼，釋迦牟尼可坐、可立、可臥，但都是端莊的、寧靜的。坐式的是結跏趺坐像，也就是雙盤而坐。立式的為釋迦旃[1]檀像，臥式的則為佛祖入寂前的涅槃像。

當佛祖結跏趺坐坐於堂上時，在不同的寺廟會有著不同的姿勢，這也代表了不同的寓意。如將雙手自然橫放在腳上，是施禪定印，代表佛祖是入定態；如將右手向上，屈指作環，則為說法印，代表佛祖在講經說法；如果右臂上伸，以掌向前，則是施無畏印，代表佛祖在為眾生解除苦難。每一種印式，都在讓佛祖傳達一種思想和精神，自心寧靜、與人為善。

---

[1] 旃（zhān）：赤色的曲柄旗。

釋迦牟尼佛的膝下兩旁，通常還佇立著**阿難尊者**和**迦葉尊者**。人們常說，「少阿難，老迦葉。」阿難的造像是個年輕人，他被稱為「多聞第一」，擅長記憶，佛所說經典，他皆能誦。迦葉則是年長的那個，被稱為「頭陀第一」，頭陀行要終日乞食，且不能吃飽，衣衫襤褸，完全是苦行僧。但此種修行是為了去掉身上的所有塵垢煩惱。

在大雄寶殿內，有時除了釋迦牟尼佛像外，還要供奉其他兩座佛，合稱為三世佛。**釋迦牟尼佛**居中，處於**娑婆世界**；左尊為**東方淨琉璃世界**的**藥師琉璃光佛**；右尊為**西方極樂世界**的**阿彌陀佛**。娑婆世界就是如今的現實世界，釋迦牟尼所教化的三千大千世界；東方淨琉璃世界是能除一切眾生病，令身心得安樂的藥師佛淨土；西方極樂世界則是依因地修行所發四十八大願感得莊嚴、清淨、平等之世界。三世匯齊，成為佛界。這是橫三世佛，有的大雄寶殿是供奉縱三世佛的。縱三世貫穿時間，從過去、現在到將來。釋迦牟尼佛居於現世；前世佛是**燃燈古佛**，佛說其生前一切光明如燈故；後世佛是未來佛**彌勒佛**，因彌勒在釋迦之後成佛。所以不僅是空間，還是時間，大雄寶殿裡囊括了世界的縱橫，讓我們能觀清現世的一切。

在三尊主佛的兩側，還有著**十八羅漢**，或者是二十諸天，或者是十二圓覺像。各列其次。在三世佛的背後，則供奉著文殊菩薩和觀世音菩薩。不過，也有另一種方式。文殊菩薩和普賢菩薩供奉於釋迦牟尼兩側；日光菩薩和月光菩薩供奉於藥師佛兩側；觀世音菩薩和大勢至菩薩則供奉在阿彌陀佛兩側。有加持，有護法，普度眾生之態，方顯平衡。

穿過大雄寶殿，後面便是**法堂**。法堂也叫做講堂，是演說佛法和皈戒集會的地方。法堂之上除了供奉佛像外，主要布置法座，法座也稱為獅子座，位於高臺之上。當法師演說佛法時，便結跏趺坐於其上。講壇香案之下，列席聽眾。其中，堂內還設有左鐘右鼓，在講法之前，作擊鳴之用。

法堂再往後延伸，就是大家熟知的藏經閣了。武俠小說裡言什麼《易筋經》、《少林七十二絕技》等至高武學經典都藏在此處。實際上說來，閣內多是佛學經典。佛學的博大精深要遠高於武學，這個「藏」字正是佛學典籍中三藏的代表。

藏經閣應該已到了中軸線的末端了。整個寺院的殿堂依山而建，錯落有致。再往後便是密布的山林，那些佛家弟子修行之地了。

在寺院中，圍繞著中軸線兩邊的殿堂是配殿。大雄寶殿的兩側分別是伽藍殿和祖師堂。伽藍殿是寺院道場，位於東側。每日的早晚都有課誦。祖師堂則位於西側，供奉歷代高僧。禪宗當然以供奉達摩祖師為主，或者是慧能禪師。其他配殿還有羅漢堂、觀音殿和藥師殿等等，羅漢堂供奉著五百羅漢。

這些都是正統莊嚴之地，其餘還有僧人們的生活住所。住持有著自己的方丈室，弟子們住在僧房。當然，如**香積廚**（**廚房**）、**齋堂**（**飯堂**）、**職事堂**（**庫房**）、**榮堂**（**接待室**）也都是必備的。

寺院布局即是如此，其後所傍山林也別有洞天。深山藏古寺，修煉在雲端。據說僧人們每天早起修行，挑水、砍柴也是例行功課。山林間往來多次，強健體魄的同時，更要心靜如水。也許幽深之處，能帶給人修持的靈感。

山林深處，一般建有**佛塔**。在印度，佛塔大概有三種形式，一是**浮屠**：這是梵文的音譯，本指埋葬屍骨的墳墓，直到釋迦牟尼涅槃，其才成為存放舍利的固定建築。第二種是**支提**，指一種石窟，每窟只能容納一僧坐禪苦修。為了利於修行，石窟的後壁一般刻有小的佛像或佛塔。最後一種是**金剛寶座塔**，它供奉著五方佛。在少林寺的後山，有著塔林。這些塔就是浮屠，供奉著歷代高僧的舍利。根據塔的規模和層數有著不同，層數越高供奉的越高，則是高僧大德。

從山門到佛塔，一座完整的寺院形成了一套完整的佛學架構。在寺廟裡，是平靜的佛界社會，有著自己的規矩，自己的思想。凡人步履其中，懂得的，能看到每一個建築細節帶來了佛學的精深網路，不限於人生的意義，卻在這小小的寺廟裡，相互配合，思想隨著建築的表現而四通八達；但不懂得的就只能走馬觀花的看看人文景觀，內心的領悟還是不要強求了。

真正的佛學在中華

佛學起源於印度，經典皆用梵文書寫而成。後來流傳至中國，又將其又衍生出三個體系。

第一是**巴厘語系佛教**。巴厘語本來就是古印度的一種語言，在西元前六世紀由吠陀語發展而來。它主要用於記錄佛教經典，是一種書面語。巴厘語系佛教屬於小乘，至今在雲南瑞麗等地區仍有信奉和傳承。因其最初在西元十一世紀傳入德宏，後來陸續又有緬甸和泰國的佛學體系傳入，逐漸將德宏巴厘語系佛教分為了四個派別，分別是：「**擺奘**」、「**朵列**」、「**潤**」和「**左底**」。

第二是**藏傳佛教**。藏族人民利用自身的不同文化和印度佛學相互結合，形成了新的佛學體系。就是在現代社會，也有著舉足輕重的地位。藏傳佛教分為五大支派：前期的**寧瑪派（紅教）**、**噶當派**、**薩迦派（花教）**、**噶舉派（白教）**和**後期的格魯派（黃教）**。格魯派發展至今仍然興盛，它最初是由宗喀巴大師創建的。宗喀巴大師在因明學、中觀論上都有著深刻的見解，其於一四〇二年和一四〇六年分別寫成的《菩提道次第廣論》和《密宗道次第廣論》成為格魯派創立的理論基礎。由緣起性空到確定了顯密的關係，是格魯派的核心。在顯宗和密宗上，強調了先顯後密的修習次第和顯密兼修的方法。

最後是最重要的**漢傳佛教**了。傳入中土的漢傳佛教是在原有印度佛教的基礎上光大和發揚的，以大乘為主，體系極其龐大。根據對佛學經典的側重和傳承不同，大乘漢傳佛教分有八宗。

最早創立的宗派是天臺宗。由創始人智（智鉉）在浙江天臺山創立，教義思想主要依據《妙法蓮華經》。

華嚴宗是依據佛學經典《華嚴經》為理論基礎的宗派，由法藏創立。法藏號賢首，也叫賢首宗。

三論宗是依據「三論」：龍樹的《中論》、《十二門論》與提婆的《百論》，此三本經典最早由鳩摩羅什譯出。此宗言祖師之血脈則以文殊菩薩為高祖，馬鳴為次祖，龍樹為三祖，屬大乘中觀派。

淨土宗的淨土法門在中國起源於漢晉時代的東林寺慧遠大師，佛教思想經典依據淨土五經一論：《無量壽經》、《觀無量壽佛經》、《阿彌陀經》、《大勢至菩薩念佛圓通章》、《普賢菩薩行願品》與《往生論》。

法相宗屬於瑜伽行唯識學派，以《瑜伽師地論》、《百法明門論》和唯識論為基礎。印度的唯識學在這裡得到了發揚。

然後說一下**律宗**，律宗的不同在於著重研習和傳承戒律。律宗為唐朝的高僧道宣所創，更注重三無漏學，也就是「戒、定、慧」三者的修持。思想雖是佛學的基礎，但實踐和修行成為了重點，這是律宗需要去張揚的。唐朝時，鑒真和尚曾將此宗傳至日本。到了近代，弘一法師又專門對其進行了光大。無論何種理論，思想與修行的共同進步，才能使自身和世界得到發展。

密宗是相對於顯宗的。可以說，以上的宗派都屬於顯宗，密宗是僅限於具有一定資質的僧人才能修習的，由師徒密傳。

最後便是**禪宗**了，這是漢傳佛教的主流文化。禪宗主張修習禪定，同時認為凡人皆有佛性，一旦開悟，見性成佛。這一見解顛覆了印度佛教的傳統觀念，不再用苦修，使大眾百姓有了真切的佛學嚮往。禪宗的祖師是六祖慧能，而《六祖壇經》也成為了佛教十三經中唯一一部非印度的經典。

如今，印度的佛教已幾乎不存在了。梵文在印度逐漸消亡，僅存在於這些佛教典籍中，成為了只有文字而無聲音的語言。印度人除了一部分在說印地語以外，更多的因為曾被殖民化的關係開始說英語。文化的侵略便是如此，如果一個民族連語言都不存在時，那他的什麼都會湮滅殆盡的。

然而，整個佛學系統，悉數傳入了中國。中國不僅予以保留，還發展出多樣性，讓這些佛學理論和本土文化互相結合，互相滲透，形成了國學中寶貴的財富。

我時常還會去寺院逛逛，並不是看看虔誠的信徒如何禮佛，而是從那些香火中尋求一些安靜。佛學的思想在教人從善、修身修心上，和中華的儒學、道學本來相通。在我們不斷學習和提高的今天，做事已不是最主要的了。如何塑造自己，超越自己，才是佛學文化帶給我們的真正心得。

一個民族的偉大之處在於，他不會被各種外來的文化所侵蝕、吞噬；而是會用自己文化的強大力量將其吸收、轉化，並為之所用。這就是中華民族。

八、歷史

時間昇華了回憶

三國

話說天下大事，分久必合，合久必分。

——（明）羅貫中《三國演義》

這是《三國演義》中開篇的第一句話。還未敘述，人生哲理已經蘊藏其中。戰爭與和平的週期反復營造了人類的歷史，人類也在歷史的循環裡不斷更新進步。

起因始於亂。亂，所以分崩離析。東漢末年朝廷的荒淫腐朽，引來了百姓的抗爭。先是黃巾之亂。以張角、張寶、張梁三兄弟為首的太平道率領眾信徒發起了民變，藉著宗教色彩，隊伍瞬間壯大。漢朝政府為了維持統治而用軍隊鎮壓，又借助各地州郡的官員和豪強招募傭兵，雖然很快擊潰了黃巾軍，但中央也已虛弱的奄奄一息。沒有著思想，只靠看似正義的烏合之眾是無法成功的，想想北宋時的水泊梁山，也不敵朝廷招安。

之後，火上澆油的是董卓。中央集權的頽廢轉而將軍力移向了地方，各諸侯勢力群起。

隨著戚宦之爭，皇帝更迭。董卓為了奪權而帶兵入都，使用殘暴手段剷除異己，不滿之聲驟然一片。最後由司徒王允的連環計策離間呂布，合謀殺死了董卓。過分的殘暴招來殺身之禍是必然的，因作惡太多，都無需樹敵，周圍就已滿是敵人了。

俗話說，亂世出英雄。此時的漢朝已名存實亡，群雄割據，戰爭開始了。

中國歷史上為數不多的幾場以少勝多的著名戰役在三國時期就有三場。第一場是曹操和袁紹的**官渡之戰**。袁紹的兵力本十倍於曹，但他的剛愎自用、不信賢任能成為了失敗的主要原因，一步糧草的逆襲澈底被扭轉了局勢，反被曹操所滅。第二場是著名的**赤壁之戰**。劉備聯合孫權於長江以南抗擊曹操的百萬雄師。利用北方人不習水戰的弱點，周瑜採用借風勢火攻，一舉將其殲滅。第三場是**夷陵之戰**，劉備為報兄弟之仇，起傾國之兵東向攻吳，卻因紮寨不當，被吳國陸遜火燒百里連營，最終失敗，國力大減。雖然都是實力懸殊的戰役，但兵力少的一方總能細緻觀察，靜候時機，抓住對方弱點而在關鍵時刻一局扳贏，不能不說是一種智慧。

曹操居北方，唯才是舉，挾天子以令諸侯；孫權臥江東，三世根基，國險民富。諸葛亮早在《隆中對》裡分析的非常透澈了。然後他用自己的才能輔佐劉備，奪取巴蜀，形成了早已規劃好的三足鼎立之勢。平衡，有時並不是非要統一；互相牽制也成為一種平衡。諸葛亮充分利用了天時、地利、人和的各方面因素，讓三國並存成為了可能，復興漢室也有了希望。

自董卓已來，豪傑並起，跨州連郡者不可勝數。曹操比於袁紹，則名微而眾寡。然操遂能克紹，以弱為強者，非惟天時，抑亦人謀也。今操已擁百萬之眾，挾天子而令諸侯，此誠不可與爭鋒。孫權據有江東，已曆三世，國險而民附，賢能為之用，此可以為援而不可圖也。荊州北據漢、沔[1]，利盡南海，東連吳會，西通巴蜀，此用武之國，而其主不能守，此殆天所以資將軍，將軍豈有意乎？益州險塞，沃野千里，天府之土，高祖因之以成帝業。劉璋暗弱，張魯在北，民殷國富而不知存恤，智能之士思得明君。將軍既帝室之胄，信義著於四海，總攬英雄，思賢如渴，若跨有荊、益，保其岩阻，西和諸戎，南撫夷越，外結好孫權，內修政理；天下有變，則命一上將將荊州之軍以向宛、洛，將軍身率益州之眾出於秦川，百姓孰敢不簞[2]食壺漿，以迎將軍者乎？誠如是，則霸業可成，漢室可興矣。

——（三國・蜀漢）諸葛亮《草廬對》

1 沔（miǎn）：水。出武都沮縣東狼谷，東南入江。
2 簞（dān）：古代盛飯的圓形竹器。

三分已久，必然趨和。蜀漢是因為後主劉禪的扶不起來，終被曹魏所滅。可曹操曾奠定的魏國根基，也被蓄謀已久的司馬氏家族篡權，使司馬炎建立了晉朝。而吳國最後一位皇帝孫皓的暴政，也被晉朝所滅。三國時期就到此結束了。

滾滾長江東逝水，浪花淘盡英雄。是非成敗轉頭空，青山依舊在，幾度夕陽紅。
白髮漁樵江渚上，慣看秋月春風。一壺濁酒喜相逢，古今多少事，都付笑談中。

——（明）楊慎《臨江仙》

盡是佳人

曾經在一本書上看到中國古代四大美女的介紹，雖然沉魚落雁，閉月羞花，但實際皆美中有瑕。我記得是這麼說的：西施的腳極大；王昭君的肩有些仄削；貂蟬耳垂過長；楊玉環有狐臭。也不知這是否可考證，但讀完以後，心中難免會有些不舒服。這如傳說般的四大美女，真的還美嗎？

先說說各自的典故。

西施是春秋末期越國的女子，後來被越王勾踐進貢於吳王夫差，助越滅吳。她有一日在溪邊浣紗，清澈的河水映徹著她美麗的臉龐，水中的魚兒望見，竟都忘記了游泳，緩緩的沉入河底，故曰**沉魚**。

王昭君是王嬙，漢元帝時為保邊界和平，將其遠嫁匈奴單於，以作安撫。在昭君出塞的路途中，她聞嘶悲鳴，手撥琴弦，坐馬長歌。遠飛的大雁聽得琴聲，遙望她的面容，竟然忘記了飛翔，停止扇動翅膀，墜落下來，這便是**落雁**。

貂蟬是東漢末年人，司徒王允利用美人計將其同時獻於董卓和呂布，摒除動亂。一夜，貂蟬曾在後院中拜月，忽的一陣輕風，吹得雲飛遮月。好像月亮望見了她美麗的面容，也自愧不如，悄悄地躲進雲裡去了，這是**閉月**。

楊玉環是唐玄宗的貴妃，舞得霓裳羽衣曲，深受寵信。她被選進宮後，曾在花園踱步，對花感慨，「花有盛開時，她何有出頭日？」沒想到，手觸的瞬間，花葉被其美貌所打動，不忍收攏含苞，所以說**羞花**。

這些典故栩栩如生，儘管有著傳說的嫌疑，但她們的美麗動人卻是眾人皆知的。美女的評判標準，無疑是長相。在五官端正、身材窈窕的前提下，如果還有其他突出的美，便是加分項了。但是，美絕不限於外表，更在於內心，或是其他獨特的氣質。這些氣質是由內而外的，同樣的美人，真正見到時，卻有著不一樣的感覺。

有時，文化決定著美的不同，常說的環肥燕瘦就是這個道理。環，就是上述四大美女之一的楊貴妃。唐朝以胖為美，體態豐腴成為當時文化的趨向，現在叫作時尚。從唐代畫家周昉的《簪花仕女圖》中就可見一斑。每位女子都是寬服、圓臉、體態偏胖，卻不失美感。楊玉環生於唐朝，跟隨時代潮流，以微胖的身材及其美貌受寵於唐玄宗，再加其舞得一首《霓裳羽衣曲》，更是出眾。燕，是漢朝美女，漢成帝的皇后**趙飛燕**。據說其身材削瘦，有著一手高超舞技，贏得了漢朝皇帝的眷顧。憑藉優異的舞蹈水準，大家形容她是身輕如燕，成為了趙飛燕這個名字的由來。

形態不同，卻有著各自好看的地方。美，是不可以一概而論的。如果此女又有著慷慨大義，或是賢淑心靈，這種美便更不一般了。但如果反之，就只是妖豔，是不經人細看的。

北方有佳人，絕世而獨立。一顧傾人城，再顧傾人國。寧不知傾城與傾國？佳人難再得。

——（西漢）李延年《北方有佳人》

文壇巨擘：蘇東坡

專而精已著實不易，如果博而精的話，那更是不凡了。

我第一次知道蘇軾這個人，是從他的《念奴嬌・赤壁懷古》開始的。這首作品讓我明白了原來宋詞還有著婉約和豪放之分。北宋以前，千篇一律的兒女情長、憂憤苦悶是有些乏味；突然的筆鋒一轉，便生機勃勃了。就像吃膩了鹹的，來點甜食和水果會相當不錯的。蘇軾是我最喜歡的詞人，不是因為豪放，而是因為他的詞，篇篇都有不同的味道，像川菜的理念，百菜百味，品起來，永遠都不會膩。

豪放不是風格，而是一種創新的精神。寫詞本是婉細幽深的鄉間小調，是豔科，但蘇軾這裡，讓它昇華了，成為如詩言志般的高大藝術，這很不簡單。創新是重要的。現代也是如此，任何一個人在某一領域有所突破，很快就成了前沿性的專家。而蘇軾在曾經，自己都不曉得怎樣一躍成了大師。我喜歡這種無意中的灑脫。

做個簡單的官方介紹。**蘇軾**，字子瞻，號東坡居士；生於北宋年間，西元一〇三七至一一〇一年，壽至六十四歲；眉州眉山人，今屬四川；與其父**蘇洵**（老蘇）、其弟**蘇轍**（小蘇）並稱為三蘇（他是大蘇）。三人皆是文壇巨匠，各有千秋；再加之唐朝的**韓愈**、**柳宗元**和北宋的**歐陽修**、**王安石**、**曾鞏**，又並稱為「唐宋八大家」。

蘇軾在詞壇的傑出，只是其中的一個領域，他的詩也很好。蘇軾作詩，仍以豪放為主，也許是詩本來就具有的特性，但他寫出來，一點都不死板，如《飲湖上初晴後雨》。

水光瀲灩[1]晴方好，山色空蒙雨亦奇。欲把西湖比西子，淡妝濃抹總相宜。

——（北宋）蘇軾《飲湖上初晴後雨》

不如說，這首詩還融入了他作詞時的感覺和意境。**閉門造車，只能遙遙相望；融匯貫通，反而相得益彰**。這種融合的境界，就是西湖的美，是自然而然之美，無論怎樣，總是好的。彷佛真正窈窕的女子，那份美麗是從心靈的氣質中散發出來的，水光只是點綴了晴，山色只是映襯了雨，自己獨特的美麗，無論淡妝濃抹，都會散發出別樣的芬芳。

---

1 瀲灩（liàn yàn）：形容水盈溢，水波蕩漾。

其次是文學，《前赤壁賦》和《後赤壁賦》我們是熟知的。文學不論文采的高低，而在於他文字的深刻意義和耐人回味的心境。「寄蜉蝣於天地，渺滄海之一粟」，變時，天地一瞬；不變時，無窮無盡。感慨人生之須臾，更說明，我們要珍惜現在的時光點滴。駢體對仗帶來的鏗鏘感，融在這宇宙的文字中，堅定、有力。作為唐宋八大家，他和歐陽修都是老師級別的人物，著名的蘇門四學士（**黃庭堅**、**秦觀**、**晁補之**和**張耒**[2]），便出自他的門下。

詩詞文賦，一通百通。除去文學，還有藝術。蘇軾在繪畫方面屬於湖州畫派，善畫竹石枯木。思想卻近於「詩中有畫，畫中有詩」的王維，他說「詩畫本一律，天工與清新」，大自然才是最有價值的，鬼斧神工要遠高於巧奪天工。

最後的突出成就在於蘇軾的書法才能。他工於行書、楷書，與**黃庭堅**、**米芾**、**蔡襄**並稱為「宋四家」。其中他的《黃州寒食帖》是中國古今第三大行書。《黃州寒食帖》現存於臺北故宮博物院，筆力深厚，卻又不乏妍媚，這是因為運用了側鋒的技巧。其實書法本無規則，意造之處，行雲流水、信手拈來，又體現了蘇軾的自然之風和灑脫的性格。

[2] 耒（lěi）：古代的一種翻土農具，形如木叉，上有曲柄，下面是犁頭，用以鬆土，可看作犁的前身。

都說越是著名的詩人，在仕途上往往會非常不盡人意。命運的坎坷帶來的心境波動，是他們詩歌創作時不朽的財富。或許作者根本就沒有注意到，可這自然而然的內心，卻早已散發、流露在詩文當中了。蘇軾的生活並不理想，雖然書香門第，雖然有著無限的抱負和理想，但政見的分歧讓他一貶再貶。謫居也許並不是壞事，「塞翁失馬，焉知非福？」借著東奔西走，遊歷了大半個中國的蘇東坡，眼界和心境也在逐步提升。廣闊的胸襟伴著博專的境界讓他的文字留下了無數的光環。

我時常調侃：「瘋子在未瘋之前都是我這樣的。」如果說我究竟喜歡蘇軾的什麼方面呢？就用林語堂先生的一段文字來說明吧。

蘇東坡是一個無可救藥的樂天派、一個偉大的人道主義者、一個百姓的朋友、一個大文豪、大書法家、創新的畫家、造酒試驗家、一個工程師、一個憎恨清教徒主義的人、一位瑜伽修行者佛教徒、巨儒政治家、一個皇帝的秘書、酒仙、厚道的法官、一位在政治上專唱反調的人。一個月夜徘徊者、一個詩人、一個小丑。但是這還不足以道出蘇東坡的全部……蘇東坡比中國其他的詩人更具有多面性天才的豐富感、變化感和幽默感，智慧優異，心靈卻像天真的小孩——這種混合等於耶穌所謂蛇的智慧加上鴿子的溫文。

——林語堂《蘇東坡傳》

多說一句，蘇軾一定在旅遊的時候還熱愛美食，因為東坡肉的味道真的很不錯。

九、中華文化再聚

為了繽紛和精彩，我們永不言棄

器

※好瓷出名窯

China一詞，本是瓷器的意思。它就像大熊貓一樣是我國獨有，再加上其又蘊含著無數中華的文化，久而久之，形成了中國的代名詞。

我最初對陶瓷的印象，還是初中時化學老師上課講的內容：一條長長的數軸排列了各種材料的導電性能。現在仍記得導電性能最好的一端是金屬銀，然後便是銅了；而另一端最好的絕緣體就標著陶瓷。為了不讓這本來就不怎麼深刻的記憶澈底隨時間消逝，我詢問了一位元化學專家。陶瓷之所以絕緣性能好是因為它的主要成分是矽酸鹽，極性好又結構穩定，雖然在燒制時難免因材料的不均勻會帶來一些空穴，但並不影響其本身。加之陶瓷成品造型精美，方便耐用，至今仍流傳於我們的生活中。

遙想曾經瓷器作為商品流傳到西方，不僅是物以稀為貴的關係，還有其精美絕倫的造型和繪畫圖案，讓多少王公貴族捧之難捨，愛不釋手。更有外國皇帝將其列於金、銀和寶石之上，人人皆為能有一個瓷器引以為榮、為傲。當他們還不知道古老的東方文明時，就已經知道瓷器了，這就是China。

現在，陶瓷已經成為了一個複合詞。實際，陶和瓷是兩種不同的東西。

古時，陶瓷被用來製成各種器物，多是食器和酒器，具有著可容納固體和液體的性質。陶的起源和發展很早，在夏、商等上古時候就有。那時的技術尚不完善，所以，它用一般的粘土燒制而成。如今，考古界出土了很多的彩陶，它們是在器物上塗以代表不同文化、不同意義的花紋，最終成型的。隨著時代的進步，陶也在不斷發展，材料的更新，工藝的改進，瓷器就出現了。瓷，是由性能更好的高嶺土燒制而成，做出的器物更加堅硬，質地更為細膩。瓷器的表面還會有層玻璃光澤的皮，叫做釉。有了這層釉，將陶和瓷一對比，瓷器的精美就更顯而易見了。

好瓷出名窯。

到了宋代，瓷器的製作工藝精湛，產生了五大名窯。它們是：**汝窯**、**鈞窯**、**官窯**、**定窯**和**哥窯**。

有哥窯必然有弟窯。據說是章生一和章生二在兩浙的處州與龍泉各自建立了一窯，實際場房的具體地址至今仍未發現。哥窯屬於青瓷，釉色以青釉為主，胎色有黑、灰、土黃多種。哥窯瓷器存世不多，但都有著金絲鐵線、紫口鐵足、聚沫攢珠三大特點。金絲鐵線是指釉面上網狀的開片或冰裂紋，粗一些的紋呈黑色，細紋多是紅色和金色。這種自然的裂紋有著特定的規律，讓殘缺也是一種美。紫口鐵足是因為哥窯瓷器所用的土含鐵量較高，其坯呈紫黑鐵色。瓷器成型後，其底部沒有上釉的部分還是原來礦土鐵的顏色，稱為鐵足；而上釉彩比較薄的口呈紫色，稱為紫口。最後的聚沫攢珠是用來鑒別哥窯瓷器的顯著方法。哥窯瓷器的釉層很厚，在釉內含有氣泡。氣泡細密的遍布於器身內外壁上的是聚沫；而大一些的少量氣泡在內壁排列一圈，呈環狀的是攢珠。此特徵不易模仿，別具一格。

定窯窯址在河北曲陽澗磁村，以產白瓷著稱，也燒黑釉等。白瓷素雅，卻配有豐富多彩的紋飾，其運用了印花、刻花等技法，將花卉和一些如龍鳳、鴛鴦的動物圖案活靈活現的展示在了上面，立體感很強。定窯瓷常在器底刻「奉華」、「聚秀」等字。其還有「淚痕」，是盤、碗等器型因覆燒，有芒口及釉下垂而形成的特點。

官窯是官方出品，由宋徽宗建於皇城汴京。官窯主要燒制青瓷，器型種類豐富，瓶、尊、洗、盤、碗以至於仿青銅器的鼎、爐、觚[1]、彝都有涉及。其釉色流行粉青和月色，但

1 觚（gū）：中國古代盛行於商代和西周的一種酒器，用青銅製成，口作喇叭形，細腰，高足，腹部和足部各有四條棱角。容量三升或兩升。

因為釉層肥厚，燒制時會產生大紋開片。官窯少於紋飾，現存世較少。

鈞窯也是官窯，以縣城內的八卦洞窯和鈞台窯最有名。這裡專為皇室燒制瓷器，具有以窯變為特色的精湛技藝。曾有「入窯一色，出窯萬彩」的說法。窯變是利用了顏色的過渡，採用兩次燒成。首先素燒，出窯後施釉；再二次燒制，便千變萬化，燦若雲霞。其中的器型以花盆最為精彩。

汝窯同樣是宋徽宗時期的官窯，為五大名窯之首。其盛產青瓷，有著「雨過天晴雲破處」的美譽。汝窯的工匠，以名貴的瑪瑙入釉，燒成了具有「青如天，面如玉，蟬翼紋，晨星稀，芝麻支釘釉滿足」等典型特色的汝瓷。汝窯土質細膩，其特殊色澤以青為主，天青最為名貴。釉色晶瑩，所以視之如玉一般潤澤。蟬翼紋是其燒制時細小的開片，釉質透明，裂紋精細。其釉面內的少量氣泡如星辰般閃爍。汝窯瓷在燒制時為了避免窯爐內雜質的汙染，需用匣缽裝好，並將器物用墊圈和支釘墊起，防止與匣缽粘連。所以其成品在器物底部可見細如芝麻狀的支釘痕，一般是三、五、七個的支釘，痕跡很淺，大小如粟米。如此所述，這當之無愧，堪稱一絕的汝窯瓷，必然家有萬貫，也不如汝窯一片了。

除卻這宋代的五大名窯外，我們現在最熟悉的當然是景德鎮瓷器了。不過無論從收藏的角度來說，還是如今人們的生活中，瓷器是必不可少的。包括飛速發展的科學技術，我經常看到高壓輸電線的中繼上，那白色的絕緣物質其實也是用陶瓷做成的。闔家共聚的時候，那些晚餐用的食器，自古到今不也都是瓷器嗎？我們端著碗吃飯時，也許早已成為了一種習慣，然而這經典的藝術就捧在你的手裡。

瓷器的美妙不在於驚豔，而是因其自然而然的就和人們生活在一起了。

※久而久之，光潤價值

滿清時期的貴族遺風，八旗子弟們在書房裡不讀書學習，而追求筆墨紙硯以外的工藝。閒坐把玩，讓這些只是錦上添花的配件玲瓏剔透起來。文玩的本義，追溯就比較早了，明清已是發展階段。「文」是文具，除了文房四寶，還有筆洗、印章、支架、水滴及一些其他小的裝飾品。「玩」是把玩。時不時將這些小物件拿捏在手上，絕對是虛度時光的好方式。

把玩這些小東西不是沒有意義的。由於這些物品的材料或是玉器、或是木頭、或是堅果核，都會受到摩擦以及油脂的浸潤，而日積月累變得光滑潤澤，所以十分受人們喜愛。逐漸，文玩的種類不再限於書案上的東西，各種手串、配飾也包括其中。但效果一定要好，因此，又發現了核桃、菩提和各種木質串珠等等。

把玩的專業名詞叫「盤」，盤在手上，好像是圍繞旋轉，如翻雲覆雨般，卻又不離手的感覺。經過多年手盤的東西，是有升值空間的，因為其從量變到了質變。就像現在的普洱茶，年代陳的越久，便越香醇，也越值錢。比如文玩核桃，它從最初的粗糙不平到最後光澤剔透，是有著常年累月的把玩的。現在，挑核桃都是一對兒，重在外形。形狀周正圓小，紋路清晰，如「官帽」這樣的就是上品；再湊成兩個，近似度越高，價值也越高，畢竟物以稀為貴嘛。像老年人轉核桃，舒經活絡的同時，核桃的表面也愈發光澤。專業的人還會用豬毛刷清理上油，讓溝溝壑壑的小角落也光潤非常。

一次，我和朋友逛古玩市場，有幸看到了已把玩出來的核桃展示。成色最好的是一對兒瑪瑙核桃，先不說紋路怎樣，就是這核桃的紅色，已如瑪瑙般誘人，甚至能在棱角處看到透明的絲絮。我們不由感慨，是要經過多少年才能達到這樣的效果啊。那個人一定費盡心血，在多少年前就開始盤這個玩意兒了。

其實，最讓我驚歎的是去臺北故宮博物院時所見到的。乾隆的那串一百零八顆的鳳眼菩提串珠已是珍貴；竟然還有幸看到了真正的核舟。《核舟記》這篇文章小時候就學過，卻從來不敢相信，非親眼目睹，不能知其精妙。

明有奇巧人曰王叔遠，能以徑寸之木，為宮室、器皿、人物，以至鳥獸、木石，罔不因勢象形，各具情態。嘗貽餘核舟一，蓋大蘇泛赤壁云。

舟首尾長約八分有奇，高可二黍許。中軒敞者為艙，篷覆之。旁開小窗，左右各四，共八扇。啓窗而觀，雕欄相望焉。閉之，則右刻「山高月小，水落石出」，左刻「清風徐來，水波不興」，石青糝[2]之。

船頭坐三人，中峨冠而多髯者為東坡，佛印居右，魯直居左。蘇、黃共閱一手卷。東坡右手執卷端，左手撫魯直背。魯直左手執卷末，右手指卷，如有所語。東坡現右足，魯直現左足，各微側，其兩膝相比者，各隱卷底衣褶中。佛印絕類彌勒，袒胸露乳，矯首昂視，神情與蘇、黃不屬。臥右膝，詘右臂支船，而豎其左膝，左臂掛念珠倚之，珠可歷歷數也。

舟尾橫臥一楫[3]，楫左右舟子各一人。居右者椎髻仰面，左手倚一衡木，右手攀右趾，若嘯呼狀。居左者右手執蒲葵扇，左手撫爐，爐上有壺，其人視端容寂，若聽茶聲然。

2 糝（sǎn）：塗抹，粘。shēn。谷類磨成的碎粒。
3 楫（jí）：船槳中短者。

其船背稍夷，則題名其上，文曰「天啓壬戌秋日，虞山王毅叔遠甫刻」，細若蚊足，鉤畫了了，其色墨。又用篆章一，文曰「初平山人」，其色丹。

通計一舟，為人五；為窗八；為箬[4]篷，為楫，為爐，為壺，為手卷，為念珠，各一；對聯、題名並篆文，為字共三十有四。而計其長，曾不盈寸。蓋簡桃核修狹者為之。嘻，技亦靈怪矣哉！

——（明）魏學洢[5]《虞初新志》

核舟刻的正是蘇軾在《前赤壁賦》裡講的內容。「蘇子與客泛舟游於赤壁之下」，佛印、黃庭堅相聚舟內，把酒言說。不僅是舟上的器物：壺、爐、聯、窗等清晰可見，就連念珠也粒粒可數，蘇軾三人的神態更是惟妙惟肖。這是文玩雕琢的巔峰。

普通的核桃，都有著光彩奪目的地方；更何況菩提、葫蘆。菩提子，並不是菩提樹的果實，而是印度地區或周邊其他木本和草本植物的果核。經典的菩提主要有三類：金剛菩提、

4 箬（ruò）：竹皮。

5 魏學洢：（約一五九六至約一六二五），字子敬，中國明朝末嘉善（今屬浙江省嘉興市）人。明朝末年的著名散文作家。是當地有名的秀才，也是一代明臣魏大中的長子，一生未做過官，好學善文，著有《茅簷集》。被清代人張潮收入《虞初新志》的《核舟記》，是其代表作。洢。水名。

星月菩提和鳳眼菩提，它們都不是同一種果實。昔日佛祖得道正果，讓菩提子有著「覺悟」的意義。葫蘆也是經典文玩，諧音「福祿」，圖個吉祥。葫蘆的外皮本身光滑，長年盤在手中，比其他文玩要更容易出效果。我們常說，冬增光，夏添色，是有道理的。冬天人手乾燥，長期摩擦，易於拋光；夏天手常會出汗，摩擦的過程，會讓汗液、人體的油脂緩緩滲入到文玩的皮質層，反應後產生化學的色澤加深，這就是為何本來黃、橙色的葫蘆或菩提，玩出來以後都變成了深紅的瑪瑙色，是不可多得的。

如果我們只看到文玩是八旗子弟的遺風，不上進、不努力，只崇尚這些小物品的精巧而貪得無厭，終日把玩虛度生命，那可真沒有什麼益處得以流傳下來。但如果我們看到了其他珍貴的方面，那麼文玩也會是一項進步的藝術。

從經濟角度來說，它是增值的。每日盤在手上的過程，就好比是每個人努力充電的過程。我們積累學習的越多，就好像核桃、菩提它們的逐漸潤澤，鍍上了金身一樣。這些文玩價值的提高，不就像是我們時刻進步的縮影嗎？

從生活角度來說，手的把玩，能夠按摩經絡和穴位，對身體大有裨益。其實人的手和腳都匯聚了五臟六腑的經絡，終日坐在那裡不如每隔段時間活動活動。利用中醫的針灸理論，不知覺中，也對身體的各方面有了調節。

但我認為，最重要的，還是那份每日盤在手中堅持不懈的過程。只要持之以恆，哪怕是普普通通的一顆粗糙的果核，也總有一天如瑪瑙般晶瑩。

那天從文玩市場回來，坐在計程車裡，正看到司機師傅手中攥著一個小葫蘆，不由得請他給我看看。這個葫蘆已經光澤的和瓷器一般了，甚至都能透過潤度看出釉質層，活生生的像寶石一樣。我問司機說：「師傅盤了多久了？」他回答：「哈哈，沒多久，不到一年，我開出租嘛，天天出車都握著，所以進步比較快。」

每天堅持的一年，我們一定能做出不少成就吧。這才是文玩真正的價值。

酒

※酒香不怕巷子深

酒，絕對是香的。一股醇香。

因為酒是糧食。

古人在釀造酒時，都是以糧食為原料，如高粱、玉米、大麥、小麥、大米、豌豆等。關於釀造過程，科學的說，主要是兩個部分：一是對糧食進行蒸煮；二是加入酒麴進行發酵。酒麴配入其中，會使糧食產生兩種化學變化。糧食的主要成分是澱粉，澱粉被麴黴分解成糖類；然後糖類再由酵母菌發酵產生酒精。最後通過壓榨和蒸餾，過濾出醇香的酒。

酒麴是必要的環節。古人只曉得，加入酒麴才能產生酒。而現代的科學告訴我們，酒麴實際上是個培養基，用糧食繁殖菌落，混合後發酵產生酒精。酒麴也是糧食，主要有麥麴和米麴。毫無疑問，是由麥子和稻米製成的。

原料的配比不同，酒麴的添加不同，發酵方法的不同，相互組合，酒的種類也變得多樣。由於又都是糧食，所以各個具有五穀的濃香，非化學製造所能比。自釀而香，酒產生了各種香型。現在人們所知的白酒，有**醬香型**、**濃香型**、**清香型**、**米香型**等等。

先說米香型，桂林三花酒是代表，它通常以小麴發酵。目前的酒麴大致分為五類，**麥麴**、**小麴**、**紅麴**、**大麴**和**麩麴**。小麴是南方特有，主要採用糯米或粳[1]米為原料，後來還會在製作過程中加入一些中草藥。因其產生的麴塊較小，故而得名小麴，常用在黃酒和米酒中。米香型的香味來源於半固態發酵時，以大米為原料生成的乳酸乙酯。品嘗時有著大米的純淨輕柔，蜜香綿甜的口感。

再說到清香型，馬上就會想到老北京的二鍋頭，還有山西的汾酒。它採用大麥和豌豆制麴，酒中產生乙酸，酸甜柔和，後味甜美。其清蒸清燒清渣的傳統製作工藝，使得酒氣更為清香，飄然入味。

濃香型白酒最為常見，五糧液自不必說，瀘州老窖也別有滋味。發酵時，老窖是高品質的保證。酒窖越老，窖泥中沉積的香氣越濃，也就是其中積澱的微生物種類越多。其原料常選用高粱，產生出的酒香以乙酯為主體，窖香濃郁，甘烈卻又不失柔和，豐滿且回味悠長。

[1] 粳（jīng）：粳稻，稻之不黏者。

最後是醬香型，必是中國經典之款的茅臺。它屬於大麴酒。大麴是從麥麴中分化而來，原料除了大麥、小麥，還有豌豆。培養時採用高溫，香氣則愈發醇厚，再加上保存嚴密，用麴量極大，故稱大麴。因為它的發酵工藝極其複雜，所以醬香濃厚而且細膩。

原料的不同，給人以不同的精神感受。大米本來純淨潔雅，釀出的米香型白酒也樸實純正，沒有著高傲的芬芳，卻簡單怡人。大麥制麴，則顯得輕盈優雅，釀出的清香型白酒芬芳四溢，如仙如幻。高粱則一身馥鬱，好似濃妝豔抹的女子，端莊典雅，釀出的濃香型白酒醇厚非常，底蘊無窮。豌豆和小麥共同制麴，氣質獨特，細緻優雅，釀出的醬香型白酒更是非凡脫俗，回味悠然。

白酒的香味各異，都有著自己的情懷。雅致的背後，那陣陣香氣卻總在吸引著我們。其實，酒本來就是人們不想浪費早已發黴的糧食而創造出的一種飲料。可能就是這樣一種節儉的精神，才讓酒將美德也醞釀的如此芳香撲鼻吧。

※酒逢知己千杯少

中國酒文化，**乾坤醉裡醒時夢，言語真心情更濃**。

朋友聚餐的時候，家人團圓的時候，哪能沒有酒？酒如同是一種催化劑，讓本來熱鬧祥和的氣氛，反應得更為誇大。在興奮的情緒裡，往往還多了一絲幸福。

酒，時而熾熱，時而冰冷。那種滋味，與心情是相輔相成的。有時能中和苦痛，有時卻又火上澆油，非飲者不能知其真味，非醉者不能享其夢長。人們愛酒嗜酒，可又怨酒恨酒，與酒的纏纏綿綿，時斷時連的感情，總不能甘休。

與其這樣，不如將酒融入飲食，融入文化，自然酣暢淋漓。中國人便和酒，有了不解之緣。

飯桌上的場合，大多是社交活動。中國人委婉的說話方式很可能一頓飯下來，還沒有進入主題。這時，酒的作用就彰顯了。它加快了談話的進程。酒精麻痹了一些感官，而讓心裡與嘴邊的距離不再那麼遠了。意識的飄飄然下，有了真言，不吐不快。同樣的兩位陌生人，清醒時還衣裝革履，故作矜持；兩三杯下肚後，也許就話語連篇，瞬間熟識起來。**交流多了，距離也就近了**。

曾聽一位長者說，每逢聚餐，他總要領酒。尚未吃飯，先祝福數語，找個吉祥的理由，讓滿座賓朋連著三杯下肚，方可動筷夾菜，席宴開桌。我十分不解，問道為什麼呢？長者答說，無論熟識，還是陌生，一開始，都不可能馬上談笑風生；更何況有些人的性格本來內向，不易融入集體。如果餐前先來三杯，不一會酒勁兒略有上頭，朦朧中卻又清醒，興奮的大腦思維活躍，話語不由己控，早就呼之欲出了。大家一旦放開，隔閡就小了，高談闊論滿是歡樂，氣氛十分融洽。所以，工作中，生意場的餐桌前，相斟互酌不斷，開懷而見到的真性情，使一切都近了。

酒的這點微妙作用，其實古人很早就知曉了。久而久之，形成禮節，讓敬酒也成為了一種學問。一般來說，桌上分主客。餐宴之中，主人首先舉杯敬客，必然要有著祝酒詞，有著好的理由，為了讓大家開懷暢飲，將酒禮傳遞下去。古時會採取行酒令的方式，如同現在的划拳，是一種遊戲，也當是一個樂子。歡笑中讓酒增加了情趣。主敬客畢，禮尚往來，客人定要回敬，這才算是一個完整的禮貌。餐桌之上也叫人覺得舒服。主客之禮完成後，就要賓客間互敬了。兩兩碰杯，多交流一點，滿場才有著四海之內皆兄弟的氛圍。

忽然想到一幅圖，是關於中西文化間餐飲的對比。同樣的餐廳，西方人注重自由和獨立，不願相互打擾，所以就算是開派對，也是三三兩兩相聚，遍布餐廳的各個角落；中國人則不同，喜好熱鬧，注重人情和交際。有福同享的理念貫穿其中，用餐時儘量聚於一桌，話題紛呈，談論起來暢快，友情的關係網也變得紛繁複雜。就是古代聚餐，也會有一個巨型廳堂，主人坐在中間，兩列坐臥賓客，各有桌案於身前，空曠之地可以演講，可以起舞，樂哉於此。

酒，引領著話語溝通的同時，在另一面也有著種種弊端。如若煩悶的飲酒，則是「借酒消愁愁更愁」了。趁著酒性，肆意壓倒理智時，常會造成不良後果。有人耍酒瘋，公眾之下，遭受恥笑；有人隨性妄為，清醒之後卻又後悔莫及。佛家常說：「酒能亂性。」故將飲酒置於戒律之下，不得違反。但並不一定要如此的嚴格，中庸的道理在飲酒中也有著體現：適量即可。過之不僅亂性，更易傷身。

然而，酒的特殊作用，常常還會帶來靈感。詩人自有經驗，蘇東坡便有一句：「俯仰各有志，得酒詩自成。」張旭也是在醉後，狂草才一氣呵成，飄逸俊秀。種種酒帶來的不經意靈感，可以說是「壺裡乾坤大，酒中日月長」的誇張效果。有了酒，好像一切都容易了。

回到現實之中，酒的平衡還是需要每個人去把握的。不管是獨酌還是眾飲交杯，盡興即好。不要勸酒而招人厭煩，將本來開心的對話變成一種遭罪了。

末尾，附上諸葛亮的《又誡子書》總結一番，如能做到，甚好不過了。

夫酒之設，合理致情，適體歸性，禮終而退，此和之至也。主意未殫，賓有餘倦，可以至醉，無致迷亂。

——（三國・蜀漢）諸葛亮《又誡子書》

酒，貴在和也。

※酒令

「怎麼辦？其實我也不知道。」

「這樣，咱們用『石頭剪刀布』的形式來判決吧。」

「好，預備，石頭、剪刀、布！」

「……」

這是在猜拳嗎？這是在行酒令。飯桌上朋友喝酒，除了喧喧嚷嚷的喊「哥倆好啊……」之類的划拳聲，還有其他烘托氣氛、助興娛樂的小遊戲，都是酒令的一部分。自然，「石頭剪刀布」也是從中衍生出來的。

酒令的起源，可以追溯到剛有酒的時候。中國的酒文化中，喝酒都是有禮法的。早時，在君王臣子之間的大型宴會上，會有一個酒監。酒監要按照一定的規則來維持酒席上的秩序。酒因其能使人先興奮、再酣迷的特性，而成為了聚會交流的關鍵元素。但又由於它的不易入口，人們總在這喝與不喝之間尋找平衡。所以，便需要有一種罰酒的形式，來帶動整個場上的氣氛。這就是酒監的作用。

逐漸，為了達到佐酒助興的目的，以運用遊戲和詩文來形成的罰酒方式，便是各種各樣的酒令。

最早的，比較知名的酒令是投壺。「投壺」顧名思義，是將弓箭中的箭，也就是矢投入壺中，投之不中者，則罰酒。投壺的壺構造略有不同，小口廣腹，細長的頸，壺內還裝有小豆，因為其光滑而富有彈性，有時會導致矢投進後再被彈出，需要一定技巧。

在《紅樓夢》中，講大觀園裡的女兒們還行過一種令叫射覆。射是猜度之意；覆，是覆蓋。玩法是利用甌[2]、盆、盂等容器覆蓋一物，請他人猜測裡面放的是什麼東西。一般射覆所藏之物是生活用品，文人也會放一些文玩筆墨之類。當猜中後，給出答案的方式很雅致，先是作類似於卜筮的短詩給出謎面，或者暗示形容，然後再揭曉謎底。如果射之不中，必然

[2] 甌（ōu）：小盆。盆盂類瓦器。

當罰一杯。可當寶玉、黛玉他們玩時，室內的物品增加了難度。不必非得拿出實物來隱藏，只要看到物品，聯想到相關的成語或詩詞，即是出題了。其他人如有射中者，不宜直接說出答案，也要用成語或詩詞的一部分暗示給出。**懂的人自然就懂了，不懂的人怎麼都不懂**。必是親密之人才心有所知。

如果說酒拉近了距離，那酒令一定增添了快樂。消遣也是生活中不可少的一部分。

茶

茶者，南方之嘉木也。

——（唐）陸羽《茶經》

※制茶

在如今眾多的飲品當中，中國人偏愛喝茶。在飲食文化裡，也有著獨特的中國茶文化。關於茶的起源，眾說紛紜。但根據陸羽的《茶經》中記載：「茶之為飲，發乎神農氏。」好像一切有關農業、飲食的祖先都可以追溯到神農，這裡就不細說了。

茶並非一採摘下來就可直接沖泡飲用的。從採摘後到我們看見可以沖泡的茶葉成品，是需要一系列工藝制法的。在古時，製作工藝相對簡單，步驟也沒有現在綠茶、紅茶等不同種類的紛繁。陸羽曾在書中總結了一套方法，共有七道工序。

晴，采之，蒸之，搗之，拍之，焙之，穿之，封之，茶之乾矣。

——（唐）陸羽《茶經》

先有著環境條件，一定要是晴天。晴天方可採摘，保證了茶葉在當時的溫度和濕度，是新鮮的最好狀態。

採回來的茶需要蒸熟，古時是放在甑[1]裡進行蒸煮的。甑是甗[2]的上半部分，用來放置食物。甗的下半部分是鬲，存放水。當薪火在鬲的三足中燃起，水蒸氣升騰，從甑的網孔或鏤空的箄[3]中彌漫出來，便可以蒸煮食物了。對茶葉以蒸之算是殺青的一種方法，目的是為了防止茶葉被氧化，同時為了去除葉子本身的青臭味。

殺青後，要對茶葉用杵臼搗爛，再放到棬[4]模中拍壓成餅。這時，茶葉算是初步形成了。

成為茶磚或茶餅以後需要烘焙。烘焙有兩點顯著的作用：一是決定茶葉中的含水量，不同茶葉含有不同的水分，既能使之長久保存，更能保證日後在沖泡時，茶湯的色澤。二是為

1 甑（zèng）：古代炊具，底部有許多透蒸汽的小孔，放在鬲上蒸煮。
2 甗（yǎn）：古代炊器。下部是鬲，上部是透底的甑，上下部之間隔一層有孔的箄。
3 箄（bì）：蒸鍋中的竹屜。後指有空隙而能起間隔作用的器具。
4 棬（quān）：曲木製成的飲器。

了提高與改善茶葉的香氣。烘焙合理，茶的味道自然妙不可言。

經過前面的工序，最後將茶葉穿串包裝，制茶就可謂完成了。

制茶如同烹飪料理一樣，不僅要有好的食材，烹飪手段也極為重要。每一步的微妙變化，也許就會影響茶的整體香味。這可不同於泡茶那麼簡單，當你拿到茶葉時，它已經完成大半了。

回來再補述一下殺青。殺青是利用高溫處理新鮮的茶葉，不僅使它們變得柔軟，保持色澤；還能在去除水分的同時，增加香氣。方法有著炒青、烘青、曬青和蒸青之說，雖然效果不同，但目的都是一樣的。

由於製作工藝的不同，茶葉便有著多種分類。目前普遍是六大類：**綠茶**、**黃茶**、**白茶**、**烏龍茶**、**紅茶**和**黑茶**。如果大致區分，大家只要明白有綠茶紅茶之別即可了。

這些茶葉分類，相互不同的重要因素是發酵程度。綠茶是非發酵茶，而紅茶是完全發酵茶，烏龍茶介於其之間，算半發酵茶。紅茶的製作方法形成較晚，所以陸羽在書中沒有發酵的這一項工藝。而殺青，是綠茶製作過程中的關鍵步驟。殺青後制出的茶葉，新鮮度更多的保留了天然的色澤和沖泡時的清湯，所以名為綠茶。而紅茶不需要殺青，萎凋後完整發酵，產生大量的茶紅素，使茶葉呈暗紅色，茶湯也發暗，故名紅茶。

剩下的幾種茶葉區別就要在殺青的方法和發酵的程度之間徘徊了。烏龍茶也稱青茶，發酵度在百分之三十到六十左右，可相容綠茶和紅茶的美味。黃茶需要在殺青時將其悶成黃色，發酵度在百分之二十上下。白茶的發酵度稍高點，在百分之三十，但它是直接曬乾或烘乾的，制好的茶葉上會有著白毫。

最後的黑茶屬於後發酵茶，在殺青、烘乾後堆放時，再次進行發酵，故而茶葉發黑，存放越久越為珍貴。

在黑茶裡，普洱茶是代表。茶餅有著**生茶**和**熟茶**之分。這就用到了前面所講的殺青和發酵工藝。最初的普洱茶都是生茶，新鮮的茶葉採摘後自然陳放，經過殺青，揉撚曬乾，壓成茶餅，也叫曬青毛茶。這種茶葉需要時間的日積月累，自然發酵。所以生茶口感強烈，茶湯金黃，水甜薄而微澀，茶餅宜越陳越香。後來，有了渥[5]堆發酵法後，在初製成的毛茶上灑水，堆放，加速發酵。讓本需要五年十年的自然發酵過程迅速縮短，形成熟茶。因而熟茶耐泡，水甜而醇厚，湯色暗紅。使本來性寒的生茶轉暖，喝起來更為舒服。

簡簡單單的茶葉，卻有著每一個細節的變化，讓我們也產生了千百種滋味於口內，每每品嘗時，都回味不絕。

---

5 渥（wò）：沾濕，沾潤。

多時蒸煮砂壺泡。
豆腐膏，甘蔗小。
詩流香，半盞剛剛好。
一口盡，直清曉。

晨倦起，又嫌茶少。
其中味，隨君到老。
莫棄飄零濃淡，不品誰知道？

——葉離《迎春樂　一壺茶》

※中國十大名茶

一九一五年二月二十日，首屆「巴拿馬太平洋國際博覽會」（The 1915 Panama Pacific International Exposition）在美國加利福尼亞州舊金山市開幕，展期九個半月。這是一次為慶祝巴拿馬運河開鑿通航而舉辦的盛大的慶典活動，有三十一個國家帶著二十多萬件展品參賽。在盛會中，各國充分展示出了自己獨特的文化和瑰寶。

中國十大名茶便在這裡評選產生了。

十大名茶有綠茶六種：**西湖龍井**，**洞庭碧螺春**，**黃山毛峰**，**都勻毛尖**，**六安瓜片**，**信陽毛尖**。烏龍茶兩種：**安溪鐵觀音**和**武夷岩茶**。黃茶一種：**君山銀針**。紅茶一種：**祁門紅茶**。

祁門紅茶是紅茶中的極品，據說英國王室也很喜歡。紅茶是全發酵的，鮮嫩的茶葉經過初制和精製變成了紅褐色，再加上本身祁門的茶樹品種超群，所以沖泡之時的特殊香氣，持久雋永，被稱之為「祁門香」。紅茶屬溫性，冬天喝更有裨益，其產生的黃酮類化合物，能消除自由基，抗酸化作用，使心肌梗塞的發病率降低。

君山銀針是黃茶，茶葉發酵的百分比較低。之所以叫「銀針」，是因為它的外形纖細如針一般。茶芽內部呈金黃色，外部有完整的白毫。沖泡時極有特點，能三起三沉，後茶芽豎立，懸浮於湯中，似刀槍林立。茶葉又十分耐泡，味道醇厚。

烏龍茶是半發酵茶，兼有紅茶和綠茶的特點。岩茶的命名是因為其茶樹生長在岩縫之中。製成的茶葉葉紅鑲邊，其中以大紅袍最為名貴。安溪茶樹有多種，鐵觀音正是其中優質的茶樹。其製成的茶葉肥壯沉重、有著蜻蜓頭、螺旋體和青蛙腿，故有「鐵」字之稱；沖泡之後，湯色金黃如琥珀，有著「音韻」。

十大名茶中綠茶最多，各有著不同的來由。龍井是炒青，清明前採摘叫「蓮心」，穀雨前採摘叫「旗槍」，立夏採摘稱「雀舌」，芒種前後再采就叫「梗片」了。碧螺春據說是由於康熙視察了其茶葉碧綠、捲曲如螺方得命名。六安瓜片是因為在制茶時，剔除了芽尖和茶梗，使葉片像瓜子形一樣而得來。

至於毛峰和毛尖，也有著明顯區別。它們採摘時間不同，以穀雨為界，前是毛尖，後是毛峰。它們形態不同，毛尖細、圓、直，顏色翠綠；毛峰細卻彎曲，葉芽金黃，但二者都有著白毫。

如此概略的將十大名茶敘述一番，也許有些不知所云。然而，若細緻的鑽研一下就會發現很多微妙的地方。其實茶葉同屬茶樹種、山茶科、山茶屬，但為何又有如此多的名茶分類？難道是不同的植物？答案：非也。

首先，是因為地域不同。中國有著浙江、安徽、福建等等不同的茶鄉。種植的地域不同，使得當地的氣候、土質、雨水和日照也不盡相同。微妙的環境因素組合變化，茶葉的形、性也就不同。

然後是茶樹的品種不同，雖然同屬茶樹，但因為地理位置久隔的關係，品種有著細微的差別，不僅形態各異，味道也有著等級區分。

再之是採摘時節不同，如前面所述的龍井，不同節氣的前後採摘，形狀和味道便相去甚遠。毛峰和毛尖即是如此。

最後就是製作工藝了，從多種殺青方法到後續的蒸煮、碾壓、烘焙等工藝，都密切影響著最終茶葉成品的品質。

這些所有關於茶葉的資訊，經過中國歷代的傳承發揚，慢慢形成了獨特的茶文化。

我們可以先從品茶開始，去品一品像這十大名茶一樣的好茶葉吧。

書

※筆墨成書

以前常聽長輩說：「字就好比人的臉面。寫得一手好字，人前也光輝。」母親的字就非常瀟灑，小學時每逢發新書，都會認認真真地包好書皮，請母親寫上名字。拿著這樣的書去上課，心中總會充滿自豪。

沒有誰一開始就能寫出漂亮的字來，這都是日積月累練習的結果。如今，書寫工具在不斷進步，硬筆早已取代毛筆。當一筆一劃缺少了粗細上的變化時，寫字的速度自然提高不少。人們在日常工作的龍飛鳳舞間，偶然的一觀，總能看到好字。這個人這個字寫得好些，就學來寫寫；那個人那個字寫得好些，也學來寫寫。日益觀察吸取，等自己發現時，已經有很多字可以拿的出手了。所以，寫字需要不斷調整筆跡。

剛開始學寫字，大家都是一筆一劃。熟練了以後，才開始連筆。就好像英文說得熟練後才能連讀一樣，行書就是這麼來的。英文可連起來寫，但需要空格區分開每個單詞；而漢字本身個個獨立，即便相連也能區別。連續要比離散節省時間，書寫的發展趨勢永遠是為了提高效率。

書有五體：**篆**、**隸**、**楷**、**行**、**草**。篆書是象形文字到符號文字間的過渡，它的筆劃圓潤，沒有折角，更接近於甲骨文似的圖畫。它的字形結構不固定，一個意義可以有多種寫法。從大篆到小篆，雖然經過刪繁就簡，逐漸規範，但仍然不甚統一。李斯規定的篆法比較苛刻，異體字又多，不便書寫，遂有了隸書。隸書，篆之捷也。隸書是寬扁結構，變圓為方，改曲成直，起左至右都呈飛揚態勢，倍顯莊重。據說隸書是秦末的程邈在獄中整理所創。他將「連筆」改成「斷筆」，於是線條成為筆劃，顛覆了字體的構架。

> 自爾秦書有八體：一曰大篆；二曰小篆；三曰刻符；四曰蟲書；五曰摹印；六曰署書；七曰殳[1]書；八曰隸書。
>
> ——（漢）許慎《說文解字》序

1 殳（shū）：一種用竹或木製成的，起撞擊或前導作用的古代兵器。

由此可見，隸書在秦朝時已經存在，許慎將當時的字體分為了八種。大篆和小篆分別是對應於春秋戰國和秦統一後的兩種字體。刻符是將文字用刀刻在符節[2]上。因為符節可以是木質、玉質或金屬等材料，刀刻之時，定不如筆墨柔軟順暢，所以字體會趨於平直方正，雖同以篆書為基礎，但實有區別。蟲書多用在兵器、鐘鏄或大纛[3]旗幡上，以飛禽走獸的形態繪成文字，代表一種象徵，好似英文中的花體一樣。有時，在印章中也能看到，或叫鳥蟲篆。摹印也稱繆篆，是專刻在印石上的字體。它受限於材料，因而要事先規畫設計妥當。同時，字體的密集性導致其不如篆書圓滑，而變得屈曲方勻，有綢繆的感覺，故而得名。署書便是如今的榜書，一切的題字、牌匾皆屬此類。大字區別於小字，構架和粗細的程度都有不同，遂自成一體。最後是殳書，它多刻於兵器或觚形物體上，形態方正，也基於小篆。

經歷了秦漢字體的多樣化後，楷書產生了。楷書又名正書、真書，傳說由三國時期的鐘繇所創。楷書講究橫平豎直，鋒收鋒回，運筆多變，更加快捷的提高了書寫能力。其結構上嚴謹，每個字的字體也大都固定，流傳至今成了書法中最常用的筆體。然後到了行書和草書

2 符節：中國古代朝廷傳達命令、徵調兵將以及用於各項事務的一種憑證。用金、銅、玉、角、竹、木、鉛等不同原料製成。用時雙方各執一半，合之以驗真假，如兵符、虎符等。

3 纛（dào）：古時軍隊或儀仗隊的大旗。

時，筆劃已幾乎固定，只剩下如何將字的結構連續起來的問題了。落筆連續以後，字體的結構便發散了很多，墨的濃淡、筆劃的疏密、字的大小都成了可以運用的因素，書法由此得到了很高的昇華。草書更甚，過度的簡化與快捷已改變了字本身的結構，在虛實之間難以認得。然而草書並非出現在楷書及行書之後，而是在秦漢時期就已經存在了。它連起了隸書，便產生了章草；連起了楷書，便是今草。

五種書法字體，讓漢字從生活上升到藝術。文人們除了追求文章內容的魅力，也開始在字裡行間下功夫。為了創作出一幅好的作品，先要追求文房四寶的卓越。歷史傳承下來的筆、墨、紙、硯中，佼佼者分別是湖州（浙江省湖州）**湖筆**、徽州（安徽省歙縣）**徽墨**、宣城（安徽省涇縣）**宣紙**、端州（廣東省肇慶）**端硯**。

湖筆有著**羊毫**、**狼毫**、**兼毫**、**紫毫**四大類：狼毫用的是黃鼠狼的尾毛；羊毫是山羊毛；兼毫是兼有兩種以上的毛類；紫毫是用的深紫色的兔毛。湖筆講究尖、圓、齊、健四大特點：尖指筆鋒入墨後的圓錐形尖如針尖；齊指將筆鋒撮平後，齊如刀切；圓指筆頭含墨時渾圓飽滿；健指筆鋒挺立，落於紙上富有彈性。

徽墨是運用傳統手法，以松煙、桐油煙、漆煙、膠為主要原料，經過點煙、和料、壓磨、晾乾等工序製作而成的書法與繪畫顏料。它有著濃郁的芳香、烏黑光潤的色澤、而且入紙不暈、舔筆不膠，落紙時的濃淡層次分明，如漆一般。

宣紙有**生宣**和**熟宣**之說，熟宣多用於工筆劃，生宣可用於書法和寫意畫。好的宣紙可以用「輕似蟬翼白如雪，抖似細綢不聞聲」來形容。

端硯是四大名硯之首，因為其石質潤滑細膩、堅實古樸的特點，能在研墨時不滯，發墨時不緩，無論酷暑嚴冬，用手按其硯心時，硯心湛藍墨綠，水氣久久不幹，有「哈氣研墨」之說。其研出的墨汁細滑，書寫流暢而不損毫，字跡清晰且不褪色，可成至寶。

文房四寶一套，不僅多了份收藏，也給書法增添了動力。為了寫好字不難，但為了藝術卻不易。究竟徘徊於筆墨紙硯中，還是真草篆隸間，其實都一樣。不一樣的只是你融入的心和努力的手。

※名家與名帖

書法一定是先有絕好的作品，然後才出現與作品相對應的風格和理論。

篆書的精品現流傳下來的主要是碑文。大篆作品有《散氏盤》、《毛公鼎》和《石鼓文》等等。小篆中，相傳《泰山石刻》和《瑯琊石刻》即為李斯所書，現西安碑林存有《嶧山碑》是其名篇。後來的名家還有唐朝李陽冰的《三墳記》以及清朝吳昌碩的篆書。

隸書以漢隸莊重大氣。《張遷碑》、《曹全碑》、《乙瑛碑》、《禮器碑》和《西狹頌碑》都是名篇。《曹全碑》以風格秀潤飄逸和結構勻整著稱，《張遷碑》端正朴茂，方勁雄渾。《禮器碑》清勁秀雅，肅穆超然。臨碑時，要把握不同風格的多種變化。打好基礎，創作時才能自由組合，遊刃有餘。

到了楷書、行書、草書等字體時，名家的作品才由文物上升到了藝術品，歷代收藏者極多不說，其價值也隨著技法的不斷完善而提高。楷書在唐朝蔚為興盛，初唐三家分別是歐陽詢、虞世南和褚遂良。魏征撰文，歐陽詢正書的《九成宮醴[4]泉銘》備受推崇，其筆法遒勁，方潤整齊。褚遂良的《倪寬贊》清遠瀟灑，也各有春秋。唐中期有顏真卿的《多寶塔碑》，真跡現藏於臺北國立故宮博物院，其筆勢雄奇，神采飛動。晚期柳公權的《金剛經石刻》，以及元代趙孟的《洛神賦》也各有特點。書法大多先學習楷書，有的老師就建議楷書四大家的風格須融匯貫通，至於顏體、柳體、歐體、趙體哪個先作啟蒙都無關緊要，重在扎實的功底和靜心起筆。

行書一定要說到天下三大名帖。天下第一行書是王羲之的《**蘭亭集序**》，其次是顏真卿

---

4 醴（lǐ）：甜酒。

的《祭侄文稿》和蘇軾的《黃州寒食帖》。王羲之和其子王獻之的故事早已屢見不鮮，成功絕非生來就有，而是通過不斷的實踐、努力和堅持獲得的。那曾經的一池碧水經過時間的推移不也成為了當時最大的筆洗了嗎？不下功夫，哪來的成就？行書流動放縱，字字有著牽連，筆墨著著痕跡。如果理法通達，揮灑自如，便優美異常。米芾的《蜀素帖》就是如此，雖偏向於楷書，卻用筆俊邁，變化萬千。

草書更是將結構的簡省和筆劃的連綿發揮到了極致。它有著章草、今草、狂草之分。章草筆劃的省變有章法可循，代表作如三國吳時皇象《急就章》的松江本。今草則不拘章法，筆勢流暢，代表作如晉代王羲之的《初月》、《得示》等帖。狂草出現於唐代，以張旭的《肚痛帖》和懷素《自敘帖》為代表，筆勢狂放不羈，很難再看出字意。但草書並非全無規律，相反，其每個字都有著特定的寫法，只是不同的書家在字與字之間的連帶上和空間關係上做了合適的處理罷了。於是草書好像具有暗示效果，看似沒有寫全，也能推測出相應的字跡。這可以來源於字的「勢」，文的「脈」，只需草草勾勒那最突出的特點，其餘就算不寫，也能讓你我明白。

好的一部書法作品，大家往往爭相搶之。偶獲幾字，如得至寶。我曾聽過這樣一個故事，據說講的是王羲之。王羲之書法聞名於世，很多人欲求一副而不可得，故常於深夜去揭他家春聯。他曾寫過：「春風春雨春色，新年新歲新景。」才貼一天，就被揭走。又寫第二副：「鶯啼北星，燕語南郊。」結果第二天也被揭走。當時已是除夕，別家都貼上了春聯，唯獨自家門前空無一物。但王羲之並不著急，又寫了一副，剪去半截先貼上：「福無雙至，禍不單行。」如此不吉利的聯果然便無人偷了。初一大早，王羲之再將剩下半截補齊，對聯變成了「福無雙至今朝至，禍不單行昨夜行。」果然是妙。

字跡是書法的核心，但我們絕不能僅僅看到字跡。所書寫的文字內容散發出的力量也是值得我們欣喜的。這好像是靈魂的力量，從心底迸發出來，展現在外表上。文字的美麗與否就好像那動人的笑容，筆劃之間，倒映出的是你的心境。

※敬書隨筆

漢字殊勝，形隨意騁。不能究竟，惟自在之心。

義理思維，通暢運用，言聲居其上。言傳思緒，聲表情神，文字居其上。文如流水，靜婉清快；字如行雲，飄逸自然；書居其上也。書盡人情，下筆有知；書留心意，墨香之時。非成竹在胸不能得心應手，淩雲健筆意縱橫，方得矣。

黃庭堅《論書》中言，「楷法欲如快馬入陣，草法欲如左規右矩，此古人妙處也。書字雖工拙在人，要須年高手硬，心意閒淡，乃入微耳。」今海平先生書此，皆在心中。萬般法不離辯證；千遍書不出曲直。登高而觀，難識細微舉止；居小以行；怎曆浩瀚山川？如能微言大義，才得方向。

世事皆在人為，勤以補拙，恒以終困。心靜如初，無非經天翻地覆，無非望一馬平川，無非泛浮沉平湧，無非伴日月星辰。始終相匯，阡陌如一。簡而言之，橫豎中亦是人生；綜其所述，人生中心繪縱橫。

海平先生謙遜，已有淩雲之境，卻無浮高之情。終日心依者書筆，言談見真知。我不知何時能年高手硬，卻曉得入微於其中者必有堅忍不拔之志，方成超世之才。今借此閒筆話下，以互勉。

印

※印在你心裡

我認識梁陸平先生的時候，還是高中畢業的那個暑假。偶然的相識，積澱出深厚的友誼，就好像一方印章，迸發出來的美，不僅是靈感，還有一刀一筆的綿延。

當時的我們正在人生的轉折，轉折就是有意義的開始。誰都不能決定什麼，但都在努力，也好像一方印章，不管多美的線條都是自己的創造，這創造出的永恆，成為了努力過的回憶。

我靜靜地坐在梁先生旁邊，等候的過程，能夠感受到他專注的力量。力量化作文字，表現在印章上時，又成為了優美的圖畫。梁先生的家鄉幽靜而深遠，小城所蘊藏的魅力是世俗所無法熟識的。正是這和順的土地，帶給了他樸拙勤勉的風格。那鈐於紙上躍然而動的朱泥，處處洋溢著藝術的氣息。

我曾傾聽梁先生說：

「在藝術創作中，既遵古人訓，把得一個度。努力追求正而不板，奇而不怪，清而不薄，重而不濁，肥而不肉，瘦而不弱。一種相對平衡，又非機械而板滯的一面。既統一而又獨立，既圓潤而又不妖嬈。『偏勝之極，一有一絕無，則不可以言文。』『方中寓圓，圓融通滙。』更是藝術中度的脈搏要害。藝術的創作，應永遠徘徊在規律與自由，理性與性情，法度和意趣，有意與無意這些微妙的境界之間。」

因為中華文字表音表意的特殊性，讓每一個漢字都具有了繪畫的高度。文字的演繹，古老傳承，可以追溯到上古的岩畫，再至甲骨文、金文、璽文，統稱為大篆。我從梁先生處學到很多，今天從他手裡請來的幾方印，不但是寄心、寄情的信憑，更是藝術的承載。就好像沉甸甸在我手中的這方「己所不欲，勿施於人」，寂靜的朱絲鐵線自然又清晰。

我相信，印章的記憶如同一個約定，當它拓出來的瞬間，就已經連接起了什麼。這又讓我想起了梁先生的話：

「我願意用以印達意，以印抒懷，以印酬志，以印遺興的效果。同時表達出線的遒勁，面的寬廣，塊的厚重和點的深遠。」

都是三生石上的前因
冬日的落葉搖曳著幾世的相思
帶著滿身傷痛與疲憊
義無反顧地投入大地的懷抱
就為那瞬間的相擁
風雨雷電是夾道而迎的掌聲
烈火勁浪是溫軟柔滑的撫摸
燈下斑斑的淚痕
和南窗外不知所終的鴻雁
都化作一瞬而逝的光影
隨落葉而舞
當書房的燈再次燃起
墨香通宵達旦
湊刀似春雷陣陣
世界

已不復存在
都化作刀下的溝壑山川

——梁陸平《證》

※情而信，心相印

印信是一種特殊的約定。我對它萬分珍重。

自中華有文字以來，印的歷史也開始撰寫。不攻金石，不足以言篆刻。甲骨文是目前發現最早的金石學，雕刻技法逐步運用在動物龜甲、石頭、還有金屬上。人與人交流時，聲音是很難記錄的。將文字展現在實物上，言語就有了保證，成為書信。書信傳遞內容，印鑒確定身分，交流的意義才得以保留。

我更在乎印章，視其為信物。為此，開始涉獵於篆刻。最珍貴的情感經此物相連，縱隔千里，也覺得安心。親手執刀，思緒都融入在線條裡。

篆刻是書法和美術的另一體現，也是靈魂與刀石的一次深層碰撞。鑒於初學，心得在自然而然間。現代人學習，熱衷於追求專業品質。不管你行還是不行，配套的裝備一定要像那麼回事。當外行人圍觀時，投去欽羨的目光，足以遮掩你的虛榮並鼓勵你繼續前行。這種思想猶如貴族，無論做什麼事，都不會放下自己悠雅的身調一樣。可世間環境、條件不足者比比皆是。也許足球天賦極高的孩子，每天卻只能踢踩扁的易開罐。第一次的學習是尤為重要的，好比出生時的母語說話、與人初見的第一印象，或寫字時臨的第一章帖。專業的環境條件作為基礎本應該是捷徑，卻也成為興趣的軟肋，糾隔在夢想和現實間。

篆刻工具是必要部分。有刀才能刻，有石才能琢。石頭將會成為你加工後的藝術品，它的質地、軟硬、湊刀感都有著特殊的講究。刀的種類雖多，普通選用平口的就好。大小合手，執握有力。若一手握印，一手執刀，傾聽刀在石上的縱情而歌，實乃人生一快。初學時，為穩定避免受傷，感受力道，印石需要固定。將印石被刻的一面先在砂紙上打磨平整，再卡緊於印床上，便可著手了。還要配把印刷，刷去雕刻時的石屑粉末。切記莫用嘴吹，一是對肺部呼吸不好，二是吹不乾淨會汙染印泥。

篆刻這個名稱，從文字上就能證明其悠久的歷史。篆書正是象形漢字符號化後的結果。對於現代人而言，首先要識篆，會寫篆，所以書法很重要。寫好篆書，哪怕是鉛筆，也是一種設計。新穎而靈動的設計方案常引領著偉大的藝術。世界上很多的知名建築就是如此，承載著當初大師們巧奪天工的設計。篆刻如同微觀建築，設計好以後，雕刻所需的刀法，假以時日即可水到渠成。有的人不足五分鐘就能完成一方印的雕刻，好像寓言中那位賣油的老者，能在倒油時穿過銅錢上的小孔，卻不濺出絲毫。

篆刻是創作，而非複製。一方能經得起時日考證的作品，需要精確的配篆，高超的寫篆，奇妙的構思和嫻熟的刀功。

篆體字的形象多變造就了繽紛的設計。名家們崇尚漢印與古璽印，尊為範本。如現在的《漢印分韻合編》，或《古璽印精品集成》，或者《十鐘山房印譜》，篆刻者幾乎人手具備。漢印與古璽印主要以鑄印為主。漢印或厚重大氣，或靈秀古拙，或典雅婀娜。古璽活潑不羈，穩而不板，遒勁而內斂，樸茂而靈秀，細品如陳年普洱，香醇悠遠。後來到了明、清，有了文人和藝術家的參與，篆刻從信憑變為了藝術品。技法和變化長足的發展，讓靈感和表現形式得以彰顯。而兩漢後的南北朝唐宋元期間，一是因為篆書應用變少，主要以楷書、行書和草書行文於天下；二是官印的篆法變成以直橫線和直縱線為主的形式，使篆刻用印處於沒落時期。直到材質從主要以銅為主的鑄印，變成了以石為主的刻印後，才發生了翻天覆地的變化。從達官顯貴之間玩賞的東西變做普通百姓均可參與的大眾藝術，篆刻得到了史無前例的發展，民間社團更如雨後春筍般林立。影響深遠且又高手林立的西泠印社便是其中之一。近代著名的篆刻家吳昌碩，便是西泠印社的創始人。他身負「詩書畫印」於一身，對後世的藝術發展有著極大的推動與影響。一代宗師絕不僅是技法高超，重在他深邃而新穎的思想和嫻熟的表現力帶給了藝術更多的革新理念。當一門學問在進步時，必然伴隨著諸多的發現。

篆刻有著陰文和陽文，就像古時兵符上的陰陽一般。陰文是白的，陽文是紅的，這主要是針對於鈐印於紙上的效果。鈐印是指在一幅作品上安排好符合畫面章法布局和風格特點的印章，對作品產生畫龍點睛的效果。將印石拓出來需要印泥，朱紅色的印泥置於瓷碗中，日久了要用印箸或印筋攪拌一下，防止印油泛出時造成油和泥的分離。印筋和印箸多用骨質材料做成。

西方的文字不像中國漢字這樣變化多端。漢字中每個字的每一次變化都是一幅精美的圖畫，都是先輩們心血的集成。常看到電影中，西方的羊皮紙塞進信封裡，封口處滴上滾熱的紅蠟封泥，然後拿起繪有當地標識或象徵圖案的銅印蓋於其上，封緘就算完成了。中國也很早就有了檔信函上的封泥，這種泥是一種膠質軟泥，將泥厚塗於信皮交匯處，鈐以鑄刻的印章。印章多是陰文，拓出來後，凸出的陽文顯露在信封的膠泥之上，以達到信件保密的效果。

資訊時代的電子郵件目前已逐步替代了紙質書信，即時的電話也代替了文字的思念。然而，我仍喜歡將情誼寄託在文字上。電子書信聯繫著遠方，值得珍藏的語句親自手書。當自己在結尾鈐下印信時，好像永久的約定都在那裡，沒有離開。

曾經，我贈與她一方印
細膩的老嶺
雋永的漢青
一筆一劃
一字一句
仍然記憶猶新

那時的我
不知什麼才是離別
只知道印記不會磨滅
拿起它
沉甸甸的送去體貼
我想問
何時能再見

何時能一同翻開書卷
何時再繪上她的依戀，我的笑顏

輕輕的拿起印鑒
署下昨往，簽落今日，拓出明天

那時咫尺天涯
能抓住的，卻只有晚霞
我問她
能否留下
她默默地低首
靜靜的回答
落紅不是無情物
化作春泥更護花

印的側面
刻著她剛剛的話

——葉離《印》

※磐石無轉移

小小的一塊石頭本是無用之物，但只要給她賦予了意義，便可傾國傾城。和平的社會裡，文化孕育了收藏。俗話說黃金有價玉無價。我愛玉石，是因為她的氣質、她的溫潤，如君子般翩翩，如仙女般靈現。印石也是如此，因為雕刻了文字，更是超凡脫俗。從古代傳至今天的印石主要以葉蠟石為主，以產地分四大類：**青田石**、**巴林石**、**昌化石**、**壽山石**。

青田石因產在浙江青田而得名，多是青色或青白色，封門青是珍貴的品種，最優等的是燈光凍。

巴林石產於內蒙古自治區赤峰市巴林右旗。它的石質柔和細膩，堅而不脆。其中的福黃石，純黃透明且無暇；還有雞血石，血色鮮麗，溫潤脆爽，軟硬適中，宜於鐫[1]刻，是石中妙品。

昌化石產於浙江昌化。最名貴的也是「雞血石」，它區別於巴林，因石質的紅斑鮮豔如雞血而得名。但一般昌化石底色較燥，常含有鐵質的砂釘與石筋、易傷刀刃。色多呈褐、黑、黃、白等雜色，質地溫潤可刻，但略有膩澀、走刀不如青田石爽訣。

壽山石出自福建壽山。石質較青田微膩，受刀不如其快，但細潤光潔，為印材中佳品。其色彩較豐富，有黃、白、紅、藍、青等。最名貴的是「田黃」，價超黃金數倍，呈黃色半透明。我曾在臺北故宮見到乾隆皇帝御用的田黃三連環玉璽，通透石身及雕刻技藝，都甚是精美。

篆刻家們對印石的要求較高，除了石質的硬度要適宜，還要少釘無裂，湊刀感強。好的石頭，配以好的刀法，再配以奇妙的設計，才能盡顯上品。

印石除卻自己本身的美，還因為文字。石不能言最可人，文字刻在那裡，便是歷史的記錄，心靈的寫照，很難被磨滅的。留下它，便留下了回憶。

---

1 鐫（juān）：破木之器。鑿，刻。

制

※官職

古人讀書，多走仕途。父母會經常教育「出人頭地」四字。仕途之說，小而為家，大而為國為天下。被國家所用，被朝廷所用，是一種榮譽。以天下為公的心，為老百姓服務，為人民辦些實事。

仕途簡而言之，便是為官。為官的責任意義重大，不僅和諧社會，穩定發展；更需要讓每一位元公民安居樂業，在良好的環境下更上一層樓。可為官並不是說說那麼容易，官職是一個龐大的管理系統。在這個系統中有著複雜的組織運作。中國政治體制的不斷健全，也是在五千年歷史的洪流中不斷進步發展成的。

官職的結構可向前追溯到上古時期。

夏後氏官百，天子有三公、九卿、二十七大夫、八十一元士。

——《禮記》

夏朝就已有三公九卿制，至秦朝後正式開始實行。三公有著多種說法，每個朝代不同。周朝有「太師、太傅、太保」三公，也有稱「司馬、司空、司徒」三公。不過普遍的官僚系統是秦朝制定的三公：「**丞相**、**太尉**、**御史大夫**」。除皇帝高高在上以外，三公可謂是一人之下、萬人之上的官職了。他們之間相互獨立，負責不同的方面，又相互制約，相互幫助。是前期官職系統的良好雛形。

丞相，後來也叫宰相。是輔佐皇室的官職，有時像現在的秘書長，是皇帝身邊的得力助手；有時，他又像個CEO，說明董事長處理全國的事務。太尉，是負責軍隊方面，軍事領域的最高長官。好像總參謀長或元帥，幫助皇帝掌管全國軍隊。御史大夫則如同監察，不僅是圖籍奏章，還能監察百官。主觀上是皇帝的耳目心腹；客觀上能平衡各個官職政體，並進行管理。三種職位，三種職責，讓朝廷或政府的管理系統有條不紊的為天下黎民的利益發揮著至關重要的作用。

九卿的位置，相對要低一層。它們是從丞相的全國事務中分類出來的，使職責更為分明，效率也更高。九卿在秦朝時的官方說法是**奉常**、**廷尉**、**治粟內史**、**典客**、**郎中令**、**少府**、**衛尉**、**太僕**、**宗正**。

廷尉：負責司法法律。如同法官，平衡民事和刑事。

治粟內史：相當於財政大臣，和錢有關的金融貨幣、財政稅收都歸他管。

奉常：掌管宗廟、祭祀和禮儀。祭祀在古時候，是非常重要的一部分。曾經人們認為對神靈的崇敬會影響到一年的氣候和災害。所以要風調雨順，才能國泰民安。

典客：是外交官。那時不僅是對外關係，國內各少數民族的交易處理也需要典客來權衡。

郎中令：像是清朝的御林軍總管。整個皇室的安全要有侍從警衛來保護，而郎中令就負責掌管這部分保鏢似的人員。

少府：是皇室的專員。專門掌管為皇室供給需要的山海地澤及官府手工業的收入。

衛尉：掌管宮廷警衛；掌管保安人員。

太僕：負責補給和管理宮廷車馬。

宗正：是特別為皇帝宗族事務服務的。

從皇帝到三公九卿的三級制度，清晰的展現了金字塔似的森嚴等級劃分，而且加強了中央集權。各司其職後，能夠完整運作。

但畢竟三公九卿在最初的官僚系統裡只是個雛形，還有很多不完善的地方。隨著時間的推移，到了唐朝以後，以三公九卿為基礎，改善而發展出了三省六部。這時的管理系統，則更加清晰明瞭了。

※東西方官制對比

到了清朝，官職體系算是最為健全的了。大家熟知的三省六部制也有著延續。然而三省是隋唐初期建立，到了明末澈底廢除。六部卻在清朝仍有著重要地位，不可撼動。在制度形成初始，**尚書省**、**中書省**和**門下省**形成了中央集權最高的三個政務機構。每個機構的最高官員都可以位至宰相。尚書省的首席是尚書令，用以執行國家的政令，是行政機構，下面轄管六部。中書省的首席是中書令，負責擬定草案和頒發皇帝的詔令，是決策機構。門下省的最高長官是納言或侍中，用以審核奏章，有諫諍之責，是審議機構。三省大致涵蓋了朝廷所有的政體功用，有條不紊的運作著。

聽起來古時的三省好像可以類似於現在美國的三權分立，也許職責分工相近，但從性質上有著根本區別。三權分立存在於現今西方資本主義制度，英文是：Checks and Balances。有點相互制約、相互平衡的感覺。三權分別是：**立法權**、**司法權**和**行政權**。這種制度的關鍵點在於三種權力都至高無上且地位相等，平衡與制約的關係有效阻止了權力的濫用。再細心的分析一下，三種權力實際都圍繞在法律的基礎上，法律是核心，是標準。立法是創建法律；行政是按法律執行；司法則是監督的過程，既監督立法，也監督行政。不管怎樣，最終目的是為了讓國家體系健全，達到公平、公正。

再回到古時的三省，尚書省好比行政，在執行；中書省好比立法，在擬定頒布；門下省像是司法，審核監督。看似完善的管理，卻不知三省之上是皇帝。皇帝權力集中，至高而不可抗，囊三省於一身，自然便可用主觀意志撼動一切。開明的皇帝相對國泰民安，如果是暴君、昏君，那人民可就要生活在水深火熱之中了。所以，主觀畢竟不及客觀靠譜。三權分立就可以做得很好。三權沒有之上，如若非說有，那就是法律。但法律沒有主觀意志，不能任意指點三權的為所欲為。這樣，客觀的法律形成的被動局面就不得不讓三權的機構分別盡心盡力來維護，如有一方不合適，必然還會有一方加以阻止，經過制約而形成最優方案。當然，既是分立，必須要嚴格遵循相互獨立的原則，否則關係串通，相互連接成網，也就和古時的帝王一樣了。再改善一點，就是三權機構的分布了，多個政體總會有好處，制約共進的方向顯而易見。

尚書省下分是六部，**吏部**、**戶部**、**禮部**、**兵部**、**刑部**、**工部**六個部門。各部部長稱為尚書，轄有四司，共二十四司。吏部管理官吏的任免考核等等；戶部負責財政稅收、戶口土地；禮部是關於科舉、教育和祭祀方面，典禮也歸在其中；兵部是軍事；刑部是司法刑獄；

最後的工部則是負責國家建設，如工程營造、屯田水利等等。

六部的出現，使分工更加細化明確，提高了政體管理的整個運行效率。

※太和殿中彩色的人們

小時候在家裡看電視劇，最喜歡古裝片。朝廷裡大臣們穿著花花綠綠的衣服去上朝，覺得好有趣。

清朝時，每位官員看似衣冠齊整，制服統一，但細細觀察，實際有著微小的差別。每位元大臣根據職位的不同，胸前的圖案也不一樣，有的是仙鶴，有的是鷺鷥，有的都不知道是什麼動物。不過，好像又都是飛禽類。衣服雖說是五彩繽紛，但獨不見黃色。因為這是天子專屬，除卻皇族，外人不得使用，否則將會有殺頭的危險。然而也有特例，對於有突出貢獻者，皇帝可加以賞賜；官員以外，御林軍也著有黃色，代表皇家最高的軍事權力。

清朝分有文官、武官，各九品十八級，也就是九品又分正、從，好像現在的正、副一樣。例如，正一品和從一品，正七品和從七品。清代官員的服裝也依此而不同，其本身又有多種。一般官帽的類型有朝冠、吉服冠、雨冠等，服飾則有朝服和蟒袍等等。文武百官上朝，穿長袍馬褂，藍色為基底，配有不同的補服。外褂一般是紅青色，素服時選用黑色，慶典則用絳色。官服上的花紋也各異，但使用蟒紋為主體，區別於皇族的龍紋。一、二品都是九蟒五爪，到九品是五蟒四爪。所有官服都有補子，也就是補服，同時區分文、武。補服呈方形，貼於胸背，約三十釐米的樣子。文官在其上繪有飛禽，武官則繪製走獸，不分正從。例如一品文官上的補服是仙鶴，二品是錦雞；武官一品是麒麟，二品則是獅子，到九品是海馬，海馬是海中之馬的意思。特殊的官職如都禦使，補服上會繪有獬豸[1]。獬豸是上古神獸，形如麒麟，長有黝黑的長毛，額前有獨角，雙目炯炯有神。傳說這種神獸高智慧，通人性，能辨是非曲直，識善惡忠奸，是公正廉明的象徵，因此置於都禦使的補子上。還有樂官，補服是黃鸝，代表清脆的歌聲。其他雜職的補服繪有練鵲。

再說官帽，按冬夏時令不同，有著暖帽、涼帽之別。暖帽厚重高聳，涼帽則如斗笠般輕便。常看電視劇裡，皇帝撤去官員職位時會說，「摘去他的頂戴花翎！」這頂戴花翎便是官帽的一部分。頂戴是指官帽最高處的頂珠，一品由紅寶石製成，三品是藍寶石，最後八品、九品是鏤花金。官員項上所掛的是朝珠。花翎則是帽子後面的小辮子。「翎」這個字特指孔

---

[1] 獬豸（xiè zhì）：傳說中的異獸。一角，能辨曲直，見人相鬥，則以角觸邪惡無理者。古人視為祥物。

雀的羽毛，有一眼、二眼、三眼的區別，眼是孔雀翎毛上彩色眼狀的圓，其中三眼最為珍貴。在清朝初期，皇室成員中爵位不低於親王、郡王、貝勒和固倫額附（即皇后所生公主的丈夫）的，有資格享戴三眼花翎；清朝宗室和藩部中被封為鎮國公或輔國公的親貴、和碩額附（即妃嬪所生公主的丈夫），有資格享戴二眼花翎；五品以上的內大臣、前鋒營和護軍營的各統領、參領（擔任這些職務的人必須是滿洲鑲黃旗、正黃旗、正白旗這上三旗出身），有資格享戴單眼花翎，而外任文臣無賜花翎者。

當臣子們都理好衣冠，垂首靜待之時，縱觀太和殿，朝堂之上，陣容莊嚴又不失雅致，色彩繽紛又彰顯齊整。這樣的一片榮光，皇帝也身著華麗的朝服，緩緩走來。

清朝是滿族人的天下，滿人素來游牧，漢服穿不習慣，有礙於騎馬射箭。因此，為了適應和合，滿人將服裝改進，有了相容滿漢習俗的特性。皇帝的服飾最為突出，共有五類：**禮服**、**吉服**、**常服**、**行服**和**雨服**。禮服包括端罩、袞[2]服，還有夏朝服和冬朝服的區別。吉服除了端罩、袞服，還有龍袍。我們經常見的是朝服，整體以黃色為主，藍色、紅色、月白色搭配其中。衣裳前後各繡有金龍，同時分列十二章。

[2] 袞（gǔn）：畫龍於衣。也指古代帝王或三公（古代最高的官）穿的禮服。

這十二章，是皇帝服裝中最重要的特色了。它們是十二種不可或缺的裝飾：**日**、**月**、**星辰**、**山**、**龍**、**華蟲**、**宗彝**、**水藻**、**火**、**粉米**、**黼**、**黻**。

日月星辰取其照臨，山取其能興雷雨，龍取其變化無方，華取文章，雉取耿介，藻取有文，火取炎上，粉取潔白，米取能養，黼取能斷，黻取善惡相背。

——（隋）顧彪《尚書疏》

十二章自古在冕服就必備，流傳至清。有的繪於其上，有的繡在其中，有的置於衣，有的鋪在裳。日、月、星辰代表光明，能普照天下，造福人間；山既代表穩重，又代表高大，可使眾人仰望；龍能興雲作雨，代表變化；華蟲是錦雞，有著五彩的花紋，代表文章，指有文采；宗彝是宗廟祭祀時所用的酒器，代表不忘祖先，崇敬和供奉；藻是水草，代表潔淨；火溫暖，蒸蒸日上；粉米代表取有所養；黼繡作黑白二色的斧形，象徵權威和剛斷；黻用青黑二色繡成弓相背的形狀，代表辨別、明察、背惡向善之意。

座上珠璣昭日月；堂前黼黻煥煙霞。

——（清）曹雪芹《紅樓夢》第三回《榮禧堂聯》

可見衣服上的花紋圖案對於一個國家的文化來說是如此重要。衣食住行中的衣不再是遮羞防寒的工具，而形成了相應的禮儀；也不再是只注重美麗和新穎的設計，還賦予了深刻的文化意義。利用聽聞的漢字諧音，利用寫繪的章法圖案，形成樣式、花紋、造型，一點點的融匯於衣裳之中，是何其的優雅別致、光彩照人。

※有利有弊的科舉制度

三國時期，諸侯割據，有志之士都在為實現自己的夢想而努力。通過推薦、自薦、錄用，有才有德之人被予以重任。當人才成為官吏以後，才能借用職位為百姓服務。然而，這種官吏的選拔制度是不健全的，存在著更多的主觀人為因素。

在戰爭年代，特殊時期要採用特殊辦法，曹操的「唯才是舉」便應時而生。可是如果在和平年間，面對每一位刻苦努力的讀書人，就要有一套公平公正的選拔制度才行。考試，就是這樣的一種理念。

慧眼識才不是每個人都能做到的，伯樂畢竟是少數。當然最好的方法是通過日積月累的觀察，方能完全體察一個人的才學和德行，但這樣成本太高了。因此，採用考試制度，問題就迎刃而解。對於每一位年少時寒窗苦讀的人來說，給一個同樣的平臺比拼學識再也公平不過了，大家在同樣的時間、同樣的地點、同樣的環境下參加考試，得到的結果和排名是讓人信服的。不過這樣的考試會有一些不完全，畢竟將半生所學只用幾天的科目來考核是一種妄談，但若要全部都涵蓋到，也不現實。考試中的抽樣性便成為了不可小視的缺憾。

隋文帝時期，將這種考試改革為科舉制度。科舉的名稱是由於採用分科取士的方法而得。到了唐朝，考試科目比較多，絕不是大家認為的寫寫文章就可以了。除了有明經和進士的科目以外，還有明字、明算和明法。明字考的是漢字學，明算是數學，明法是指要懂得法律等規章制度。整體涵蓋的內容還是挺全面的。

至於明經和進士，都是屬於儒學的範疇。儒學是專門作為一個學科的，不是現代的語文，而是有許多儒家仁愛、禮義、忠孝的理論，是為人處世的哲學。針對四書五經這一類的儒家經典，有著多種考核方法，如：墨義、口試、帖經、策問、詩賦等。

墨義是問答題，用筆述的方式回答經典裡有關句子和注釋的問題，來判斷學生的理解和釋義是否有錯。同樣這些問答題還可以採用口試的形式。帖經是原文背誦的默寫和填空題，考查考生的文章積累。策問是一種討論解析，考官根據現實時政提出問題，考生要利用儒學的觀點分析說明，給出解決方案。還有就是詩賦，用這種別樣的文學體裁來反映考生的才華和對儒學的思想見解。

在清朝，正規的科舉考試被定為三級：**鄉試**、**會試**和**殿試**。

鄉試屬於省級考試，每三年舉行一次。由於考試一般在秋天舉行，所以也叫「秋闈」。參加考試的學子被稱為**秀才**，考中以後被稱為**舉人**。舉人可以算是官員的後補了，也是種資格。怪不得《儒林外史》中五十多歲的范進中舉，能高興的差點兒瘋掉。舉人中的第一名叫**解元**，第二名至第十名都稱為亞元。

參加鄉試的秀才，並非所有人都可以。最初的學生，年輕輕就要參加童試，他們被稱為儒生或者童生。儒生被錄取以後就是生員了，生員是要在學宮裡上課的，經過學習和老師的教導，每月考核，成功畢業的就是秀才。秀才每年還會統考一回，被稱為歲試。然後每三年再大考一回，被稱為科試，這些都是為參加鄉試做準備的。其實這些秀才有著很大的水分，基本上不分優劣都可以參加鄉試。

在生員裡，也是分等級的。最高的**廩**[3]**生**，他們成績最好，有一定名額限制，然後政府

3 廩（lǐn）：米倉。

給發放糧食。其次是**增生**，也有人數限制。最後是**附生**，指新入學的生員。這三個等級的生員是不斷變化的，按照每月的考試依次排位。成績好的，老師會予以推薦。

鄉試中舉以後便是會試，會試在鄉試考完的第二年春季舉行，所以又稱「春闈」。又因為是在禮部舉行考試，也叫「禮闈」。闈，最初是指宮室兩側的小門，後來專門指代考試的試院。會試考中且被錄取的人稱為**貢士**，第一名叫**會元**。貢士每年能產生三百多名。

成為了貢士，還要在下個月參加最後一場複試，這被稱為殿試。時間大約是會試以後的第二個月，由皇帝在太和殿親自主持。有時考試一考便是幾天，常有考生因過度飢餓或緊張疲勞而當庭暈倒，嚴峻的氣氛可想而知。殿試再考中的，就是進士了。

進士分封三甲：一甲三名，**賜進士及第**，第一名**狀元**、第二名**榜眼**、第三名**探花**；二甲**賜進士出身**，第一名**傳臚**；三甲**同進士出身**。一甲的三人，殿試後立即封官授職。狀元授翰林院修撰；榜眼、探花授翰林院編修。其他進士，也按照殿試、朝考的名次，分別授以庶起士、主事、中書、行人、評事、博士、推官、知州、知縣等官職。

如果在科舉考試中，一人通過鄉試、會試、殿試後，三級考試均獲得第一名，那他便被稱之為「連中三元」。這三元正是解元、會元和狀元。連中三元者極其不易，據統計，中國歷史上也只有十六人而已。

讀書人的十年寒窗，夢想絕非仕途官場，如果運用權力奢靡淫亂，那所謂的聖賢書可就白讀了。

※隋唐以前的人才選拔

如果是在隋唐以前，還沒有科舉制度的時候，官吏又是如何產生的呢？

歷朝歷代都十分重視人才選拔，賢能的任用成為支撐一個國家的基石。政府的有效運作，國力的昌盛，人民的幸福生活都是需要才德兼備的官吏來組織維護的。

所以，國家興旺，重在用人。得人者昌、失賢者亡。春秋以前的官吏有著「世卿世祿」的制度，也就是諸侯自分封以來，子孫可沿用世襲。後來進入戰國、商鞅變法以後多論軍功。「仕進之途，唯辟田與勝敵而已」。不過縱觀先秦歷史，人才往往發掘於貧民百姓。自薦和他薦起到了關鍵作用，有時也會因為名聲而聽聞錄用。俗話說，「是金子，總會發光的。」

舜發於畎畝之中，傅說舉於版築之間，膠鬲[4]舉於魚鹽之中，管夷吾舉於士，孫叔敖舉於海，百里奚舉於市。

——《孟子・告子下》

《孟子》中的這段文章非常有名。目的是說，即使沒有著完善的選拔規則和制度，只要是有才有德之人，無論他們曾經在什麼困苦的環境下生存，將來都會出人頭地、發光異彩的。舜帝最初只是平民，在田地耕作，但他的孝道和品行已被世人所知，三十多歲時，堯將其發掘，經禪讓使成為五帝之一，三聖之中。傅說是商朝的著名賢人，曾因罪服刑，在傅岩為人築牆，後來殷王武丁用其為相。膠鬲也是商末周初的聖賢之人，最初靠販賣魚和鹽來維持生計，後由周文王姬昌舉薦給商紂，商朝滅亡後，他又輔佐周武王。管夷吾即是管仲，曾輔佐齊公子糾與齊公子小白爭奪王位，失敗後淪為階下囚，後因鮑叔牙舉薦，齊桓公將其釋放，任用為相。孫叔敖曾隱居於海濱，楚莊王知其才能，啟用他作令尹，輔佐自己稱霸。最後一位是百里奚，先是做虞國大夫，虞國被滅後，其被俘虜，從晉逃到秦，後又逃到楚，最

4 鬲（ㄌㄧˋ）：古代炊具，形狀像鼎而足部中空。

終讓秦穆公發現，在集市上用五張羊皮將其換回，任用為大夫，輔佐稱霸。據說百里奚入秦時已經是七十多歲了。

可見明正之君，勵精圖治，為了讓國民富足，國力昌盛，常思賢若渴，到處求訪賢士。而賢能之人，靠自身的刻苦努力以及高尚的品德操守，也無須擔心會被埋沒，必有通達之路通向賢明之人。所以，後來隨著國家的逐步發展，為了讓天下賢士皆能貢獻於國、於民，才有了一套為官入仕的選拔制度。

到了漢朝，入仕制度已經逐漸發展完善，多種多樣了。

察舉制，是最主要的方式。察舉是指經過考察後合格方予以舉薦，是科舉制度的雛形。這項制度最初由漢高祖劉邦創立，他通過詔令地方官員，察訪民間德高望重的賢人，然後推舉任用。西漢中期，漢武帝逐漸規範察舉制，並採用了策問考試的方法。察舉的名目也有很多，如賢良方正、賢良文學、孝廉等。不過所有的名目都是以儒家思想為標準的，其餘各家一概不錄。總體說來，察舉制先由皇帝下詔，制定好舉薦的科目；再由地方官員從各地選拔，推薦進行考察；最後通過考試，合格者按不同方向授予一定官職。

除了察舉制，還有**征辟制度**。征辟制是一種自上而下的選拔方案，實質分為征和辟兩個部分。征，是由皇帝方面親自執行，中央採取招聘的方式，選取有聲望名分、品學兼優之士。辟，是公府辟除。公是三公，府是地方的高級官員，就是以中央或地方的官員進行任用僚屬的一種方式。這種任用可以是辟主的私人推薦，也可以通過一定的科目考試選舉出來。由於公府辟除使得其內部屬員升遷很快，所以有時這種方法反而成為了中央與地方的高官培養個人勢力的重要手段。

然後是**任子世襲制**，這種坐等其成的方法也很常見。家裡的父、兄在朝為官，其子、弟會因世襲而被保舉當官。當所謂的家族做官形成壟斷時，不公平性也日漸惡劣了。

最後還有幾種其他的官吏選拔和任用制度。

一是**貲**[5]**選**，也稱為捐貲，就是買官。在漢朝，官職的買賣是允許的，富人給朝廷提供一些錢財以換取官職。由於拿錢買賣的方法並不是公平公正的，有錢就可以為之，所以這樣的官員大部分都是貪官汙吏，為權謀私而已。

二是**試吏**。試吏主要是為了從吏卒中選拔當官。在各個地方、郡縣都有著「計簿」，其中記載著各個吏卒的諸事事宜。賢能的吏卒一概可考，這樣，通過推薦這些志士，可舉以作官。

---

[5] 貲（zī）：小罰改為錢財贖罪。

三是**太學擢[6]選**。太學是那時候的最高學府，太學的學生被稱為太學生或博士。凡是太學的學生均享有著在傜役和賦稅上的優待。太學生的選送可以由太常直接調選，或者由地方調選，如果通過了察舉考試卻未入仕為官者也可以後補成太學生，還可以因為父、兄在任而被選為太學生。當然，出色的太學生是有工資的。

漢朝的時候，可以看出入仕之道已經規範許多了。平等成為注重人才的基礎，只有出色而且才德兼備的人才能成為支撐國家的棟梁。遙想東周時期雖然局勢混亂，也沒有一套有效的規則讓有志之士盡皆為之所用，但每位志士的愛國之心卻不可小覷。他們仍然刻苦於平常，努力在當時，通過自己的能力為自己的信念而付出奉獻著。

6 擢（zhuó）：抽引，拉拔。

地

※西域三十六國考據

現在的新疆維吾爾自治區，就地域面積來說，能和歐洲任意一個國家相媲美。遼闊的土地可以用「三山兩盆」來概括：北部劃為邊界的**阿爾泰山**，南部毗鄰西藏的**昆侖山**，中部是橫亙於新疆的**天山**山脈；於是，以天山為分界，天山以北是北疆，天山以南是南疆；北疆有著**準噶爾盆地**，南疆有著**塔里木盆地**，其中，還有著世界第二大流動沙漠——塔克拉瑪幹沙漠。天山以東，是吐魯番盆地，有著低於海平面一百五十四米的艾丁湖。

現在叫新疆，古時稱西域。西域，意思是西邊的疆域，自漢朝就有此說法，也指漢朝統轄疆域以外的西北國。

西域以孝武時始通，本三十六國，其後稍分至五十餘，皆在匈奴之西，烏孫之南。南北有大山。中央有河，東西六千餘里，南北千餘里。東則接漢，厄以玉門、陽關，西則限以蔥嶺。

——（東漢）班固《漢書・西域傳序》

所以，西域應該是指從甘肅的陽關、玉門關以西，帕米爾高原和巴爾喀什湖以東，北到阿爾泰山，南至昆侖山的廣袤疆土。

在這片神祕的疆土中，幾千年間生存著包括漢族在內的許多不同民族，並持續建立了自己的文明，古稱「三十六國」。

三十六國說法不一，主要由以下國家組成：**烏孫**、**龜茲**、**焉耆**、**若羌**、**樓蘭**、**且末**、**小宛**、**戎盧**、**彌**、**渠勒**、**皮山**、**西夜**、**蒲犁**、**依耐**、**莎車**、**疏勒**、**尉頭**、**溫宿**、**尉犁**、**姑墨**、**卑陸**、**烏貪訾**、**單桓**、**蒲類**、**西且彌**、**劫國**、**狐胡**、**山國**、**車師**、**大宛**、**安息**、**月氏**、**康居**、**浩罕**、**坎巨提**、**烏弋山離**等。

樓蘭至今仍留有遺址，位於若羌縣境內，羅布泊以西。其文明的驟然消亡一直是個謎，歷代學者和專家們也都在考證中爭論不休。《漢書》中曾記載，樓蘭處於漢朝通往西域的要道。在漢和匈奴的戰爭中，樓蘭國常持兩端，或殺漢使，阻塞通道。於是，漢臣傅介子向漢昭帝自薦出使大宛，以詔令責問樓蘭，並殺死匈奴使者。後來又以賞賜為名，攜黃金錦繡至樓蘭，在宴席中殺死樓蘭王安歸，另立尉屠耆為王，更名鄯善。傅介子後以此立功封侯。據說樓蘭古國最終被唐朝所滅。

青海長雲暗雪山，孤城遙望玉門關。黃沙百戰穿金甲，不破樓蘭終不還。

——（唐）王昌齡《從軍行・其四》

烏孫是草原游牧民族，他們的首領被稱為「昆莫」或「昆彌」。烏孫曾一直受匈奴管轄，後來在匈奴冒頓單于攻打月氏的戰爭中東遷，日益壯大，形成了自己的部落。關於烏孫的民族起源尚沒有定論，通常說他們是受塞種人影響很深的操突厥語系的古代民族。

龜茲屬於印歐雅利安人種，國家在都延城，是今庫車附近。漢朝時期，龜茲國在西域各國中最為強大，但介於漢和匈奴之間，常作反復，受制於其中。

民族之間的紛爭在所難免，但是為了保持不同文化的源遠流長，和睦相處才是最好的解決辦法。

※流連金城關

金城關——蘭州，是一座古老的城市。西漢初期，這裡便是中國西部的邊疆要塞。**霍去病**曾在蘭州西駐軍，抗擊匈奴。後來漢昭帝元年，在今天的蘭州始置金城縣，屬隴西郡管轄。

蘭州市如今是甘肅省省會。甘肅這一名稱歷史悠久，《馬可波羅行紀》中，就有著甘州和肅州的記載。甘州即張掖，肅州是酒泉。甘肅省簡稱「**甘**」或「**隴**」，「甘」偏西偏北，「隴」靠東靠南。它整體地勢遼闊，跨過狹長的河西走廊，倚靠著祁連山脈，搭起了通往西方的**絲綢之路**。蘭州便是始發站，成為連接著東土和西域的紐帶。

「蘭州」這個詞，最初見於隋文帝開國三年，廢郡置州，設立了蘭州總管府。現在這裡兩岸斜山，滾滾黃河穿城而過，雖無靈秀，卻雄渾厚美。一條威龍般的城市，轄管三縣五區，繁榮非常。

三縣包圍著市區，**永登縣**在西，**皋蘭縣**位北，**榆中縣**靠東。因為地處下游的關係，很多工廠與企業都搬到了榆中，而且蘭大等著名學府也在這裡規劃建設了大學城。五區則成線狀排開：**紅古區**最遠；**西固區**是中石油和中石化的企業園區；**安寧區**是高校基地，蘭州交通大學，百年名校西北師範大學都坐落於此；**七裡河區**則是少數民族的聚集區，滿載著清真和穆斯林的味道；最繁榮的當然是**城關區**，除了市井高樓，還有著兩山一河的著名景點。

解放初期，因為黨中央毛主席十分重視，這裡一直被定為西北重鎮。不僅是交通樞紐，更是軍事要地。最初中國鐵道部的四大勘察設計院——**鐵一院**就位於蘭州，管轄著整個西北的鐵路建設。蘭新線與隴海線也在這裡交接。為了科技的創新，**中國科學院**將多個研究所設置在蘭州：大氣物理研究所、寒旱所和凍土研究所與蘭州大學共同進步，完成著發展的力量。同時，近代物理研究所還有著全亞洲最大的**粒子加速對撞機**。但改革開放以後，一切風雲變幻，慢慢的將重心移向了西安。

雖然如此，蘭州仍然是一個溫馨而且慢節奏的城市。

在城關區，除了地方政府與其他大型企業外，與鐵路相關的行業佔有很大的比例。鐵路子弟就像西固區蘭煉、蘭化的內部子弟一樣，有自己的圈子，自己的活動範圍。大家都說普通話，很少有能講當地話的。其實蘭州話是一種很風趣的方言，很多詞彙都帶有著罵人性質的調侃，看似有些粗俗，卻彰顯了蘭州本地居民的詼諧與直爽。像北京的「托兒」，加上些「鼓動，慫恿」的意思，在蘭州就被稱為「**搖車的**」；「小」被說成「**尕**」（gǎ），帶有點諷刺個子矮，是小不點的意味；還有「勺子」，這裡會說成「**佛佛子**」（fǒ），聽起來就很萌；有時還能聽到姥姥說這個人「**膻著呢**」（shán），就是在說「腦子缺根弦兒似的」；我說的這些可不「**騙傳**」（piǎn，意思是「騙人的」）啊，你如果有機會來蘭州就能感受到了。

蘭州市區**兩山一河**。北有白塔山，南有皋蘭山，滾滾黃河穿城而過，也算是巍峨靈秀。卻可歎西北多沙塵，又乾旱少雨，連綿起伏的兩山沒什麼植被，只有後來建設時人工種上的松柏。不過熱衷鍛鍊的人們仍然興致勃勃的登山踏青，反在山間的小林處多了一道風景。後來隨著市政的規劃，廣場上、公園裡也多起了打太極和跳鍋莊舞的人們。無論清晨，還是黃昏，都滿是快樂的笑容。

由於城市小，每個人的生活反而更為方便了。上學的學生，上班的職員，腳步都輕快瀟灑，不慌不忙。一般近一點的走個十來分鐘，遠一些的騎車也用不了多久。很少在路上能看到人們匆忙和困倦的樣子。忽然想到北京的上下班點，早晨的地鐵裡是一望無際閉眼佇立的茫茫睡客；晚間的公交上是擁擠嘈雜怨聲愁眉的碌碌職人。相比之下，蘭州是何等的愜意。

不僅如此，這裡天氣也十分舒適。我常用「**乾爽**」二字形容，雨水的稀少換來的是每天的層雲碧空，豔陽高照。而且這裡很少有風，既無冬日的刺骨，也無夏天的悶燥，絕對是個該冷的時候不冷，該熱的時候不熱的好地方。記得上大學時，南方的朋友來到此地，尤其驚歎為什麼家家戶戶都很少安裝空調？我笑一笑說：「用不上。」既然少了濕氣，自然夏季即使烈日當空，樹蔭下歇腳也會感到涼風颯颯，非常清爽。

生活都能如此的愜意，來旅遊時就更不用說了。在兩山一河的包裹下，每一處都有著動人的一面。

黃河在這裡是上游，水流湍急，時常能看到飛速的漩渦。即便如此，在黃河裡暢遊的人也不乏少數。蘭州還有冬泳愛好者協會，年末年初，水面尚未封冰之際，就會有許多巾幗好漢躍入水中，遠遠望去，彩色的泳帽像黃土地上泛出的各色寶石，絢麗繽紛。兩岸的濱河南北路，蜿蜒綿長五十多里，白天綠樹搖接，晚上彩燈璀璨，形成一道美麗的黃河風情線。沿街馳騁，「**龍源**」的奇雕碑刻、「**黃河母親**」的端莊溫情、巨型「**水車**」的引流翻轉都可隨窗賞景，體現出勞動人民的辛勤。

順流而下，河上最引人注目的地方當屬「中山鐵橋」了。

中山橋是二十世紀初德國人所建，整體全部是鋼架結構。橋墩深陷河底，堅實穩固。橋面上錯落著五個波拱一般的歐式設計，就算在二十一世紀的今天，也不覺得過時。整體的鋼架呈淡藍色，經過百年的風雨洗禮，卻更有光澤。如今的中山橋已是步行橋了，大家來來往往，連接著河南河北。人們常駐足俯視，背映著夕陽暖照，面泛起粼粼波光，也許金城的感覺更像是從這裡來的。就在前幾年，還聽說德國在中山橋百年的時候，打來電話，告訴這裡說，他們對這座橋的售後維護服務在這一天就要到期了。沒想到百年的中山鐵橋還是凝聚中德的一條紐帶啊。

中山橋的北邊是**白塔山**，距今有八、九百年的歷史了。山下是金城、玉迭二關，為古代軍事要衝。

據說宋末元初，白塔山一帶為西夏佔據。後來，成吉思汗為完成統一大業，曾致書吐蕃烏斯藏地區的薩迦派法王，希望通過會議，和平統一藏區。薩迦派法王遂派一著名的喇嘛去蒙古拜見成吉思汗，但行至蘭州時不幸病逝。元朝在一二二六年冬滅西夏國後，將蘭州納入其版圖。為紀念這位死去的喇嘛，在白塔山巔建有佛塔一座，外表堊飾[1]如雪，並修寺院，白塔山由此得名，成為了宗教勝地。可惜原塔至元末時塌毀，直至明景泰年間鎮守甘肅的內監劉永成重建。清康熙五十四年（一七一五）巡撫綽奇又補舊增新，擴大寺址，起名慈恩寺。塔七級八面，高約十七米，上有綠頂，下築圓基。各面雕有佛像，簷角系有鐵馬鈴。

白塔山一九五八年辟為公園，分為三台建築群，依山而築，飛簷紅柱，參差有致，各建築以亭榭回廊相連，四通八達。山上原有象皮鼓、青銅鐘、紫荊樹，古稱「鎮山三寶」，現紫

[1] 堊飾（è shì）：用白土塗飾。

荊樹已枯死。但這裡交簷走榭，相互輝映，夜晚燈火輝煌，倒影在母親河裡，盡顯金城恢弘。

城區最有特色的景觀應該是「**五泉山**」了。

她是臯蘭山脈的一部分，坐落在靠西邊的山麓。如果登頂臯蘭山，在蘭州的最高點「三台閣」上鳥瞰整個城市，就會發現，繁華櫛比的府城邊緣竟有好大一片鬱鬱蔥蔥之地，身臨其境時甚至能聽到溪水潺潺，葉燥鳥鳴，真真的又一個世外桃源。

這裡的最高處是千佛閣，氣勢宏偉壯觀，地形險要驚人。順棧道而下，即是五泉。五泉山因有甘露、掬月、摸子、惠、蒙五眼清澈甘美的泉水而得名。相傳漢武帝元狩三年（西元前一二〇年）霍去病征西，曾駐兵於此，士卒疲渴，霍去病手著馬鞭，連擊五下，鞭響泉湧，遂成五泉。**惠泉**生於企橋邊上，翠幽新圃，斜穿半月亭。泉水清澈見底，味甘甜，宜於烹茶，且有灌溉之利，非常實惠，故名「惠泉」。**甘露泉**是五泉中地勢最高的泉眼，孤亭掩護，源流纖細，久雨不淫，大旱不乾，飲之猶如甘露。有「天下太平，則天降甘露之意。」**掬月泉**聚於井內，每逢月夜，月影直投泉心，如掬月盤中，潤美光華。**摸子泉**則深入古洞，信男善女鑽進其中，用手在泉水中摸索，摸著石頭則得男，摸著瓦片則生女，劉爾炘曾在洞口書一對聯，嘲諷這種迷信行為是「糊糊塗塗將佛腳抱來，求為父母；明明白白把石頭拿去，說是兒孫。」最後的一眼便是**蒙泉**，由六十四卦的「蒙卦」得來，坎上艮下，上為水，下作山；仰視可觀東龍口飛瀉而下的瀑布，俯瞰則可飽覽五泉之冠；不親臨不足以窺得全貌啊。

在蘭州，最值得回味的，當然還屬這裡各式各樣的小吃和特產了。市區內有名的是三條街：**大眾巷**、**正甯路**和**農民巷**。農民巷主要是以特色的餐館為主，新疆的**大盤雞**在這裡少了一些油膩，卻多了幾分可口。配有當地產的洋芋更是妙不可言，又沙又軟，浸潤了雞汁的全部鮮味，再加以勁道的寬白皮面，不僅嘗得菜肴，還能食之酣飽。

西北的牛羊肉一向是出了名的。牛肉是高原的**犛牛肉**，肉質厚密，有的帶有筋腱，深香耐嚼，如果是白犛牛肉則更是味美。白犛牛在全中國僅甘肅天柱縣才有，稀少珍貴。羊肉更是特色，是這裡純粹的高原山羊肉，幾乎沒有腥膻。所謂的手抓，其實就是將嫩羊肉放鹽後白水煮熟，香味就自然泛將出來，不需任何的添加劑。美味的菜肴首先不都得是最好的食材嗎？

羊肉有多種做法，除卻手抓，還有**黃燜**。燜是指將食物先在油上過一下，然後放入鍋裡，加上作料和水（水量不要漫過食物），煮開之後，改用文火上燒爛，所得湯汁要少而濃。糖色少，湯汁就黃；糖色多，湯汁就泛紅。羊肉經過了此道手續後，使得肉味更濃，肉質更酥爛。

如果想要吃有嚼頭的，還可以**涮羊肉**。每一片切得均勻透明，紅白比例恰當，超薄的肉層只須在鍋內一涮，不生不老，質感剛剛好。碗內的佐料也異常豐富：麻醬、韭菜花、豆腐乳、辣汁、香油……應有盡有。品嘗到新鮮口感的同時，還能體會到各種想不到的香味。

炒麵片實為金城特色，重點在一個「麻」。麵片方正，薄厚均勻。每一片只有大拇指甲蓋兒那麼大，很有味道。翻炒時加入番瓜、青椒。冬天時熱騰騰的一碗，再來些腱子肉，瞬間就暖和了。吃肉時一定要有蒜，消毒助消化，讓肉味也變得更香。

堪稱金城一絕的肯定是拉麵了，但本地人都會親切的稱它為**牛肉麵**。麵的種類我知道的就有九種：細的、二細、三細、毛細、大寬、薄寬、韭葉兒、二柱子、三套車等等。著名的店面當屬「馬子祿」、「牛肉麵大王」、「吾穆勒」等。其中「馬子祿」和「牛肉麵大王」就坐落在大眾巷。曾經有個日本朋友在蘭州迷上了牛肉麵，天天早上都要吃一碗，還認真的對我說：「蘭州牛肉麵的秘訣有五：一、**勁道多樣的麵條**；二、**鮮香不膩的牛肉湯**；三、**柔脆適中的白蘿蔔**；四、**油潑芝香的辣椒**；五、**美味可口的牛肉**。」我聽完，爽朗一笑道：「再加上香菜、蒜苗，就可以出鍋啦。」想想也難怪這如此的美味，大家竟然都要在店門口排隊，蹲著吃的、站著吃的，到處都是，完全不顧自己的形象了。

這裡小吃種類繁多，還有釀（音同「壤」）皮子和炒粉兒。**釀皮**是在麥麵中摻和一定數量的蓬灰和敷料，用溫水調成硬麵團，再幾經揉搓，等麵團精細光滑後，放入涼水中連續搓洗，洗出澱粉而成。麵團成為蜂窩狀物時，放進蒸籠蒸熟，叫作「麵筋」。將沉澱的澱粉糊舀在蒸盤中蒸熟，叫作「蒸釀皮」。蒸熟了釀皮，從盤中剝離，切成長條，配上麵筋，澆上醋、辣油、芥茉、韭菜、蒜泥等佐料，就可以開吃啦。其味道辛辣、涼爽、口感柔韌細膩，百吃不厭。

炒粉兒與釀皮相似，但像果凍一樣的晶瑩剔透，需要在鍋內炒熟，也別有一般滋味。

小吃除辣的以外，甜食也頗多。**甜醅**就是一種特色，它用燕麥或青稞製作而成，具有醇香、清涼、甘甜的特點。吃時散發出陣陣的酒香。夏天吃它能清心提神，去除倦意；冬天食用則能壯身暖胃，增加食慾。

灰豆是由豌豆和大棗文火慢煮出來的，味道勝於八寶粥。當然其中的火候和配料並非那麼簡單，要不現今蘭州最著名的「灰豆王」杜維成當年也用不著偷師學藝了。出鍋後湯內呈棕褐色，灰豆軟得入口即化，冬天食用驅寒保暖，還可增加體能。

還有**牛奶雞蛋醪糟**。醪糟是經糯米發酵而成，口味香甜醇美，帶有絲絲酒香，夏天還可以解暑。再在其中點綴些堅果、葡萄乾、枸杞和櫻桃等，彩虹般的色澤一看就很有食慾。現在還能灌以牛奶，雞蛋花均勻散落在其中，喝一口營養豐富，百嘗不厭啊。

蘭州的蔬菜水果也十分有名。**百合**是首選，甘肅的甜百合三年、五年才產一次。無論炒菜做粥，都能潤肺止咳、美容養顏。還有久負盛名的**白蘭瓜**，又稱蘭州蜜瓜。瓜肉翠綠，瓤厚汁豐，脆而細嫩，含糖量高達百分之十五左右，享有「香如桂花，甜似蜂蜜」之譽。這種瓜不僅香甜可口，富有營養，還有清暑、解渴、開胃、利尿之功效。

再說**籽瓜**，原產於非洲西南部卡拉哈迪沙漠中，唐代經絲綢之路傳入中國西北地方。屬低糖瓜類，其中的籽就是有名的黑邊白心的大板瓜子。

水果中很有特點的就是梨了。冬天來臨，這裡會有兩種很特殊的梨：冬果梨和凍梨。**冬果梨**俗稱大果子，屬白梨種。細脆多汁，常配上花椒，有蒸食、煮食之妙。鮮果貯藏到寒冬臘月，若將其掏空去核，再裝入蜂蜜、冰糖等佐料，封閉其口，煮熟後即為香甜可口的「熱冬果」，湯果一併食用，可化痰止咳、幫助消化、增進食慾，味道「滿福地很」。

凍梨，又叫凍秋梨，是將普通白梨冰凍變成烏黑色。其堅硬非常，砸到地上，也不會有絲毫損傷。一般是由花蓋梨、秋白梨、白梨、尖巴梨冰凍而成。食用時，將凍梨置涼水中浸泡去冰，取出後待化流汁，棕黑色的凍梨水，比可樂還清涼爽口，破皮一吸，汁肉盡入；飯餘酒後，吃上幾隻，頗為愜意。

最後說說**漿水**吧，一種有爭議的飲料。很多人不太習慣這個味道，可實際，它做得好的話，應該是清香可口的。漿水就是用包菜、芹菜、苦渠、蘿蔔、土豆、黃豆芽等為原料（還有其他原料，依口味習慣選擇一樣，也可以是幾樣搭配而作），在沸水裡燙過後，加酵母發酵而成，其中芹菜漿水為上品。做好後呈淡白色，微酸，直接舀出飲用時若加以少許白糖，便酸甜可口。它營養豐富，消暑解渴。如果把漿水用辣椒和蔥用油熗過，再加進拉麵或手工麵條，就成了一碗地道的漿水面。也可放些香菜、芝麻油，多添一絲清新之感。

如述種種。蘭州，從城市到美食，從景色到人文，都綻放著讓你終身難以忘卻的回憶。

※飛天花語・絲綢之路

茫茫的戈壁灘上，生長著筆直的白楊，她們守護著河西走廊，一條條、一片片，延伸到遠方。我曾在嘉峪關住過一段時間，來往的火車上，看到的就是這樣的場景：荒涼中透著遒勁，一望無垠卻堅忍不拔。

這一路的狹長地帶，叫作河西走廊。它在黃河以西，東起烏鞘嶺，西至玉門關，南靠祁連山，北依合黎山，中間的狹長平地，形如走廊，是通往西域的必經之路。這裡就是甘肅，連接東西的橋樑，匯通文化的地方。

想要追尋西方，必經過這裡；想要崇敬中土，也經過這裡。為了漢朝和匈奴的和平，張騫從這裡出使西域。李白本出生在碎葉城（今屬吉爾吉斯斯坦），後來隨家庭遷徙經過這裡移住中原。唐玄奘為了追求真正的佛法，也踏遍了這裡的土地，隻身到了印度。馬可波羅也是不遠萬里，經由此處，一直到了元大都，謁見忽必烈大汗。不同的文化，在這裡出出進進；東西方的人們，經這裡來來往往。西方傳入了棉麻和羊毛，我們送去了絲綢和陶瓷。

物以稀為貴，西方的貴族將瓷器供為至寶，甚至高於了寶石和金銀；他們也崇尚絲綢，因為這是最華麗的衣裝。中國人重視農耕，生活追求安定幸福。認為游牧民族尚未開化，每日奔波卻居無定所，這代表了文明的差距。所以，華夏兒女養蠶，通過生產去製造衣物；也開窯作土，燒出生活所必備的器皿。衣、食、住、行決不能像原始人那樣靠打獵獲取食物，也絕不靠搶奪自然的皮毛遮羞取暖。原因只有一個，我們是文明的社會，有著領先於世界的技術和文化。

這就好像敦煌壁畫中的飛天，靈魂的羽化已經超出了平凡人的界限。不同的思想帶來不一樣的生活、不一樣的世界。飛天是佛學理論，她超脫了自然，象徵著西方極樂。佛陀頂上衣裙的飄曳，身姿的曼舞，正是天女散花。

時維摩詰室有一天女，見諸大人聞所說法，便現其身，即以天華散諸菩薩、大弟子上，華至諸菩薩即皆墮落，至大弟子便著不墮。一切弟子神力去華，不能令去。

——《維摩詰經．觀衆生品》

繁花散落下來，佛法高深的菩薩，片葉不沾身；而其餘的修行弟子，卻渾身盡是。敦煌的壁畫中，不是漢傳佛教的轉變，也不是印度本來的樣子。這裡是東西文化經過碰撞融合後所形成的。我們可以把河西走廊當作一個小的驛站，大家是來自世界各地的人們，誰走累了，都可以來這兒歇歇，帶來些新奇的故事。慢慢的，文化便交匯在茫茫的戈壁，而又蜿蜒的流傳了下去。

這裡是河西走廊，這裡是絲綢之路，這裡是甘肅。

甘肅歷史悠久，漢朝就已分封郡縣。甘肅是甘州和肅州的合稱。甘州在東，是張掖；肅州在西，是酒泉。這裡都是霍去病在遠征匈奴時發現而命名的。張掖，是張國臂掖，以通西域的意思。霍去病攻至此處，仍再接再厲，繼續前進。而酒泉，是霍去病駐軍此地時，見其城下有泉，其水若酒而得名。

甘肅，粘起了一頭一尾，讓絲綢之路變得通暢。想想注重安居樂業的我們，浩浩禮儀之邦，向西方傳去了茶葉、絲綢、陶瓷，還有文化、技術；我們確實也從這條路中獲得了不少西方的禮物，如葡萄、胡桃、大蒜、香料、琉璃、繪畫、雕塑、甚至還有佛學。但是，我著實深惡痛絕那些近代西方唯利是圖的帝國主義，通過海上的鴉片貿易去摧毀一個偉大的文明，這又恰恰說明瞭商人本質的野蠻。

我無暇多說，去其糟粕，取其精華才是文化橋樑的真正作用。只要我們能在多元的文化中飛速發展，便是好的。寓意彷佛那銅奔馬，躍起騰空的瞬間，早已踏過飛燕，卻又不被知覺。**在平凡中偉大，於文明處飛躍**。這才是文化間的通途大道。

時

※這一天讓我們記起

西方人過耶誕節，伊斯蘭過古爾邦節，中國人過春節。這是民族的大型節日。老百姓也過節，自己的節日。夫妻會過結婚紀念日，每個人也都有自己的生日，還有的時候，人們會將經歷中不尋常或特別有意義的日子作為節日，讓自己永生記得。

我們依賴於時間的週期，一年一年的度過。每逢相同的日子，回首時，總會讓我們記起些什麼，感動、快樂、幸福、甚至那些無法忘懷的一幕幕經歷。**我們一定要記住一些日子，那是心靈的驛站**。

當我們不想忘記時，節日便出現了。一個個不一樣的節日讓中國人的文化更加異彩紛呈，大家都願意留住那幸福的瞬間。

現在，**春節**已在全世界都家喻戶曉了。每當一個開始，都會充滿著期待與展望，中國人也不例外。在古時候，用的是夏曆。大年三十那天，正好是夏曆的年末，大家會攢起一年來的豐碩成果，迎接新的開始。黃河文化一直是農耕文化，注重著春作秋收。經過了寒冬的儲備，春天又要到了。過年的這天，讓我們記得：今年將會是暖暖的春天，也將會有著豐收的秋天。一切都在欣欣向榮裡開始，又在碩果累累中結束。於是，我們慶祝，會是美滿的一年。為了讓記憶深刻，我們在年前年後增加了不少小節目。突出的是辭舊迎新。年前會掃房子、理髮、沐浴，讓裡裡外外、上上下下都乾乾淨淨的迎接新的一年。過年會有祭祀，謝謝眾神仙的曾經關照，也希望在將來繼續保佑我們。除夕之夜的那一刻，有著年夜飯的團圓、爆竹的歡騰，很多人還會守歲。到了年後，家家戶戶的串門拜訪，寺廟裡的燒香祈福，要一直熱熱鬧鬧到元宵節方才結束。

過了除夕，屬相才會更替，每一年的意義也變得不同。小時候不曉得這個道理，總以為是元旦來著，鬧了笑話。

每過一年，人都會年長一歲，東方人也以年長為尊。有的地方論屬相，有的地方算虛歲。一次過年，聽爺爺講道：「我小時候，家鄉那邊論虛歲。問年齡時，都報以虛歲，這樣顯得大一點好。按虛歲的演算法，孩子剛出生時，就算一歲了。有的孩子生在歲末、臘月，還沒長大幾天就過年了。一過年，就翻屬相。翻了屬相，代表你又長一歲了。那時候，正月裡給各家拜年的多。有的大人，一看見這剛出生的嬰兒，就圖個喜慶，說說吉利話。便問父母：『這孩子多大啦？』那邊便回答說：『兩歲了。』哈哈，這時就有人百思不得其解。怎麼看著還沒滿月的樣子，就說是兩歲了？」我聽完，也跟著一起笑。

在東方，春節毫無疑問是最著名，也是最重要的，但中國的節日可絕不止這一點兒。還有著**元宵節**、**清明節**、**端午節**、**中秋節**等等。每個節日都有著歷史的傳承和非同尋常的意義。不論是傳說，還是典故，作為中國人都應該或多或少的知道。

像端午節，是為了紀念中國古代東周時期楚國偉大的愛國詩人屈原。屈原才華橫溢的浪漫主義、遺世獨立的純潔品格以及高尚的愛國情操都是我們後世尤為尊崇的。戰國時期，他在那一年的五月初五投汨羅江自盡。當地的百姓聞之馬上划船搜救，便發展為現在的龍舟競賽。百姓們又怕江河裡的魚吃掉他的身體，就紛紛回家拿來米團投入江中，以免魚蝦糟蹋屈原的屍體，後來也演變成了吃粽子的習慣。我們現在過節雖然還保留著這些習俗，但人們已很少關心它的真正意義了，更多的是給自己一個休息和調節。其實這並沒有太大關係，可是我們一定要把這種節日文化保留下來。因為節日不在乎後來它為我們帶來了多少幸福，但我們一定要在乎它賦予我們的文化，我們記得。

如今，全球化的發展已經讓中國成為了文化衝突的戰場。更多的年輕人會去崇尚西方的節日，耶誕節和情人節的消費也遠遠地超出了其他時候。認證機構堂而皇之的流行，竟然也要讓端午節成為韓國的節日！我不由得感慨，現在的年輕人已經很少有去過中國的節日了，當然更不敢奢望他們懂得。細細的思考一下，吸取國外的文化固然是件好事，但趨之若鶩是多麼可悲。如果你們在過那些所謂的情人節、母親節、父親節時，不妨感動的同時，也去瞭解一下它們的來源。人們只有在記得的時候，才能進一步體會其中的意義。

其實，這就是中國文化所教給我們的。節：本義就是竹節。它是一個段落。當我們每走到一個段落時，不就是為了回頭看看，提醒我們過去發生了什麼嗎？如果你不曾記起，那這些所謂的父親節、母親節、情人節又有什麼意義呢？還不如去記得這些在你生命中舉足輕重的人的生日，或者常常回去陪伴，看望。

這樣，要比盲目的過節重要的多吧。

※六十年，一輪迴

中國古時的曆法，是自成體系的，至今仍在沿用。我們能看到，當大家過春節，包餃子；過端午，吃粽子；過中秋，嘗月餅的時候，這些節日的慶祝也還都遵循夏曆。像前年（二〇一三，蛇年），翻看萬年曆，會寫著癸巳年。何謂癸巳呢？這就是中國自古以來所用的干支紀年法。

干支，實際是兩個詞：**天干**和**地支**。在《辭源》裡說，干支，取義於樹木的「幹枝」，代表著主幹和分支。大約在戰國末年，依據各國史官長期積累下來的材料編成的史書《世本》中有記載：

容成作曆，大橈作甲子。二人皆黃帝之臣，蓋自黃帝以來，始用甲子紀日，每六十日而甲子一周。（大橈）采五行之情，占斗機所建，始作甲乙以名日，謂之干；作子丑以名月，謂之枝，有事於天則用日，有事於地則用月，陰陽之別，故有枝幹名也。

——《世本》

天干共有十個，分別是：甲、乙、丙、丁、戊、己、庚、辛、壬、癸。

地支共有十二個：子、丑、寅、卯、辰、巳、午、未、申、酉、戌、亥。

所以，天干、地支是我們曆法中的基本單位，相互配合來確定紀年。換成科學的角度說，就好比有個坐標系，天干是X軸，地支是Y軸，在這個離散的坐標系內，天干和地支所確定的任何一點，都被定義為精確的紀年。

在《新華字典》或是《漢語詞典》的附錄中，通常都會有「中國歷史年表」。那裡每一年每一年的記法，正是這裡所說的干支紀年。十個天干與十二個地支相互組合，形成了六十年一甲子的紀年輪迴，周而復始。現將其列表如下：

甲子	乙丑	丙寅	丁卯	戊辰	己巳	庚午	辛未	壬申	癸酉
甲戌	乙亥	丙子	丁丑	戊寅	己卯	庚辰	辛巳	壬午	癸未
甲申	乙酉	丙戌	丁亥	戊子	己丑	庚寅	辛卯	壬辰	癸巳
甲午	乙未	丙申	丁酉	戊戌	己亥	庚子	辛丑	壬寅	癸卯
甲辰	乙巳	丙午	丁未	戊申	己酉	庚戌	辛亥	壬子	癸丑
甲寅	乙卯	丙辰	丁巳	戊午	己未	庚申	辛酉	壬戌	癸亥

從上表我們可以看出，以天干為主線，每一行為一個十年，總共有六個十年；而每一個天干都對應一列，是六個紀年。從數學角度很容易算，十與十二的最小公倍數是六十，正是天干地支排列組合的所有紀年。我們稱每六十年為一個甲子。

中華的曆法自從上古的哪一天起開始紀年，已經無法考究了。但由於文化的傳承始終沒有間斷，曆法還能沿用至今，所以應用到今日，我們知道二〇一三年是癸巳年。

然而，這麼說並不確切。西曆和農曆的混合讓我們已經忽略了很多意義。既是古曆法，就要按照古曆法的體系來推演、說明，西曆只是作為配合、對比來使用。在干支紀年裡，一年的起始不是從正月初一開始的，而是從立春開始。過了除夕，只是變化了屬相；而過了立春，才變化干支紀年。

通過對干支的理解與思考，我們能推測出，中國的古曆法實際是陰陽合曆。月份、生肖按陰曆走；節氣和紀年按陽曆算。

※生肖

我是很晚才知道，原來過了春節才會變換屬相的。中國使用西曆，西曆紀年是耶穌誕生的日子。來句俗言，這跟中國文化沒半毛錢關係。只是既然國際化了，就接受文化融合，朝著前進的方向才是正確的。中國的紀年，是按夏曆，月亮的週期變化。正月初一，才是新的一年。如果說一年一個屬相的話，當然要從每年伊始算起了。

可我只知道中國以天干地支紀年，六十年一輪迴，但並不知道，為何每十二年分別配置屬相。據古籍文獻，《詩經·小雅·吉日》裡記載的「吉日庚午，即差我馬」表明，在周朝前，地支和屬相就已經是對應的了。但緣何有此順序呢？我在網上找到下面一篇文字。

子何以屬鼠也？曰：天開於子，不耗則其氣不開。鼠，耗蟲也。於是夜尚未央，正鼠得令之候，故子屬鼠。地辟於丑，而牛則開地之物也，故丑屬牛。人生於寅，有生則有殺。殺人者，虎也，又寅者，畏也。可畏莫若虎，故寅屬虎。卯者，日出之候。日本離體，而中含太陰玉兔之精，故卯屬兔。辰者，三月之卦，正群龍行雨之時，故辰屬龍。巳者，四月之卦，於時草茂，而蛇得其所。又，巳時蛇不上道，故屬蛇。午者，陽極而一陰甫[1]生。馬者，至健而不離地，陰類也，故午屬馬。羊齧[2]未時之草而茁，故未屬羊。申時，日落而猿啼，且伸臂也，譬之氣數，將亂則狂作橫行，故申屬猴。月出之時，月本坎體，中含金雞之精，故本屬雞。戌時，狗守家門，故戌屬狗。亥時，豬則飲食之外無一所知，故亥屬豬。

——（清）劉獻《廣陽雜記》引李長卿《松霞館贅言》

十二地支本用來計時，一天正好十二個時辰。所以古時的一個時辰是現代的兩小時。午時，就是正午十一時至十三時；子時便是半夜二十三時至次日一時了。上文說，半夜三更的

1 甫（fǔ）：方才，剛剛。
2 齧（niè）：咬。

時候，正是老鼠開始出沒的時候；而一時到三時，是牛在反芻；人若生於三時至五時，是最為兇猛的，而最兇猛者，莫敢比之於虎，虎便屬寅；五時至七時日出，月亮正在此時暗淡，此臨界點是月亮的精華，月又比玉兔，則屬兔；七時至九時是群龍行雨；九時至十一時是蛇遊於草茂盛之處；十一時至十三時是陽之至，良馬強健而足不離地；羊群吃十三時到十五時的草才能茁壯成長；十五時到十七時日落才有猿啼；十七時到十九時月現之時，才有太陽的精華，太陽又稱金雞，正好和玉兔相對；十九時到二十一時是狗守家門靜臥；二十一時到二十三時連豬都睡得很香，一無所知。

以上的文字只是原文作者對生肖的來歷或其順序做出的一個合理解釋，我們無需確定它是否正確。從我的角度，屬相所代表的每一種動物，都只是個象徵。而我們在每一年中賦予這些動物美好的意義，是為了去傳達人和自然間的相互溝通。我們人類依附於自然，是自然的種種不同，才讓我們隨時間寄託於此。而這十二個生肖，正是因為它們活靈活現的伴隨著每一個生命的成長，才使得我們有了自己的那份不同的意義。

※二十四節氣，陰陽合曆

春雨驚春清谷天，夏滿芒夏暑相連。
秋處露秋寒霜降，冬雪雪冬小大寒。

這是我小時候就會背的二十四節氣歌。一年之中，大概每隔十五天就會有一個節氣。每年同一個節氣的日子幾乎是固定的，最多前後差個兩三天。因為二十四節氣是按陽曆走的，而古時的紀年卻是按陰曆的。

陰曆依據的是月亮的圓缺變化，週期是二十九到三十天。我們說的初一、十五正好是月缺、月滿的那天夜裡。初一至十五是上弦月，十五至三十或廿九是下弦月。上弦月顯現月亮的上半部分，出現在前半夜的西方天空；下弦月顯現月亮的下半部分，出現在後半夜的東方天空。這樣月相的更替變化一個週期，稱為一個朔望月。

西曆是地球繞太陽一周所用的時間紀年，大概三百六十五點二五天。所以，每經過四年，就多出了一天，便要閏一天，那年就是三百六十六天。陰曆也是如此，十二個陰曆月後，也就是約三百五十四至三百五十五天的樣子，和陽曆差了有十至十一天。所以陰曆每十九年會置七個閏月，這就是為何每年春節的日子都不太固定的原因了，早的時候在一月末，晚的時候在二月中。

偉大的中華民族發現陰曆有著如此的缺憾，並不精密，便又創造出了二十四節氣，來平分四季，這是以太陽為依據的。因此，中國的曆法成為了特有的陰陽合曆。

春分和秋分晝夜相等，夏至在一年中白晝最長，冬至在一年中黑夜最長。立春以後破冰、回暖。雨水表示降雨開始。驚蟄表示春雷乍動，冬眠的昆蟲逐漸蘇醒。大暑是最熱的節氣；大寒是最冷的節氣。白露代表早上的枝葉會伴有露水。寒露是指空氣遇冷可凝結成露。霜降開始有霜。小雪、大雪是降雪的程度。這些實實在在的生活現象，讓我們感受到中國北方、黃河流域一年四季氣候的交替。對於十分注重農業的華夏民族，就好像一張日程表一樣，規劃好了我們的生活。

在萬年曆上，仍保留有中國傳統的干支紀年、干支紀月和干支紀日法。前文已經有所敘述，屬相是和陰曆相互搭配的，陰曆的正月初一，是新年伊始，變換生肖；而干支紀年是和二十四節氣相互配合的，隨陽曆變化，每過立春才變換一年。

舉個例子：二〇一四年一月二十四日是臘月廿四，癸巳年屬蛇；二〇一四年一月三十一日是正月初一，癸巳年屬馬；二〇一四年二月四日立春，是正月初五，甲午年屬馬。

之後是干支紀月。從商朝的曆法開始，每年的正月定義為地支的寅，稱為「正月建寅」。同樣再依據天干地支的六十輪迴，甲子年便從丙寅月開始，依次推演，延綿至今。看似干支紀月和陰曆月份是一一對應的，其實不然。干支紀月的起始變化仍是以節氣為基礎，每到下一個陰曆月的第一個節氣時變換干支紀月。如果是閏月，則不變化名稱。

如：一九八一年六月二十八日是陰曆五月廿七，是甲午月；往後推幾天到七月六日，是陰曆六月初五，還是甲午月；但到了七月七日，六月初六，是小暑，就變成了乙未月了。

最後是干支紀日。這就簡單多了，按天干地支六十日一輪迴。目前已確知從春秋魯隱公三年（西元前七二〇年）二月己巳日起，到清末為止的兩千六百多年中從未間斷和錯亂過。紀日不受閏年、閏月的約束，依次類推即可。

通過干支紀年、紀月、紀日的方法，使二十四節氣與陰曆達到了完美融合。我們還可以利用這一點推算寒暑的不同，比如大家會經常說：「冷在三九，熱在三伏」。這也是一種特殊的紀法。

數九是從冬至開始。冬至是寒夜之最，從這一天算起，每九天為一個九，當一直數到九九八十一天時，寒盡花開，天就要暖和了。在此引用北方通俗的九九歌，感受每一九帶來的變化。

一九二九不出手，三九四九冰上走，五九六九看楊柳，七九河開，八九燕來，九九加一九，耕牛遍地走。

可見，三九冰堅，是最冷的日子。等到五九六九時，化冰後水量充足，柳樹是發芽最快的。等至九九過後，便又是農耕的好時節了。

再說**數伏**。伏天、伏日是一年中最熱的一段時間，共有初伏、中伏和末伏三伏。運用干支紀日法，初伏是從夏至後的第三個庚日開始算，中伏從第四個庚日開始，末伏從第五個庚日開始。例如，二〇一四年六月二十一日是夏至，其後第三個庚日是七月十八日，庚寅日，這天是初伏。然後十天一伏，十天一伏。三伏中，中伏最熱。

古時候，有了如此周密的曆法，生活才有了依據。尤其是農業，民以食為天，抓住了天時、氣候，我們才能很好的運用自然規律，安居樂業，保證人民的生活富足。

雜

※龍生九子．殊途同歸

都說中華民族是龍的傳人，龍作為上古神獸中至高無上的代表，一直有著特殊的意義。十二生肖中，龍是唯一一個現實裡不存在的生物。中國人賦予了龍許許多多的神話特徵，它能夠呼風喚雨，能大能小，能顯能隱。龍也將各種動物之所長集於一身，有「九不像」之名。古書上曾描述了龍的體態特徵：

角似鹿，頭似駝，嘴似驢，眼似龜，耳似牛，鱗似魚，須似蝦，腹似蛇，足似鷹。

——（宋）郭若虛《圖畫見聞志》

如此完美的形象便成為了華夏民族崇拜的神物，自然而然也成為了皇室的象徵。龍變成了最高權力的代表，一切和龍有關的圖案及事物也都被帝王所專屬。儘管隨著時代的發展，龍的含義已是紛繁複雜，但它的形象卻始終蘊含著中華民族的精神。因此，關於龍的衍生，也蔚為壯觀。如果把龍作為一種系統理論的基礎定義的話，根據這個定義能擴展出很多條支脈來，自成一樹。所謂，龍生九子，種種不同，正是這個道理。既然龍是華夏唯一至高的崇尚，它的子孫也自然對人民有著庇護的作用。

龍生九子有著多種說法，我選取一個相對權威的。

> 龍生九子不成龍，各有所好。囚牛，平生好音樂，今胡琴頭上刻是其遺像。睚眥，平生好殺，金刀柄上龍吞口是其遺像。嘲風，平生好險，今殿角走獸是其遺像。蒲牢，生平好鳴，今鐘上獸鈕是其遺像。狻猊，平生好坐，今佛座獅子是其遺像。霸下，平生好負重，今碑座獸是遺像。狴犴，平生好訟，今獄門上獅子是其遺像。負屭[1]，平生好文，今碑兩旁文龍是其遺像。螭吻，平生好吞，今殿脊獸是其遺像。
>
> ——（明）陸容《菽園雜記》

龍的九子，脾氣秉性各不相同，所以形態各異。

---

1 屭（xì）：壯大的樣子。

囚牛：喜音樂。傳說中，它性情溫和，耳音極其聰敏，能辨萬物之聲，常蹲於琴頭，悉聽音律。於是，人們在漢族胡琴的琴頭上，刻有它的形象。囚牛守護著音樂，讓琴聲更為悠揚。

睚眥：好殺。它性格暴烈，常和戰鬥有關。文字的意思是「怒目瞪視」，最初出自於《史記・范睢蔡澤傳》，「一飯之德必償，睚眥之怨必報。」後來，人們將它刻在刀劍刃身與握柄接合的吞口處，可以亨通武運，莊重肅穆，威懾邪惡。

嘲風：好險。如今是立於殿角的走獸。它起於災難，又能平定災難，是吉祥的象徵。

蒲牢：喜鳴叫。《文選・班固《東都賦》》中，李善注引三國吳薛綜的一段話：「海中有大魚曰鯨，海邊又有獸名蒲牢。蒲牢素畏鯨，鯨魚擊蒲牢，輒大鳴。凡鐘欲令聲大者，故作蒲牢於上。所以撞之者為鯨魚。」這就敘述了為什麼鐘上的獸鈕做成蒲牢，而撞鐘的木杵做成了鯨魚的樣子。

狻猊：喜靜不喜動，好坐。形如獅子，佛像前的香爐和佛座的腳部裝飾，是它的遺像。

霸下：也稱為贔屭。好負重。螭頭龜足，現在能看到的石碑下龜趺便是它。據說上古時，它常馱著三山五嶽在中國興風作浪，大禹治水時將其收服。後來為防止它再犯，將刻有霸下治水功績的巨大石碑讓其背負，便是現在碑下的樣子。贔屭這個詞也有著壯猛有力，擔負重載的意思。

狴犴：又名憲章。好獄訟。形似虎，獄門前的虎頭、官衙大堂的兩側都有其遺像。它的性情秉直公正，威嚴肅然，好似守護著社會執法。

負屭：生平好文。性情風雅，頭如獅，身似龍。常盤於石碑兩旁或頂上的文龍即是它的模樣。

螭吻：好吞。龍首魚身，能噴雨滅火。殿脊兩端的倒尾龍是其遺像。

除卻這九種，龍子還有其他多種說法，不妨再列舉一二。

椒圖：性好閉。形如螺蚌，常立於門傍，守護家庭。鋪首銜環為其形象。

蚣蝮：性喜水。被雕成橋柱、建築上滴水的獸形。

至於**饕餮**、**貔貅**等上古神獸暫且不列在其中。畢竟去考證龍之九子的確切名稱並不是重點所在，而它們的多樣性才是我們應該去瞭解的。龍雖然是一個完美的神靈，但它的後代卻各有所長，各有所異。就好比參天大樹，主幹盡出於根，然而枝杈無數。枝杈的繁多，不僅言其茂盛，還能看到樹木生機勃勃的樣子。

龍生九子就好比我們的社會，同是龍脈，同是華夏兒女，但卻多姿多彩，各有著不同。有著不同的方言口音，四川話、廣東話、閩南話等等；有著不同的習慣，北方人喜乾，南方人喜濕，川、湘好辣，滬、粵好甜；有著不同的文化，巴蜀的濃郁、陝隴的豪邁、東北的秉直、蘇吳的雋秀。從而又細到了人與人的不同，不同的容貌、不同的性格、不同的舉止。但是，所有的一切，都有一個共同特點，那就是美，多樣性的美，萬脈同宗，傳承下來的美。

於是，我們看到中國人的多樣性也將中國文化多樣的傳承下來了。儒學，是中國文化；道學，是中國文化；佛學，也是中國文化。每一個漢字彙成多樣的書法，每一片絲竹，合奏出多重的音樂，這些也都是。再加之，篆刻、中醫、金石、茶道，甚至到個人說話的語氣、禮節都滲透著作為東方人的氣息。

雖然群星璀璨，可光芒都是相同的。我們追尋的是殊途同歸的根本脈絡，千萬不要偏差太大而忘記了本源。好像佛學，初始只是釋迦牟尼的一人說法，而後來衍生出的龐大佛學體系卻是佛弟子們的逐漸擴展。必然有正確的，也有錯誤的。中國國學也是一樣，龍脈的初始都是真、善、而且美的，後人的逐漸昇華也讓文化體系不斷完善。在時間的長流裡，自然會留下精華，沖刷掉糟粕。不過最關鍵的，是我們要將文化擴展，傳承下去。哪怕九子形性各異，也都綻放著光彩。

※四大發明的意義

現代人忽視中國傳統文化，不是因為古時候的中國落後，而是因為現在的中國還不夠強大。中國文化中的精華如今得不到很好的傳承，也不是因為大家不願意傳承，而是因為在逐步發展中的中國人民如果還要為衣、食、住、行等經濟基礎所擔憂的話，那麼誰還能顧得上去傳承國學呢？

道理很簡單，但需要的是堅持和努力。

也許現在的人們一提起中國的輝煌，就是上下五千年、四大發明等等。這些都已成過去，卻還在不停的吃老本。陳年往事每回拿出來吹噓炫耀七八遍確實會招人厭煩，然而，就是這些願意將陳年往事展現出來的人，可能都不知道，這些歷史、這些發明，不僅有著深刻的意義，而且思想也是先進的。如果我們能夠在其上傳承、發揚，而不是隨便顯擺顯擺，那麼，如今中國的進步也一定會是飛速的。

中國古時候的四大發明，就是真正的科學從理論變成現實的體現。它們是**造紙**、**印刷術**、**火藥**和**指南針**。

紙是由東漢的蔡倫在積累了前人的經驗後，改進而創造出來的。在西漢，或再早的時期，大家或將文字刻在金石上，或寫在簡牘上。司馬遷寫《史記》，手稿是家裡堆了一牆的竹簡，著實不方便。漢人自古養蠶，絲綢製品很早就有。利用絲帛的技術，再加上些樹皮、破布、麻頭之類的原料，混合製成易於書寫的植物纖維。

紙的出現給了人們充滿驚奇的便利。紙很薄，很輕，十分易於攜帶和保存；紙的存水效果也很好，和墨有著完美的結合；紙很柔軟，還可折疊，不太會損壞。有了紙，發揮的空間也變大了，筆墨的不同、長短粗細、濃淡輕重，讓文人之間的交流除了書信，還多了書法的藝術。紙的存在，改變了人們的思想和生活方式。

不知道賈伯斯的蘋果系列給我們帶來的驚歎能持續多久，但我知道，這實實在在、看得見、摸得著、有著生動文字的紙張已伴隨著人類的發展存在了兩千多年。我們需要紙的留存作為依據和證明，也需要紙來傳達情感和信任。中國人傳承了多少漢字並不易統計，但我知道紙張是讓曾經的文字流傳下來的最好方法。紙，傳承了語言；改變了人們的生活觀念。不由得想起朋友寫的一句詩：「**休因隨處見，而以等閒觀。**」

人們都不太喜歡幹重複的工作。如果抄書一遍還行，多次也是不可完成的工作量。於是為了偷懶，就有了印刷術。像現在的電腦一樣，大家都不樂意從頭開始做，「複製」「貼上」往往最為方便，不用動腦子，但結果早就實現了。印刷術，實現了語言文字、以至於思想的快速傳達。最初是雕版印刷，將一頁一頁的文字刻在一整塊板上，然後一篇一篇的複印。如果文字的內容有任何一丁點兒變化，這塊板的複印就沒有意義了。所以，畢昇創立了活字印刷。以每個漢字為基本單位，排列組合，便能適應各種文章了。

這是平臺的理念。為了方便重複的工作量，有了印刷這個平臺，無需手抄。好的平臺提高效率，原來的雕版只能針對某一份文字內容，而活字的變通性可以對各種文章都遊刃有餘。這樣的平臺使得大量出版成為可能。如今利用基本元素來完美構建不同整體的例子已數不勝數。高科技的電子設備，各種零器件都有著自己的標準，不同廠家之間的細小零件整合起來，形成功能強大的產品。這是部分和整體的關係，部分劃分的越好，形成的整體才會越出色。

第三是火藥。火，本身就是人類文明的轉折。而火藥，是中國文明的意外收穫。因為火藥起源於煉丹術，那批道士們為了追求長生不老，終日煉丹。那些含鉛、含汞的物質加上硫磺和砒霜是丹丸的主要材料。煉丹家對於硫磺、砒霜等具有猛毒的金石藥，在使用之前，常用燒灼的辦法「伏」一下，意思是使其毒性失去或減低，這種手續稱為「伏火」。此方法很容易讓硫磺和硝石起火，有時甚至會發生丹爐爆炸，然後，火藥產生了。後來軍事上將這些材料用在弓箭等武器上，成為含有科技的核心殺傷力。

火藥的發明告訴我們冷兵器時代將要結束了，戰爭是需要科技的力量的。一種新的技術可以左右整個局面。同時，火藥也告訴我們無意中的收穫。就好像英國的醫學家亞歷山大・弗萊明發現青黴素一樣，本來是為了研究致病細菌，卻意外的發現了抗生素。這種無意中的貢獻反而非同凡響。

最後便是指南針了。指南針原是司南，根據磁場的作用指引方向。最初用天然的磁石作成，如勺子狀；後來就發展為短小精悍的了。指南針在歐洲復興的航海事業有著突出作用，雖然那時的中國，鄭和已經下西洋六七次了。這個發明的偉大之處在於，方向很重要。無論是軍事戰爭還是旅行，在一無所知的時候，必須先要瞭解方向。大的目標正確，才有可能走向成功的終點。

每件事都是如此，首先要有一個能指引你的正確方向，剩下的便只是努力的問題了。在遇到困難時，往往最難受的是一片迷茫的時刻。這時，我們需要的就是像指南針一樣的東西來指引。

四大發明不是用來做個標誌就完了，而是要用到它們帶來的思想。把這些思想結合起來，凝結在其他的方面，也許在兩千年前，科學的大門就已經向我們敞開。發明並不偉大，指引發明的理論才是偉大的。如果應用這樣的理論，才能創造出更多精彩的東西。

這些應用的創新，才是中華民族不斷進步的證明，社會富足的保證。

※易載乾坤

「誰說《周易》就是用來算命的啊？」

這絕對是一個謬誤。當然，「算命」這個詞在二十一世紀的中國已包含很多的貶義性質了。它好像攜帶了像「騙子」、「迷信」、「封建」等一系列的不良意思在其中，而大家更注重和相信科學。我不得不用個褒義詞來替代一下普通大眾的感受，那就是「預見未來」或者「先知」。

易學絕非迷信，而是一種十分經典的偶然性理論。《周易》是一門博大精深的學問。「文王拘而演周易」，自伏羲八卦流傳到商末，它對卜筮一直有著指導作用。西伯侯姬昌被紂王囚禁在羑裡時，每日排列研究八卦，最終推演出六十四卦的《周易》。從此，易學理論開始在中國文化中佔據了重要的位置。到了春秋，孔子對六經進行了認真的批註、修訂和研究後，這經學的地位便如泰山之巔，始終引領著中華文化。儒學的思想，自然也在六經中滲透、蔓延開來。

《易》最初是占筮之書，屬於禮法的一部分，上至君臣，下到百姓，都是要用的。後來易學被周文王、孔子等聖人充實和發揚後，逐漸形成了有著哲學意義的著名理論。易是變化的意思，易學是在告訴人們，這裡講述了無窮無盡的變化，但它們是規律，可以使將來的生活更美好，或者教我們如何去把握將來。

易學和道家相互貫通。一陰一陽謂之道。

易有太極，是生兩儀，兩儀生四象，四象生八卦。

——《易經》

太極是指天地初始，渾而未分的狀態。兩儀就是陰陽。陰陽變化，生成四象。四像是四方之象，**東方蒼龍**、**南方朱雀**、**西方白虎**、**北方玄武**。四方涵蓋了整個星空，一方囊有七個星宿，總共二十八星宿。四象再變化，生成八卦。八卦又多了東北、西北、東南、西南四個方位。合起來的八個方位代表八種事物：**乾代表天**，**坤代表地**，**震代表雷**，**巽代表風**，**坎代表水**，**離代表火**，**艮代表山**，**兌代表澤**。這八個基本元素，將整個宇宙的萬事萬物都裝了進去。易學，便從這裡開始。

在數學上，易能抽象成簡單的乘方法則。太極是$2^0=1$，兩儀是$2^1=2$，四像是$2^2=4$，八卦是$2^3=8$，六十四卦則是$2^6=64$。實際表現出來，利用的是排列組合的方法。八卦中的每一卦，都是用爻[2]組合成的。一條長橫「—」是**陽爻**，稱為「**九**」；兩條短橫「--」是**陰爻**，稱為「**六**」。將兩爻排列組合，就有四種，是四象；將三爻排列組合，有八種，是八卦。八種卦象再相互排列組合，形成了《周易》的六十四卦。

《周易》不是一個人的作品，它是上古時期產生，在傳承中逐步完善和發揚起來的。《周易》由《易經》和《易傳》兩個部分組成。《易經》在西周時成書，是關於六十四卦的正式經文，後人已不易讀懂。而《易傳》是在春秋時期，由孔子撰寫，對《易經》的解說，所謂「十翼」。

我第一次接觸到《易經》是在小時候讀《射雕英雄傳》。記得金庸先生筆下，郭靖向洪七公學習「降龍十八掌」，第一式是「亢龍有悔」，後面還學了「見龍在田」、「潛龍勿用」、「飛龍在天」、「羝羊觸藩」、「或躍在淵」等等。這些詞彙都是哪來的呢？我就去查《辭海》，《辭海》中給了出處是《周易》，我便立即拿了平常節省下來的零花錢買了一本回來。

---

2 爻（yáo）：組成八卦的長短橫道。卦的變化取決於爻的變化，故爻表示交錯和變動的意義。

《易經》中的第一卦是乾卦，卦辭是「元、亨、利、貞」。卦內還有爻辭，爻辭是自下向上的順序，從「初」到「上」，共六條。初九寫著「潛龍勿用」，九二寫著「見龍在田」，九四寫著「或躍在淵」，九五寫著「飛龍在天」，上九則是「亢龍有悔」了。本以為這就是武功秘笈，後來懂得，這才是深刻的學問。

亢龍有悔是指當龍升到了最高處，最極端之地，必然會四顧茫然，不能再上，也不能後退，反而會悔悶了。類似於物極必反、樂極生悲的道理。陰到了極致會變為陽，反之亦然。陰陽在一定條件下是會相互轉換的。亢，就是至高的意思。悔，便是災禍。如果用在人事，是在告訴大家要居安思危，世界、生活就是這樣發展的。預見未來也很簡單，當你看到一種事物或事態發展到極致後，就會明白它將要轉變了，轉回到相反的一面。明白了這個道理，就可以在某些情況未卜先知了。還有潛龍勿用，是指龍在潛伏、藏隱時，切莫對其有所施為，否則結果會很不理想的。也就是說，當事態發展良好，但還是比較弱小的時候，一定要韜光養晦，等待時機，不可輕動。這也是一個規律、道理。人在處世中，若能將其運用，生活必然會有所轉機。預見未來的目的無非是為了塑造現在的自己，讓將來更加幸福美好。

可見，《易經》中的文字並非吉凶二字所能概括。卜筮的過程不是為了將生命被動的依靠在沒有任何意義的牛鬼蛇神上，而是**要做好自己，成為將來生活的強者**。

《易經》既然是經典規律的理論體現，那麼，《易傳》就更成為了它的推論和深化。《易傳》是對孔子所撰「十翼」的統稱。翼是翅膀，除了平衡、輔佐，更重在飛翔。**十翼**是指：**《彖傳》上、下，《象傳》上、下，《文言》**，**《繫辭傳》上、下**，**《說卦傳》**，**《序卦傳》**和**《雜卦傳》**。彖辭是統論每一卦的整體，作為卦旨；象辭是細述每卦中每爻的爻辭；《文言》只說乾卦和坤卦的意義；繫辭是對《易經》經文的闡述；說卦是八卦取象大例的專論；序卦是為了說明，為何六十四卦如此排序；雜卦是將六十四卦分成三十二對，雜糅錯綜其形義。「十翼」的完成，使得《周易》的體系、架構更為充實起來。

「天行健，君子以自強不息；地勢坤，君子以厚德載物。」這兩句分別出自於乾卦和坤卦的《象辭》，現在我們能在清華大學的校訓上見到。中國文化中，君子，是為人的很高境界了。想成為君子，我們需要努力、進步。在易學中，從天地開始。向天學習，學習天宇的剛勁強健，運行不息；也向地學習，學習大地的包容和厚，承載萬物。勤奮和寬容是做人應該有的修養，以天地規律為指導，才是光明的方向。

所以，「易」這個字在上古的篆體中，實際是由兩部分組成的。上有日，下有月。日月交替，正是萬物的不斷變化運作。易有三易：**易簡**，是說《周易》的義理簡明易曉；**變易**，是說天地、宇宙的無窮變化；**不易**，指出變易的規律本身卻又是相對不變的。這個不變的也許是六十四卦，但最終是「道」不變。

《周易》除了占筮作用，還引領了道家的發展，孔子的儒學也在六經中有所發揮。易是起源，成就了經典。我們不都想預知未來嗎？那就從現在做起，把握好自己，用天地自然的規律，去推演人生及世界今後的藍圖。

十、葉離一驛

只為做好真正的自己

閒情偶寄，自在身心

生活中的人們紛繁勞碌，卻還會義正辭嚴地說，「為了生活。」從忙得不可開交的一天到疲於奔命的數年，連閒下來的影子都找不到，卻只會念念不忘的說，「沒有時間。」最悲慘的是，當這樣反反復複，不知不覺地走過無數歲月後，突然有一天回頭看看自己從未停歇的腳步，卻發現忙了這麼久，都不知道在忙什麼。於是，在繼續前行的路上，反倒成了迷茫。

同是衣衫步街頭，有人歡喜有人憂。

有的人比較幸運，忙，是在很努力地忙。最後有所成就，給自己一個交代。他們回頭看時，發現自己「年輕時用時間換金錢，年老時用金錢買時間」，一輩子也沒個消停。很少有人回過頭來看到的是自己步履中滿載著快樂的印跡。

因為你沒讓自己閒下來。

閒不下來，哪有時間感受路邊的風景呢？

我同情一種人。他們幹著自己不熱衷的事業，被折磨的焦頭爛額；好容易下了班，休息時，卻又不知自己該幹什麼。這樣的人，數十年如一日，並非堅持，而是虛度。我不由會想，如果人生沒有一刻是自己想去做的，那這一生白來走一趟了；如果一整天都沒什麼自己主動願意去做的，那這一天白過了。

起碼，你不快樂。

曾有一次，我問這樣的人：「既然工作是被逼的，閒暇時可以找些自己喜歡幹的啊。」他會回答：「我也沒什麼喜歡的。」

雖然人各有不同，但對快樂的嚮往都是一樣的。現在已經很難有什麼能讓一個人真正興奮起來，就算有，也只能讓人興奮一時，到頭來還是要終歸平靜的。**快樂，別人無法給你，只有自己給自己**。

首先，你需要閒下來。閒時，才能有閒情。如果你讓閒情變得多彩，那你一定是個會生活的人。

這時，我想到了一本書——《閒情偶寄》。讀過的人不必把它當作一本樂理研究著作，只要體會一下李漁的生活就好。我第一次拿到這本書是被它的名字深深打動的，也是懷著閒情，將眼神、甚至心靈都偶寄於這本書上了。一翻開目錄，我就被驚詫了。它如同一本百科全書，滲透著生活的每個角落，作者一定是個有情調的人。

全書分了八個部分：詞曲部、演習部、聲容部、居室部、器玩部、飲饌部、種植部和頤養部。大概一覽，便已覺得生活之豐富。書之內容也盡述了作者對這八個方面的思考與創新，讓每一個看似平常的技能和事物都有了突破。在這我就不詳說了。

讓我所觸動的是，他對生活的感悟。下面節選了一段《閒情偶寄》的序，落款是吳門同學弟尤侗拜撰。

讀笠翁先生之書，吾驚焉。所著《閒情偶寄》若干卷，用狡獪[1]伎倆，作遊戲神通。入公子行以當場，現美人身而說法。洎[2]乎平章土木，勾當煙花，哺啜[3]之事亦復可觀，屐履之間皆得其任。雖才人三昧，筆補天工，而鏤空繪影，索隱釣奇，竊恐犯造物之忌矣。乃笠翁不徒托諸空言，遂已演為本事。家居長幹，山樓水閣，藥欄花砌，輒引人著勝地。薄游吳市，集名優數輩，度其梨園法曲，紅弦翠袖，燭影參，望者疑為神仙中人。若是乎笠翁之才，造物不惟不忌，而且惜其勞、美其報焉。人生百年，

---

1 獪（kuài）：狡猾。
2 洎（jì）：往鍋裡倒水。及，到達。
3 哺啜（bǔ chuò）：飲食，吃喝。

為樂苦不足也，笠翁何以得此於天哉！僕本恨人，幸適良宴，正如秦穆睹《鈞天》之樂，趙武聽孟姚之歌，非不醉心，彷彿夢中而已矣。

上文至精之句乃是：「人生百年，為樂苦不足也。」樂者，其實貴在自身的創造。人若能心有所寄、樂此不疲，定不負此生。不妨先一點一滴的做來。

還是前面所說，需先要得閒。得閒便是要會珍惜、利用時間。高效的完成生活中的必須事項，騰出若干閒暇再合理安排。

不僅要有時間，還要有興趣。通過多觀察、多聯想來培養自己的興趣。興趣會是快樂的源泉，當你真心的樂意去做它，結果必然會有著意想不到的驚喜。

有了時間和樂趣，便可以開始從事了。每天多做一點，持之以恆。長此以往，小能為生活加瓦；大可為事業添磚。何樂而不為呢？

不過，一個真正會生活的人，是在於他的身心。時刻能發現身邊的美時，自然也能把這種美帶給周圍、帶給自己。可以是路上助人一臂之力的笑顏；可以是朗月清風下的心往流連；可以是挑戰問題和困難的刻苦鑽研；也可以是和朋友相聚的談笑間。

當伴著自在身心的細膩觀察，思考創造時，山水便能起詩意，生活也可作文章，處處都是不一樣的情調。

計畫，引領前進的步伐

生活，是為人處世的學問。當你做一件事，或是完成一項任務，或大或小，或易或難，它都有著開始和結束。起筆輒亂與半途而廢都是不成功的。想要做好一件事，所需要的因素就太多了：態度、能力，甚至運氣，都會無時無刻的左右你。不過，任何事情都會有著頭和尾。這個頭，就是事前的準備階段——計畫。

凡事預則立，不預則廢。

——《禮記・中庸》

何謂計畫？正是這個「預」字。事前一套周密的方案，是多麼的重要。它能夠帶給你成功的保證，也能夠指引你提高效率。小時候，父母常教育自已說：「機會，總是留給有準備的人。」我一直深深記得。現在的人，在工作中會很明顯。上級給了一個新任務，曾經有過基礎的和事先有著準備的人，都會事半功倍。因為已經有些鋪墊在前了，走上去自然不那麼坎坷。剛畢業的大學生在就業面試時也會如此，聰明的人在面試的前兩天就認真的在網上查詢公司的業務與流程，還嚮往屆的學長諮詢經驗和技巧。當第二天在主考官面前，發現很多地方自己已經有所瞭解時，自然成竹在胸，對答也如行雲流水一般。這就是計畫的力量。

本來這人生的道理，也被用在了科學技術上。工學範疇的很多理論方法，都運用著「預」的思想，如建築施工的設計圖紙，電氣學的實驗模型，甚至跨越到經濟領域，也需要有著預算。我來舉個專業的例子：軟體週期的瀑布模型。（看到這裡，IT人士或許就有著共鳴了）這個模型大概分為：可行性研究、需求分析、軟體設計、程式編寫、軟體測試和運行維護等六個基本活動。

第一階段的可行性研究和第二階段的需求分析其實正是計畫的過程。良好的計畫，讓軟體的完成更為高效，而且其功能也可以很好的符合使用者的需要。原來在工程中也有著簡單的國學道理，只是我們沒有用足夠的知識儲備將人生哲學以專業詞彙的形式總結出來罷了。懂得這一點，是個飛躍。

讓我們來將計畫落實在每天的生活中吧。大部分人渾渾噩噩的過了一天又一天，是因為他們不曉得自己的壽命有多長。假設有一天你知道自己只能活四十歲或者更久一點的八十歲時，那麼你還會是現在每天的活法嗎？可能你會好好的規劃自己，甚至細到每一天。然後再衷心期望著自己在人生的哪些階段來分別實現哪些夢想。嗯，有沒有感覺到你的生活開始變得有意義起來了呢？

讓我們看看曾國藩的每日功課吧。我將其分條列出如下：

（一）主敬，整齊嚴束，無時不懼；無事時心在腔子裡，應事時專一不雜，如日之升。

（二）主靜，每日不拘何時靜坐半小時，體驗靜極生陽來複之仁心，正位凝命，如鼎之鎮。

（三）早起，黎明即起，醒後不沾戀。

（四）讀書不二，一書未點完，斷不看他書，東看西閱，徒循外為人，每日以十頁為率。

（五）讀史，廿三史每日十頁，雖有事亦不間斷。

（六）日知其所亡，每日記茶余偶談一則，分為德行門、學問門、經濟門、藝術門，寫日記，須端楷，凡日間過惡（身過、心過、口過）皆需一一記出。

（七）月無忘所能，每月作詩文數首。

（八）謹言，刻刻留心，是工夫第一。
（九）養氣，氣藏丹田，無不可對人言之事。
（十）保身，謹遵大人手諭，節欲、節勞、節食慾。
（十一）作字，早飯後作字，凡筆墨應酬，皆當作功課，不可待明日，愈積愈難清。
（十二）夜不出門，曠功疲神，切戒切戒。

——（清）曾國藩《曾文正公家書》

在這裡，我們不去細說每條功課的深刻內涵了，它們都是中國文化帶來的學習和生活的精髓。我們且看曾國藩的成就：主敬與主靜造就了他的名高而清廉，修身且律己；早起與養氣也讓他身格健康，有著能文能武的資本；每天的讀書、學習、練字則更不必說了，一身的好學問，還熟諳韜略。以至於曾國藩成為了中國歷史上屈指可數的文正公。這些良好的功課計畫，是成就的基礎。

每逢你決定開始時，先做好準備吧。

我的每日功課

有的人年輕有為，有的人老當益壯。時間不分先後，只要懂得努力就好。

人在青少年時期身心加速發展，會產生質的飛躍。思想上的成熟帶來意識上的進取，意識上的進取又堅固了性格上的完善。慢慢的隨著時光逝去，本在同一起跑線上的人們也慢慢的顯現出了各自閃耀的光環。我羨慕那些很小時候就懂事，就知道去努力學習的朋友。我卻開竅較晚，步入大學才懂得不管什麼樣的人生，都要活到老，學到老。自我的不斷學習如同流水，時刻更新才能川流不息，清澈而美麗。

所以，我惜於時，是因為她的長久，她的瞬間，如流水般不舍，如花開般驚豔。

少而好學，如日出之陽；壯而好學，如日中之光；老而好學，如炳燭之明。

──（漢）劉向《說苑建本》

如果充分利用了年輕的時光，藉著日出時的記憶力和思維，產生的高效與成果是人們在壯年或老年時所遠不能及的。曾經聽奶奶說，她現在八十多歲了，仍能夠背下來小學時學過的課文；而如今，剛看過什麼文字題目，結果倒杯茶的工夫就忘了。

懂了以後，我開始惜時。為經營好時間，需要合理計畫與安排。安排好後，還要付之實踐，持之以恆。形成了每日的功課。

我有所付諸，自計畫之日起：

（一）夜晚寫日記。日記是一天內的總結與心得，就像複習和預習一樣，溫故而知新。而且，這些記錄會讓生活變得有條理，歷史也方便查閱，易於改進。

（二）睡前讀書。多讀書、讀好書。自古至今都是黃金準則。書籍帶來的絕不只是知識，還有思想，還有智慧。讀書不在專，在廣；不在細，在靜。涉獵於各個領域的經典書籍，只會貫通互補，拓展思路；絕不會旁枝互擾，而有偏廢。

（三）時撿語言。語言的學習是畢生的，更側重在外語。語言僅是工具，用於交流。所以學習之時，聽說為上，讀寫在下。畢竟每一種語言都是先有聲音，後得文字。

（四）傾之運動。習慣貴在恒，不在久。久坐則匱，久視而盲。切莫超出極限，要每日量力而行，生命在於運動。

（五）**作詩作詞**。創作是高於學習的，完成一項任務或得到了一個成果都是令人欣喜的。這是學以致用，不斷進步的表現。

雖說功課緊湊，執行之時，則甚是漫長，難免遺忘疏漏。我常警示自己：**切莫空乏堅持，仍需再接再厲**啊。

堅持，有什麼用呢？這是從量變到質變的積累，是修行。成果無法來自於一朝一夕，而是平常的點點滴滴。堅持也是有方法的。絕不是說，蘇格拉底叫你每天將手向前擺動三百下，再向後擺動三百下，堅持下來就一定能成為哲學家。而是要具備堅持時，專一、恒靜的心態；再加上每天有新的收穫，新的進步才好。

如同練字，有些人練了好久，也寫不好字。因為他臨摹的時候，只是順勢照抄，沒有用心記憶，也沒有應用其中。回到平時寫寫東西，字又成原來的樣子了。有的人沒專門練過字，提高卻很快。他看到別人這個字連的好，就學下來，每寫到這樣的字形就用上；他又看到另一個地方有一兩筆很好看，自己再寫到這樣的筆劃時又用上。長此以往，只要寫字，都用心為之，反而一筆好字在手。

這才是堅持的道理，每堅持一點，都會改進方法，加大難度，才能功有所成，飛躍不斷。

一首流光一首涼，感朝暮匆忙。春來冬去起寒窗，蜂載蜜、蝶飛香。

昨宵惆悵，明朝嚮往，化作筆生香。三言兩語散春傷，風依舊、水悠長。

——葉離《燕歸梁》

《誡子書》中的人生

諸葛亮，字孔明，琅邪陽都人，是三國時期著名的政治家、軍事家。他的豐功偉績，故事傳說，在中國家喻戶曉。小孩子會把他當作智慧的象徵，現實生活中也流傳著各種他的神奇。

上學時，男生都喜歡討論三國中的各路英雄，謀略計策；諸葛亮的前出師表也倒背如流。還記得初中學校的校訓，正是諸葛亮在《誡子書》中所說的：「非淡泊無以明志、非寧靜無以致遠。」

最初，把他定義為人生的榜樣，**修身自持，文韜武略**。後來，他的思想成為了人生的一項準則，指引著碌碌無為的人們。

他的《誡子書》正是最精華之所在。不僅是盞明燈，更蘊含著中華文化，體現出民族魂魄。

夫君子之行，靜以修身，儉以養德。非淡泊無以明志，非寧靜無以致遠。夫學須靜也，才須學也。非學無以廣才，非志無以成學。淫慢則不能礪精，險躁則不能冶性。年與時馳，意與日去，遂成枯落，多不接世，悲守窮廬，將復何及！

——（三國．蜀漢）諸葛亮《誡子書》

讓我們來細細感受一下。

這是諸葛亮在臨終前，寫給他八歲兒子諸葛瞻的一封家書，在中國歷史上，是修身立志的名篇。之所以稱之為「誡」，是勸告的意思。告誡兒子要遵守的一些信條，並非強制性的，而是需要讓孩子明白，自願的領悟才會有成果。

古人寫文章，在發表議論時，句首都會用「夫」字來引出下文。我們稱其為句首發語詞，讀「服」的音，二聲陽平。夫，告訴你，開始說了。君子之行，靜以修身，儉以養德。君子不僅是指品行好的人，它還是廣義上一些人群的代表。在儒家，指的是人格塑造高一層的聖明之人，賢能之人；在道家，指的是人生境界高出普通人的至人。這種高尚的人，就是君子，其所具有的行，應該是如何呢？行是行為，在這裡，是他們的處世之道或作為。要以靜作為修養身心的根本；要以儉作為培養德行的基礎。平靜能讓人沉穩寬容，修善自省，合理的塑造、把握自己。節儉能讓人知足常樂，去奢滅欲，提高效率，提高自己的品德。這是君子之行的基礎。

然後是「淡泊明志，寧靜致遠。」宏偉的志向並不是個人的欲望，淡泊才能使人遠離名利。猶如洪應明的《菜根譚》中所說：「醲[1]肥辛甘非真味，真味只是淡。」只要做到最平常、最簡單的自己，反而志向和人生的意義就明瞭了。其次只有寧靜才能長遠，一切的慌亂只能帶來眼前。目光的短淺有時並非是知識儲備的不足，而更多的是內心的浮躁。

內心的歷練方是智慧的所在，學習到的知識只是智慧的成果。

所以，學習是智慧的一部分。怎樣才能學得好呢？學須靜也。學習，首先要有一顆平靜的內心。通俗一點說，就是專注。心思散漫的人往往效率不高，本來一個小時能會的東西，可能由於三心二意導致兩三天都沒記住。然後，才須學也。才華，就是你的知識和能力，是需要通過學習得到的。學到了才，方能應用，有所建樹。所以說，如果不學習，就不能廣才，不能提高能力，不能拓寬眼界，不能增加你的知識儲備；如果沒有志向，就是沒有目標，沒有計畫，也就不能成就你的學業，終將一事無成。

---

1 醲（nóng）：味道濃烈的酒。

再之，淫慢則不能勵精。淫是多、過度的意思。慢代表怠慢和懶惰。假如過度的怠惰，成為拖遝，便不能振奮精神，效率就會低下。險躁則不能治性，性格的浮躁則不利於陶治性情。因此，要用思想來左右行為，形成良好的習慣，才能鑄造出好的性格品質。我們能感受到，不過分，是中庸；不懶惰，是勤奮；不浮躁，是沉穩。這些優點才會帶來充足的精神與良好的性情，而精力和性格正是讓命運走向成功的保證。

最後，假設不去努力，不去堅持。年齡隨著時光的飛逝而逐漸老去，年輕時的理想也一去不復返。自己如枯枝落葉般不再輝煌，為社會和國家也沒有絲毫的貢獻和成就。最終悲涼的守著一間破房子時，那什麼還能再來得及呢？

短短的數言，如果讀著有所觸動的話，就先從珍惜時間開始吧。去努力上進，完成自己應該完成的。

雄山秀林，枝茂葉新。
人有髮膚，生之隨身。
天地父母，仁道孝心。
自始至終，由古而今。

田園秀林，修剪逐新。
人有髮膚，清理日勤。
天地有節，修養在心。
自始至終，時刻如今。

獨木成林，月異日新。
言行態貌，雅淡博勤。
天地人和，自在身心。
善始善終，橫貫古今。

——葉離《有林》仿《詩經》

書香

當語言出現了文字以後，我們就有了依靠。這種依靠，是不會隨時間消逝的，它可以留存久遠。

當今社會流行「理念」這個詞，一個企業假如有了核心的理念，那麼再運用資源把實物創造出來，就只是個時間問題了。從語言的角度來說，文字就猶如這個理念，有了文字，我們便可以記下所有的思想，讓文化永遠流傳。

還是很小的時候，爺爺曾啟發式的問我：「你說，愛因斯坦和愛迪生誰更偉大呢？」那時，中國式家庭教育出來的孩子都很聽話，而且好像很小就會有一副很懂事的樣子。當問起：「小朋友，你將來長大了，想做什麼呢？」大部分孩子都會毫不猶豫，信誓旦旦的回答：「我將來要當科學家，為人類造福。」想想小時候的我也是如此，聽完爺爺的問題，我立刻答道：「愛因斯坦更偉大。」原因很簡單，因為愛因斯坦是科學家。但我同樣知道，愛迪生也很厲害，他一生有三千多種發明，是偉大的發明家。於是，我有些困惑。那時候什麼都不懂的我，並不知道答案。

爺爺大概不是很關心我的回答，只是靜靜的說：「是啊，愛因斯坦更偉大。可為什麼呢？是因為發現比發明更偉大。」小時候聽不懂的話，長大就慢慢明白了。語言中的文字，如同科學家發現的定理。我們能用定理去創造出很多新鮮事物，解決很多困難；同樣，我們能用文字寫出美妙的詩歌、散文、小說，並且用它們闡述出很多思想，永遠的讓人們記住。

於是，古人們想盡一切辦法留存自己的文化、思想、甚至只是家裡的瑣事。炎黃子孫先將文字刻在龜甲和獸骨上，那裡的象形文字就是甲骨文；後來轉移到金石上，成為金文，石鼓文；直到漢代的蔡倫發明了紙。

紙是中華民族美的象徵。紙張的顏色呈現著淡雅，紙張的質地體現出柔韌，就連紙張的薄厚也沉澱出均勻和平衡；當它與沉穩且又逍遙的墨蹟相互交融時，每一篇一頁，每一字一句，都伴隨著文化最優美的記憶。我們小心翼翼的將它積累好，裝訂成冊，便有了書。

書的出現，幾乎是中華民族的轉折。無論簡牘，還是絹帛，還是這淡淡的紙。我們有書的那一刻，便一躍成為了高雅的民族，不用向其他國家那樣還載著樹葉，劃著獸皮。我們的生活變得簡單而且高效，大家可以從書中學習，也可以用書來傳承。或許每個人都不曾體會到，但是書的氣息，甚至它長久積澱出的中國人的氣息，已不知覺的滲透到我們每個人的意識裡，融入到了我們每個人的生活中，一點一滴。

我們翻起書時，那是紙和墨的芬芳，漢字的書香。

突然有人說，醒醒吧，現在是二十一世紀，是資訊時代，一切已經讓電子取代了。我只需要一個小小的隨身碟，它甚至還沒有你的小拇指大，就能存下你擁有的一切書籍，甚至能存下一個圖書館。你只要想看，利用各種電子設備，手機、電腦，隨時都可以將它們調出來閱讀。書，這種東西，就要淘汰了，它會被時代的潮流所沖刷。那些執著於紙質書的人，別再執迷不悟了，快來跟上時代的腳步。

也許仍拿著紙質書在津津有味閱讀的人聽完會一跳而起；也許仍尊崇古典文化不忍割捨的人會義憤填膺；但有時細細想想，覺得這又是個事實，而無一點反駁之詞；可有時，又還在毫不退讓，苦苦堅持。

我就曾對今天離不開手機的人做過調侃。

世人都贊手機好，我道手機如大煙。
終日持觀幾忘我，人生碌碌不得閒。

倘如半刻無煙入，靡廢寥寥枉世間。
若要大煙常在手，心思一半飛天外，還剩一半看眼前。

——葉離

紙質書，是不會退出歷史舞臺的。它是實實在在的文化，它也是文化實實在在的證據。現在的社會也知道，電子資訊只是改變了我們的生活方式，讓我們更為高效，更為快捷，但它卻永遠不能成為文化的最終留存和歸宿。原因很簡單，因為它們始終是虛擬的，沒有實際感觸的。**虛擬永遠無法代替實際，因為我們的世界，我們的生活，真實才是永恆的**。這一點，永遠都不會變。所以現在的社會，不論大到企業還是小到個人，一切行為的最終留底都要落在紙上。那些發票、合同，哪怕是自己的一點記錄，也都會落實在紙上。

而且，當我們與實實在在的書籍有著真真切切的感受時，會不由的，產生出交流的觸動。曾經有這樣一個故事。

高中時，電子辭典很風靡，學生們在學英語時都拿著用，不但方便快捷，而且它能容納好幾本字典。可是，英語老師卻不鼓勵，一直建議我們用紙質辭典手翻。直至有一天，我才知道為什麼。他站在講臺上，拿著一本厚厚的英漢辭典說：「當你們遇到生詞時，翻起書，雖然多耗費了一兩秒時間，但卻始終看著這整本書。那些頁面在指尖滑過，密密麻麻的文字從眼前溜走時，也許無意，但它們的記載已經留給了你印象；即使不多，也會深深地存在你的腦海裡，潛意識裡。當某時某刻你的聯想、你的記憶喚醒它的時候，收穫便是那塊只能看到局部的電子詞典所遠遠不能帶給你的。」

隨著自己的成長，我也逐漸懂得了很多。儘管離不開資訊時代，但在讀書和寫日記時，永遠都會翻開那紙質的每一頁。

當還有人問我「都什麼年代了，讀書還用紙質書？」時，我便會靜靜的回答：「因為這樣的書，有書香。」

精通

《紅樓夢》中第五回，賈寶玉剛進到秦可卿的正屋裡，就見堂上有一聯寫到：「世事洞明皆學問，人情達練即文章。」先不論曹雪芹的寫作思想與脂硯齋的評論，就這句話本身，還是十分具有儒學意義的。「人情世故」這個詞現在已有些貶義，但如果說為人處世的話，仍是我們需要一生去歷練、修行的。

在這裡，我想換個思路，只說說學問本身。這裡的學問不是狹義的研究和學習，而是涉及到各行各業，都值得我們去探索、突破的領域。當你貫穿了一個方向，或在某一方面有所成就時，我們會用「精通」來形容。

在曹雪芹的這副聯裡，洞明就是「精」，達練就好比「通」。精通的道理，給了現代社會不少的啟發和裨益。我先從基本說起，精，最早是擇米的意思，所以有個米字旁，在漢代許慎的《說文解字》中有載。挑選大米，一定是個細緻的活兒，一粒一粒都要圓潤飽滿才行，不能疏漏，這就是精。而通呢？達也。四通八達，意味著貫穿了各個方面。要我說，精通雖是熟練掌握和透徹通曉的意思，但**精貴於專，通重在博，二者缺一不可**。

精通是一種很了不起的學習方法。它在告訴你，出色不止是專精一門，其他相關的部分也要博學通達，才能讓自己更上一層樓。

我國的大家，幾乎都是如此。魯迅先生在文學上的精，是因為他深刻廣博的思想，先進的文化理念，同時通曉日語等多種語言，才有著其在雜文、小說以及詩歌上的豐功偉績。著名的弘一法師，原名李叔同，也是由於他年輕時，在詩歌、書法、篆刻等方向的多重造詣，以至於後半生遁入空門又成為了一代佛學大師。西方也不例外，文藝復興時的達文西可不止是一個畫家，他在科學、解剖學、機械設計等方面也都有著自己獨到的見解和發明。就是愛因斯坦，在鑽研物理的閒暇，也會拉一段小提琴為自己增加一些靈感和新的思路。

只固守一處，終會陷入閉門造車的結局。當看清楚世間，領略到美不勝收的各個角落，才會讓自己的畫筆從容紙上，呈出一幅更加絢麗的畫卷。

這就是「精通」帶來的力量。

曾有句俗話叫做「百樣通不如一樣精」，從社會生活和經濟學的角度來說，確實不無道理。現代經濟學中有一項成果發現：細緻分工與專業化能夠大幅的提高經濟效率。普通的老百姓要予以生存，或過得更為富足，就需要自己有一個本事能足夠精到被社會重用。自然一樣精比起其他方面的皮毛要能獲得更多的收益了。

人類的世界，自古都是「三百六十行，行行出狀元」。為了讓某一方面愈發的出色，不能只看在眼前，也要從其他方面尋求突破。利用這一點，可以適當調整教育的方式和結構。有個很好的例子是二十世紀美、蘇兩國的大學專業分類。專業的劃分國際上都是有一定類別的。然而每個專業，學校在為其制定課程計畫時，美國和蘇聯就有著明顯的不同。蘇聯注重專業的細化，每個領域都有著自己的範圍，一般不予跨越。比如學了工科，就不會涉及到文科和理科，或者學了力學，就不會去學電學等等。美國的大學則不然，專業化分的範圍較廣，界限也不十分明顯，學生選擇課程也相對自由。學電腦的同學，有時老師還會鼓勵去選點文學或是心理學的課程，肯定能拓寬思路，對自己的專業有所幫助的。

感慨了精通如此之多，忽然看到字典裡一個滿意的解釋：「**精誠所至，通達感應**。」說明你的專注來源於精誠，而通達，正是你和這個領域之間的交流，這種交流所帶來的感應是廣闊的。能有此念，再執著努力，怎能不精通呢？

你有反省過自己嗎？

日三省吾身，我肯定是做不到，一周能有一次就不錯了。有時捫心自問：「反省很難嗎？」一也不是。等等，好像我這麼一問就已經在反省自己了。嗯，這是個不小的進步。

假設你是個學生，平常做錯了一道題，然後翻答案看會了，估計這事兒也就過去了。如果是考試，可能要內疚好幾天，再查查如何做的，爭取下次不失誤。當然，那種永遠保持常態，不因分數高低或者考不考試都不要緊的學生例外。這個時候，反省就異常重要了。重要的並非是會做題，而是為什麼會做錯的思路。**思路是一種思維模式，它由你的性格和習慣左右**。經過反省，會發現自己不同的思考方式，如果有所改善的話，對你的說明可就不僅僅是提高分數了。思想一旦改變，人生將是質的飛躍。

可能這個例子不夠貼近生活。就像跟朋友說話似的，難免言多必失。但換個角度講也不打緊，關係好的一定不會在意，關係不好的和自己無關，所以說錯了就說錯了。可要是你對喜歡的那個他/她說錯了句話，別說是句話了，就是一個字，估計你也得反省好幾天，有的甚至會想：時光倒流吧，再來一次多好。

實際上，反省就是為你的下一次行動作指導。可能你都沒在意，但在做下件事時，就已經受到了曾經反省意識的支配，所以，結果是可以預料的。

懂得了要反省，接下來就是反省的內容了。每個人側重點不同，但我覺得，反省品質是必須的。中國人注重道德修養，思想境界。品質的東西提升了，那不管學習、工作還是研究、創業，其實都不是問題。反省自己是否真誠，是否講信義，是否很認真努力，要遠遠優於反省學習是否有效、結果是否正確以及是否有利可圖。**省在於覺悟，省後必有所得**。

朋友

十幾年前，美國有一個非常流行的肥皂劇，叫「Friends」。在互聯網普及、資源分享的今天，大家肯定熟知。尤其是青少年、大學生，把它當作一部學習英語的經典視頻教材。它中文翻譯為「老友記」，或者叫「六人行」。故事內容幽默的成分頗多，總是帶給人們無數的歡樂。六個年輕人之間的友誼，不僅建立在互相理解與支持的基礎上，更多的是默契。看過，笑過的人都能感受到交織在其中的溫暖與感動。

朋友就是如此，**貴在相知**。孔子說過，有朋自遠方來。雖居於千里之外，卻能聚於一時，沒有相知的基礎，怎能「不亦樂乎」呢？

那如何又形成朋友呢？緣於相識。孔子曾說過擇友的標準。《論語．季氏篇》，孔子曰：「益者三友，損者三友。友直，友諒，友多聞，益矣。友便辟，友善柔，友便佞，損矣。」有益的朋友三種：正直者，信實者，見聞廣博者。有害的朋友三種：諂媚奉承者，人前恭維人後誹謗者，誇誇其談者。孔子所說的這個標準不僅是用來擇友，也是要塑造自己，成為益友。能成之為友者，必是相互的。

君子之交淡如水，小人之交甘若醴。此語出自《莊子・山木》。朋友之間的情感，平淡如水，不尚虛華。君子淡以親，小人甘以絕。相知即為交心，縱有甘醴，也只是利益相合，最終會決絕。

愛在我心中相伴，友讓我今生無憾。情寄我無限思念，終一生幸福平安。

學習

學，在中國是一個大詞。何謂「大詞」，這個詞不僅涵蓋內容寬廣，而且意義深遠。南懷瑾先生曾解釋為學問。此學問並不是文學，知識；也不是技術，研究；而是為人處世的哲學。在儒學裡，首先讓我們明白的是如何去做一個人，如何去做好一件事。這是基礎，打好基礎，才能再在其他方面有所發展。

學也是一個動詞。是要通過我們每個人去學習的，去主動學習。《說文解字》中解釋為：覺悟也。本作「斆」，篆作「學」。不是簡簡單單的老師教給你，你記住就完了。還需要動腦子，有所領悟。現在的人們說的創新，無不在這個「學」字裡。

習，是溫習、複習。意思是數飛也。鳥在剛出生時，需要經過多次的試飛，才能真正的在藍天裡翱翔。因此，多次的鞏固和重複是非常必要的。現在的學生，學英語，記單詞是個很費事的問題，總也記不住。語言是需要交流和重複的，經常去用，自然就熟練了，而且形成永久記憶以後，就不會再忘記。

這就是學習。在中國的教育過程中，要經歷小學、初中、高中、大學，甚至到研究生的學習過程。大部分學生只注重在成績上，或者注重老師所教的知識是否實用，是否對將來的工作有幫助，往往忽略了學習的本意。我們真正需要的是對為人處世的追求，而非功、名、利的方面。還會有學生困惑一些問題，也包括很多社會人，就是怎麼學也不見提高，或者進步慢。老師會說是學習方法的問題。在這裡，孔子已經給出了學習方法。就是：「學而時習之」，不僅要動腦子學，還要經常複習。因為**覺悟便能創新，鞏固方得記憶**。有成果之後，自然不亦說乎了。

等待

從開始到現在已經有兩個小時了。我在靜靜的感受等待中的快樂。等待是懷著希望的，我在期盼，期盼著有一份驚喜。懷著希望去等待總會讓時間起著微妙的變化。有時過得很慢，像是好事多磨，每一分一秒都在認真地告訴你，在美好的結果等來之前時間是多麼的寶貴；有時又過得很快，那是因為你在希望的憧憬中不知覺入了神，專注在對方以後，時光便流逝了。

有人會說，如果等了許久都沒有等到？那豈不所有希冀中的幸福都會一落千丈，而讓人無法承受。當人們有了失望的預料，那必然等的時間越長就越發的痛苦。逐漸那一點一點的不耐煩也會吞噬著自己的心。可能就算等到了好的結果，也會讓自己早已無法抑制的心情將這份驚喜擊得粉碎。**與其徘徊，不如耐心等待**。

耐心的等待是一種享受。在旁邊靜靜的看著，一切都是那麼的美好。雖然等待可能會無果，可能會無助，甚至等到最後都不知自己在等什麼。但是，等待的那個過程，一直都是幸福的，從未平淡過。

這時，等待中的時間便彌足珍貴了。有人會用來學習、觀察，尤其是在路邊等人時。有人則會讓自己的思緒天馬行空起來，可能不經意的靈感就會無意的改變他明天的方向。無論怎樣，等待中的時間，一定會是心情無比平靜的、內容無比充實的人生部分。

如果將範圍縮小一點，僅限於等人。那麼，雖然還未相遇，或者還未等到，但兩者間的心意卻早已連在一起了。**等待時一個在期盼，在希望。一個在掛念，在心想。一個留下了等你相守的承諾，一個送去了等我相伴的執著**。這份相互牽絆著的情感，只有在等與被等中才能體會其中的幸福。

忽然想到日本近代文學家太宰治有一句話：待つ身がつらいかね、待たせる身がつらいかね？是說：等人難受呢？還是讓人等難受呢？我現在想想，其實不然。無論等，還是被等，我們都在牽掛著對方啊。還有什麼能比有著牽掛的人更讓我們覺得幸福的呢？

所以，我選擇，在等待的時間裡，既不學習，也不胡思亂想，而是去準備點什麼，為對方多做點什麼。於是，我給你寫下了這段文字。

讓你久等了。

懂得時間，在於珍惜

我上了大學，才真正懂得時間的可貴。要珍惜她，合理分配她。從那時開始，我每天都會做計畫，每晚都寫總結日記。堅持至今，雖自認為沒有浪費，但總又感覺少點什麼。

時間的分配運用左右著你的生命。比如同樣的晚上二十二點至二十四點，睡覺的人會有好的精神和身體；學習的人會有很多收穫與知識；創作的人會有新鮮的感悟與智慧；娛樂的人也會有歡樂的心情和享受。這些不同，正積澱並影響著你的生命。或許你有所顧忌，在這段時間被迫做著某事。或許你放下束縛，在這段時間感受著不同。但這些都沒有好壞，**規律沉穩和灑脫隨性都將會是你生命精彩的資本**，只看你如何分配運用時間罷了。

淺談成熟

前兩天有幾個學生來京看我，和他們聊了很多，讓我感到，每個人成長的過程都是那麼動人。當望著逐漸成熟起來的內心，也多了一點點思考。像錢鍾書先生寫的《圍城》一樣，城外的人想進去，城裡的人想出來。我們又何嘗不是呢？小的時候盼望著快快長大，真正長大了，卻又發現已不再年輕。有時甚至希望，一覺醒來，我只是趴在小學的課堂上，一切只是個長長的夢。對啊，無憂無慮總是好的，當自己懂得越多，便擔負的越多，需要成熟。

這將是成熟的魅力。成熟的你，懂得如何學習，不再是逼迫，不再是探索，有著獨特的方法，讓你更好地生活，把握精彩的將來；成熟的你，懂得志向與計畫，不再是茫茫虛度，不再是碌碌無為，每一刻的時間，你都會合理安排，努力珍惜，為了理想，充實、前進；成熟的你，懂得了克制，這才是最重要的，不再恣意奢求，不再糊塗是非，不再不計後果，一切變得恰如其分，一切變得恬靜悠長，隨心所欲，不逾矩；成熟的你，便有了沉著冷靜，快樂寬容，任世事無常也能寵辱不驚，任喜怒哀樂也能心靜如水。成熟，是多麼美好的品格，多麼美好的你啊。

這是個深邃的字眼
沒幾個人能看得透
有時努力也無法強求

這是個簡單的詞彙
大家都願意信手拈來
好像這樣
生活才變得自在

它一直保持著朦朧
隱隱現現
讓人們去追逐
卻又不知覺的迷失

它有著無數的變化
小孩子盼望著長大
年輕人在立業成家
老人們已看盡浮華

成熟不是年長
年長只是歲月的滄桑
成熟不是優秀
優秀只是勤奮的終章
成熟不是閱歷
閱歷只是積澱的故事
成熟不是韜略
韜略只是智勇的站場
成熟也不是內心的穩健與寬廣
因為我們的心

一直在淌洋

人們在奔跑
想要盡可能的
甩掉身上的純真
人們在追逐
想要盡全力的
披上虛偽的外衣
在這個世界生存

成熟
在包裹
包裹著渴望成熟的人們
一層又一層
無法呼吸

成熟
在吞噬
吞噬著渴望成熟的人們
一點一點
沒有了生氣

是什麼增加了心與心的距離？
是什麼將純潔與真誠埋葬在心底？

我們不用捫心太久
成熟
一定有著它的意義
可能是笑而不語
可能是時間的珍惜

可能是理解的默契
可能是人們永恆的真諦
但是
這全在我們自己

——葉離《成熟》

十一、平衡論

一切都無法比擬

獨特自己

世界上的每個人都是獨一無二的個體。你有著長處，也有著短處。你必然在某一方面，別人所及或別人所不及；也必然在另一方面，別人所及或別人所不及。所謂的「聞道有先後，術業有專攻」正是如此。每個人都具有著無數的「道」和「業」，卻長短高下，不盡相同。如果將這各個方面、各個維度的「道」和「業」全部整合起來，用數學上的一個詞來闡述，就是取其「交集」。這個交集，便形成了世界上唯一的你。

每個人都是一獨特的交集。如同世界上沒有完全相同的兩片葉子一樣，你總有一個點或幾個方面的組合是別人所不具有或別人所不可企及的。那麼，人成長的關鍵就在於擴大自己的這個交集。多開拓思想，多學習知識，多儲備能量。你在任何一個方面的增長，都將成為你的優勢，領先於別人。

當風燭殘年，再回首人生時，誰不希望看到自己交集的那個圈，是要比其他人的更大一些呢？**生命只有一次，需要彰顯獨特的自己**。

天賜出生自愛惜。
人間精彩貴唯一，心中身外有神奇。
莫問他人怎企及？
無非長短與高低，殊途正果一般齊？

——葉離《浣溪沙　自己》

偶然靈犀

人生中，最珍貴的是什麼呢？

隨著思想的成長，在我這裡，經歷了三個階段。

最初，我珍惜生命，因為生命只有一次。如果失去了生命，那麼一切都將不存在了，什麼也完成不了。**後來，我珍惜時間**。因為我看到，在這世間，縱有著寶貴的生命，卻仍然有終日麻木，無所事事，虛度生活的人們。就像臧克家說的那句話：「有的人活著，他已經死了；有的人死了，他還活著。」**如今的我，珍惜這偶然的靈感**。靈感是不可捉摸的，不像生命，能真真切切的把握它的存在；靈感是轉瞬即逝的，不像時間，永遠在你的身旁陪伴。靈感的出現，不可預期。如果這個瞬間你沒有及時的捕捉到，那麼，有可能會錯過一生。最重要的是，靈感的意義無窮大。有時，數十年的努力也就才積澱出這麼一個創意。有時，最真摯的情感卻只是這一眸一面的藏在心底。

這才是我們需要去珍惜的，**絕不欺騙自己**。

靈感意味著偶然效應。偶然，是某一個時間、某一個環境、某一些人、某一些事相互糅合起來的特殊交集。這個交集特殊到偶然是獨一無二的。無數的偶然將世界隨著時間逐步連續了起來。從一個偶然中，便可知道整個的趨勢。要以點知面，從小的細節得到整體。

偶然有很多例子。

算命是一種偶然，算命並非不准，而是偶然性導致的，機緣變了，沒有任何時空是相同的。幽默也是一種偶然，它緣於特定的場景、特定的心、特定的時間與環境，很可能同樣的話或同樣的行為，卻在不同的時機下，變得不可笑了。

偶然中包含著靈感和時機。靈感是由知識、情感和思想的積澱而生；時機是由靈感帶去的特殊性而得。靈感是自己創造的；時機卻是自己看到的。你通過主動獲得了靈感，卻通過看到了別人的主動，而把握住了時機。無論內外，都與自己息息相關。它們不僅有著非常的意義，還會是人生的轉折力。

因此，**不要錯過**。

珍惜靈感、把握時機。在偶然中獲得必然，生活之光才會永久燦爛。

忽夢醒，立筆飛雲流景。
逝去靈犀難再應，珍惜實有幸。
轉瞬立竿見影，自在人生隨性。
怨己搖搖不定，躊躇終是病。

——葉離《謁金門 靈感》

愛心常在

愛心可以說是儒家的仁義，道家的和善，墨家的兼愛，佛家的慈悲。

愛心讓這個世界美好，讓人們的相處和睦。

我說愛心有七種，分別是：戀慕之心、敬重之心、關懷之心、寬容之心、憐惜之心、惻隱之心和感恩之心。

戀慕之心是愛情。它出於無端，「情不知所起，一往而深。」它終於無盡，「執子之手，與子偕老」。元好問說：「問世間，情為何物？直教生死相許。」戀慕之情連接著你我雙方。愛人者，付出就是一種幸福，從不求回報，遠遠守望，信任祝願。被愛者，收到的也是幸福，有人眷顧，有人陪伴。戀慕是雙方的，不可強求。感情的微妙在於心有靈犀一點通。**相知才能相伴，相伴才能相守**。

敬重之心源於禮，始於孝。尊重長輩，自古使然。既是上天決定了人們存世的先後，必要敬重年長之人。敬重他們，就是敬重時間、敬重知識和閱歷。哪怕其長你一分、一秒，也有那一分、一秒生活的道理。若是才高、德高之人，更要不問年齡，同樣敬重之。優於自己的人必有可貴之處，既然看到，就要敬之，學之，來提高自身。但是，切記不可懷輕蔑的眼光看人。這個世界中，每個人都會有比你優秀的地方。絕對每個人都會有。

關懷之心是自身的修養。要杜絕冷漠，樂於助人。人們常說：「你對我好，我就會對你好，以真心換真心。」實際上，這句話是錯誤的。如果大家都在等待別人的真心，才付出自己的真心，那世界早就冰冷不堪了。正確的方法在於，要自己先主動。「**先去對別人好，不要計較**。」多帶一些關懷與他人，自己能感受到快樂，他人能得到溫暖。

寬容之心是心態。狹義的說，也是對自己好。日本作家渡邊淳一有本書叫《鈍感力》，這個詞實際就是寬容的境界。寬容由內散發出沉穩，在外表現出理解和原諒。心眼小的人往往是庸人自擾之。楊絳先生有句名言，批評的很澈底，說：「你的問題就是，書讀的不多，但想得太多。」狹隘的想法，會給他人造成誤解，也束縛了自己。已過百歲的著名語言學家周有光先生就曾在一次訪談中說，「想不通，拐個彎不就通了嗎？」所以，大肚能容，容天下難容之事。寬容，減少了外界的糾紛，也減少了內心的糾結。

敬重之心在高、在長；憐惜之心在低、在幼。對於不如自己或年輕於自己的人來說，要給他們帶去關愛，這種愛心是憐惜。世間的不平衡要從憐惜中補足。這是天之道，損有餘而補不足。憐惜，是在乎生命的珍貴；也是在說，一切存在都是合理的。帶去愛心，才會和諧。

孟子說：「惻隱之心，人皆有之。」**惻隱不止是同情，更在於不忍**。這是人們內心深處，善意的開端。惻本是悲痛的意思。自己看到了別人的不幸，心中悲痛，難以隱藏時，便流露出惻隱之心。有此心，有此念的人，滿滿的都是善意。不忍於懷，行為發於初始，就是要積德行善。

最後是感恩，西方的「Thanksgiving」。感謝你的給與，你的幫助。像日本人飯前會說：「いただきます」，飯後會說：「ご馳走様でした」的習慣一樣，都是為了**感謝人生中獲得的這一切**。這就如同中國文化中的「知足常樂」。有，即是好的。不要對比，要珍惜現在，珍惜擁有，生活才會幸福。

愛心其實很簡單，愛別人，也愛自己。心無論有多大，愛都能充盈其中。

戀起無端伴終生，珍貴在相逢。
憐惜敬重，關懷惻隱，都是寬容。

生活自問誰傾顧，愛滿世間濃。
真情盡付，感恩如故，必有天成。

——葉離《眼兒媚　愛心》

不棄不離

愛情是美好的，而且永遠都是。她有時只有一瞬，可這一瞬的感覺猶如過了一生；她有時只有期待，可這期待卻停滯了每一分鐘；她平平淡淡時，你能夠看到安詳，感受幸福；她轟轟烈烈時，你也願意浪漫驚奇，讓世界滿是春風。

我相信愛情。

愛情的開始也許參差錯落，苦樂相融；也許癡願欣喜，卻又絢麗多姿。但是，愛情的結束都是一樣，雙雙的終老、不變的長久、永恆。青春可以有無數的時間去恣意與揮霍，也可以有無數的想法去冒險、實現，可是當有一天，停下孤獨的腳步，想有個溫暖的家去記掛時，愛情就不再是長亭更短亭的驛站，不再是沿途風景的走走看看，而需要沉下心，兩個人的並肩陪伴。有家的時候，人生便不在漂泊不定了。多長的路，都有著眷戀。

至愛莫若不棄，至情不如至親。

就拿古體詩的四種分類作為愛情的階梯吧：

詩經：蒹葭蒼蒼，白露為霜，所謂伊人，在水一方。第一層也。
楚辭：悲莫悲兮生別離，樂莫樂兮新相知。第二層也。
樂府：舉手長勞勞，二情同依依。第三層也。
古風：在天願作比翼鳥，在地願為連理枝。第四層也。
世間的情感應該是這個順序吧，永遠如詩一般的美好。

緣起瀟湘碣石，誰知天涯咫尺。
至情至親不棄，相逢相伴相知。

——葉離《兩情相依》

心有所寄

人的心中一定要有寄託，生命才有著意義。這份寄託，是靈魂的依靠。

寄託有四種，一是**信仰**，二是**理想**，三是**希望**，四是**牽掛**。

我相信，即是真。這是信仰的含義。宗教這個詞，在信仰裡就略顯狹隘了。人所相信的，可以是神靈，可以是聖人，可以是真理，也可以是平凡而普通的一切。被信仰的實體或思想，也許不會被現代所接受，也許現在的世界尚無法解釋，這都沒有關係。因為這並不能說明信仰的真假對錯，況且，信仰的意義也不在這是與非中。

信仰是周圍環境在不知覺中送與你的禮物，它會成為你一生的精神歸宿，好像老師，指點你該如何去做。

若說信仰是外界賜予的，那麼理想就是內心生髮的。有志者，事竟成，自古的道理。志高者，會不斷進步來履行人生的意義。人們為了理想而努力、積蓄，便可以承受無數的挫折困苦。

蓋西伯拘而演《周易》；仲尼厄而作《春秋》；屈原放逐，乃賦《離騷》；左丘失明，厥有《國語》；孫子臏腳，《兵法》修列；不韋遷蜀，世傳《呂覽》；韓非囚秦，《說難》、《孤憤》；《詩》三百篇，大底聖賢發憤之所為作也。

——（西漢）司馬遷《報任安書》

這些偉大的人們能忍辱負重的力量是什麼？那就是理想帶來的信念。有了理想，才知道自己該做什麼、不該做什麼，活得明明白白。

第三種寄託是希望。常會聽到社會上一些感人的故事，患有癌症晚期的病人可以為了見一個人而奇跡般的活三四年；在沙漠中迷路的人可以為了水源走上幾百公里而不吃不喝。希望掌控著人們的心緒，是指引前進的動力。人的心理是可怕的，如果對一切都絕望了，那和死幾乎沒有分別。希望就好像當你在無盡的黑暗中摸索時，那很遠很遠的一丁點亮光。

牽掛是內心情感的展現。掛懷於心的人會是伴侶、朋友和親人。因為牽掛，所以有著各種各樣的舉動。但你寄去思念的時候，就算不用做什麼，思維在時空中的傳遞也會有著反應。每個人都是如此，體會著其中一絲一毫的變化。

人和人的情感就是如此，甚至更為微妙。我常自省道：「有的時候，你特別喜歡、特別在意的人可能理都不會理你一下；可又有的時候，為你付出了全部的人，自己卻都不認識是誰。」往往生活不就是這樣無常，而又充滿著矛盾嗎？懂得這些的我，只有做好自己，提高改善著自己；然後去珍惜自己真正在意的，在乎的；堅持自己真正追求的，嚮往的，方不愧於心。

佛曰有緣，我言心間。

心有所寄，世間有情，人生有意。

有雄心在，囊呑河岳，君王霸業曾收。
當代將才，經天緯地，不知意欲何求？
誰敢闖神州？
怎驟風四起，未雨綢繆。
無奈山川，半邊春色半邊秋。
韶華已負白頭。
恨庸庸碌碌，滿目憂愁。

年與時馳，意與日去，鴻鵠之志平丘。
獨我上高樓。
泛星光漣漪，扶月當舟。
正好邀君共飲，一碗付東流。

——葉離《望海潮》

終老學習

活到老，學到老。

學習，是要用一生去完成的。知識使人進步。狹義上講，獲取知識的過程便是學習。學習二字，學者，識也；習者，數飛也。第一次，是學；再多次重複，便是習。這是學習的最基本方法。所學的東西，便是知識了。

學習有四，缺一不可。

起點是記憶。平常人們所說，肚子裡要有貨，才能倒得出來。好像電腦之父馮·諾依曼創立出的存儲理論，先要把知識都記下來，才能進行處理。於是，記憶力的好壞便成為了決定學習效率的關鍵，那些過目不忘的人們總是會招來羨慕。實際，記憶的強弱貴在專注。一心一意能帶來速度和持久。

中途是思考。死記硬背最多只能學一知一；而思考可以舉一反三。知識記憶到腦海裡是瑣碎的，思索可以將它們整合起來，發揮更大的作用。整合的方法有很多，可以是分類，清晰明瞭；可以是聯想，融匯貫通；還可以是推理，謀得所求。思考，能讓一切的死寂，活躍起來。

高潮是創新。這個能力雖不是人人都能具有的，但是可以歷練的。創新的境界有三，初者是模仿，中者在延伸，達者靠靈感。模仿在於把相近的事物或共通的特點轉換為需要的部分，如蝙蝠的超聲轉變成了雷達。延伸則是更上一層樓，在一步一步的基礎上，達到至高而不及的地方，如寫字先刻在金石，後書於簡牘，最終落於紙張。靈感可遇而不可求，但前提是有所積累，機會總是給有準備的人。當量變積澱到一定程度後，靈感突然的顯現便成為了質變的瞬間。這一切的成果，就是創新。

最終要運用。知識為人所用，才是王道。現代科技是最好的例子，每個人都從中受益，前進的步伐在加快。運用融於生活。物質上的運用，改變的是生活環境，可以便利、快捷、富足；精神上的運用，改變的是生活方式，修身帶來了品格、氣質，還有幸福快樂。拿什麼來運用呢，記憶告訴你；怎樣運用呢？思考告訴你；還想運用的好，創新告訴你。

四者兼備，才是學習。學習不在一時，而是一世。無論為了什麼，它都是人們一生最好的伴侶。

與時俱進學終老，博聞强記常思考。
映雪秉燭光，少年書墨香。
早遲心不棄，溫故知新意。
天道自酬勤，點滴恒至今。

——葉離《菩薩蠻　學習》

觀人處世

觀人的學問在西方可能是社會學的一部分。人與人之間，必不可免的是相處。洞察人的外表和內心，將會決定很多方向。

觀人好像是伯樂要做的，比如慧眼識英才。其實普通人也可用觀人之法，因為它還能更好地看清自己。觀人之法有八：

一**觀神色**。神態和氣色。神態可知其喜、怒、哀、樂；氣色可知其剛、柔、強、弱。神色放在觀人之首，原因是這屬於第一印象的主要部分。心情快樂能帶給人陽光的感覺；心情沮喪則會帶給人低沉的氣氛。在眼神中，明亮、灰暗都能閃現出氣質的雄、秀、靈、滯、險、衰等特點。所以，一個積極向上並和睦的人，他的神色一定給人是溫暖的。

二**觀舉止**。舉手投足間，能看到他的習慣。習慣決定修養。我就不喜歡很多人抖腿，這是心不寧靜的表現。抓耳撓腮似的靦腆也會映射出真誠與虛偽。瀟灑的人動作從容，謹慎的人動作收斂，心術不正的人動作猥瑣，別有用心的人動作畫蛇添足。

三觀言辭。說話絕對能決定命運。說話得體的人自然人緣好，而口無遮攔的人隨時都會留下隱患。俗語「病從口入，禍從口出」就是這個道理。語言有著技巧，直言不諱和委婉道來都有著它的目的。音樂般的聲音吸引男士，幽默的語氣吸引女士。用不同的內容調節不同的環境，才能讓說者和聽者都感到融洽。說話還有音色，男子洪亮、深沉、圓潤都是好的，若尖澀、沙啞則不佳。女子清脆悅耳，或柔和如水，或平緩輕細也都是好的，若粗獷、狡媚也不佳。聲音源於氣，氣正則優，氣邪則敗。

四觀面相。面相來自父母，也就是說人降世的那個瞬間，很多東西上天就已經決定了。面相並不能迷信，有此種模樣的人就可大富大貴，有彼種模樣的人就窮困潦倒，這種觀點絕不可取。身體長的如何，是和新陳代謝息息相關的。再細到攜帶的基因不同，決定了每個人不同的樣子。實際這極細小的基因，和心靈中會有一座橋樑。現代各種學問的進展雖然無法探知這座橋樑究竟是什麼，但我們卻能夠知道，心理的快樂還是憂鬱會帶來生理的變化，而生理的不同排列組合或其特性也決定了人的性格。所以，可以用經驗和概率看出人中長，會壽命長；耳垂大會是福相等等。可盡觀，但不能盡信。

五觀其外。外在很籠統，可以是衣冠，可以是展現給他人的樣子。衣冠之外能說明人的生活環境，是高雅還是庸俗，是奢華還是簡樸，是虛榮還是誠摯。這些能看出人的道德觀、價值觀，還有人生觀。而展現之外可看出其想法。先觀對方讓你看到的，再觀對方所隱藏而不想讓你看到的，便可知其意圖。展現和隱藏一定要相互配合，思考整理後，才可推測。

六觀其志。人必要有志。有志者，事竟成。這是夢想，也是抱負。看到對方的心之所向，可激勵自己，拓寬人生的角度。同時再觀其努力方向，便知此人是否堅毅。最後觀其持之以恆，方是成大事者。志不限於學業，也可是道德，也可是體魄。志可以成為一切，但這一切都必然美好。志不見得人人都有，有者也不見得都會去努力，會努力的人更不見得能堅持不懈。人若有等級，高下從志中一觀便知。

七觀其欲。欲則不同，人人皆有。無欲者不是聖人，也是神仙。觀其欲便知其所好，小人善於投其所好，而君子則會尊禮並善解人意。知其欲望，和自己的欲望相比，就懂得相同和不同，你我是否相融。知己間的默契就來自於相知，知欲知求，相互信任，相互依靠，才會建立親密無間的感情。因而，**觀其欲，可破敵，可得友**。

八觀其情。生活之人，必有動情之處。情是情緒，也是情感。情感生於內心，情緒顯在其表。觀其情緒，可知其當下；觀其情感，可知其永恆。細膩之人定有細膩之態，多愁善感也是性格的體現。說「情商」是控制自己情緒的能力，雖不確切，但深邃的人是可以將內心不展露在表面的。內心的起伏一般很難控制，真正寵辱不驚者，是經過世間無數歷練而得的。通過改變自身想法，達到心如止水的境界。我們觀之，**情切者懷有無限之意，情深者懷有真摯之情，情雜者懷有淩亂之態，情無動於衷者，必有難以顯現之心。**

此八法，可初探人世，初窺人情。堂堂大道，來來往往，貴在進退和諧。

總之，**觀人既要總覽又不可失於細節。居高則不能觀其俱細，處近則不能視其整體。做一個有心人。**

神態行為邂逅，面相天生具有。
內外在言談，志遠欲清長久。
知否，知否，最是情真時候。

——葉離《如夢令　觀人》

談吐朝夕

如果要問什麼能夠代表一個民族或一種文化最最基本的特徵時，那答案一定是語言。有研究者說，人類與動物的本質區別在於有語言和感情。我的觀點認為，是在於人們用**語言表達感情，以感情創造語言**。

不同的語言從文法中能看出文化的差異。中文的發展從古到今是由獨立語轉變為複合語的過程，她注重詞彙間的順序關係和微妙的語氣，使中國人顯得委婉而藝術感十足。英文的單詞不受音節長度的限制，說起來會有很強的節奏感；句子內容也會將重點放在最前面，所以文化清晰，直截了當。日語屬於黏著語，由虛詞決定著每個成分的作用，好像日本人都謹小慎微的注重細節似的；而且日語句子的主要動詞置於末尾，等於賣了一大關子後才交代出真正的目的，這個動詞的尾碼還有著各種簡體、敬體的變化，繁文縟節，可見一斑。

語言的根本是交流。語言的產生也必然是先有聲音，後有文字的。瑞士的著名語言學家索緒爾曾將語言分為了能指和所指兩個部分。能指是聲音的部分，所指是意義的部分。聲音賦予了意義便可以用來交流思想。後來文字的出現，使文化以證據的形式保留下來。世界上有很多語言沒有文字，它們的民族卻川流不息的繁衍著；然而若語言只剩下了一堆文獻，卻沒有聲音共大家交流的話，那它的文化也就隨之消亡了。印度的梵文，就是最典型的例子。

人的大腦存在著兩種知識，從語言中最能體現。我們可以將其定義為**內向型知識**和**外向型知識**。內向型知識在於理論、研究，可以掌握整體的架構及所有邏輯細節；外向型知識在於實踐、運用和表達。這一點可能和人腦的左右半球是相互配合的。對於英語而言，內向型知識的人能夠懂得英語構造、文法的關係，可以遊刃有餘的處理無數英語的概念；而外向型知識的人，對英語語法可能一竅不通，卻能流暢的用英語表達，微妙的不合適自然間就能體會。這種區別，讓語言的傳承產生了兩個不同的角度。

語言還是融入在生活中的，交流是種學問。

有的人幽默，有的人誠懇，有的人直爽，性格其實是從語言中感受出來的。交流都是一問一答，或者你一言、我一語的形式，問的目的和語氣，答的內容和態度，來來往往，自有所成。

曾聽說佛家有修七日禪。七日之內不可說話。想必，語言終究要隨心吧。

詞作意深長，情至凝思緒。
提筆傾聽在哪邊？共品驚人語。
誰想現實忙，眞摯隨風去。
天馬行空夢不息，反是無聊句。

——葉離《蔔運算元》

史鑒預言

時間有著過去、現在、將來，世界的基調是它們在同一個數軸上串起來的。每一個事態的發生在這個數軸上都是連續的，就算不是，那它們相互之間也是存在著聯繫的。錯綜複雜的聯繫交織成網，絕不是二維或三維那麼簡單，而有著更多的無法探知。

於是，世界的發展日新月異，人們的生活也充滿著奇妙。**前方的未知才使得生命有了價值**。經過的變成了歷史，歷史影響當下，當下決定未來。我慕於世，是因為她的平淡，她的精彩，如夢想於心底，如生活在當前。

親身經歷的，可以見證感受；不曾度過的，可以聽聞學習。人活著只要有識、有知，就會對內心產生影響，內心思緒的變化，決定了你的行為。當將所有人的行為都集合起來，便是如今這個世界發展的樣子，這也在告訴我們，為什麼，世界發展成現在這樣了。

學習歷史，可不是因為精彩的人物和生動的情節，而是要從曾經的每一個人，每一件事中感悟到什麼，來影響自己的心靈。心靈變化了，你才知道怎樣能做到更好。

以史鑒今。通過歷史，可以在相似的事態發展中推測出結果；通過歷史，可以在已有的道理和感悟中左右將來。總之，歷史是為了讓明天的生活更美好。

但是，歷史好像都是些經驗。我們能夠感知前後聯繫的微妙，卻得不出必然。過去決定將來的中間橋樑是現在，然而這個現在誰都說不清楚。它不是公式，沒有著絕對，只是在預示著什麼。

這種預測和先知當今有著多種形式：周易、占星學、測字等等，都是卜筮的一部分。不能把握靈與不靈，也不能拘泥於信和不信。關鍵在於，這是特殊的時間、特殊的地點、特殊的人發生的特殊的事，以及思想上的特殊變化帶來的一個普遍規律。也就是說，占卜運用了普遍的規律，但變化出的那個結果卻是特殊而唯一的。這個特殊的點一定會依靠普遍規律的作用而與將來的某個預測點相符。如果不符，僅僅是因為兩者的關係沒有對應上而已。

預感的產生，是因為歷史在人們的心裡積澱到了一定程度。當每個人都在自然經歷時間的流逝時，歷史所留下來的一切會像市場經濟中無形的手一樣自動在心靈裡整合，也許忽然在某個時間，便出現了整合的結果，這就是預感。它不是平白無故的，而是有所依循的。

將來源於歷史，預感起於自心。這都是為了以後的未知。

預感是一種神奇，
它指引著你。
心中的意念力，
也久久不息，
創造著奇跡。

緣起緣滅的不是命中註定，
不是堅持所以。
更不是朝暮點滴，
堂皇華麗。
而是永恆的珍惜在心底，
那份深深的情意。

——葉離《預感》

寧靜如期

那天傍晚，我們靜靜的坐在花園裡的長椅上，身旁的朋友問我：「人一生中在追求什麼呢？什麼才是最重要的呢？」我回答說：「寧靜。」

寧靜是內心。

想起一個有哲理的笑話：人保持怎樣的姿勢就永遠不會摔倒了？回復說：那就是你本身倒著。「寵辱不驚，看庭前花開花落；去留無意，望天空雲卷雲舒。」這是陳繼儒《小窗幽記》中的句子。將內心沉澱下來的時候，便是最穩的時候。當你看到周圍的一切都飄在你上面，那麼，就沒有任何能撼動你的東西了。這是寧靜。

沉穩是一種寧靜，它不卑不亢，不驕不躁；平和是一種寧靜，它不喜於色，不痛於聲，不悲於態，不憂於神；自在是一種寧靜，它逍遙隨心，張弛有度；深邃是一種寧靜，它韜光養晦，運籌帷幄；品德是一種寧靜，它有禮有愛，無欲無求。

內心寧靜的狀態，使世界變得清晰，使名利變得淡然，使生活開始走向溫暖。

寧靜是習慣。

習慣才是塑造一個人最基本的方法。如果你每天讀書，這就是寧靜的；如果你每天將自己或家裡收拾的整潔，這也是寧靜的。一個好的習慣是通過堅持凝聚在你的身心上。當習慣與人融合成一個整體，也許就造就了性格。這些平淡的美好，終將給我寧靜。

「朝飲木蘭之墜露兮，夕餐秋菊之落英。」寧靜的美，不是上天的賜予，而是自己送與自己的禮物。

——葉離《修心》

沉浮不動心，悲喜平常心。
多想實無意，一顆寧靜心。

經濟智慧

縱橫科技今資本，政治風雲經濟魂。
佛道虛空德少座，浮華文藝虛榮身。

——葉離

二十一世紀將會是資訊與經濟學的時代。我選擇了經濟學作為人生學習和應用的一部分。現在的中華，充斥的是西方成熟的經濟學理論。它與中國的經濟二字大相徑庭。國學中的經濟是指經世濟民，修身、齊家、治國、平天下的學問。而西方的經濟學，主要是效率和資源配置的問題。

同在一個地球，國家與國家間的競爭是建立在經濟實力上的。充足的財富是科技進步的資本。無論教育，醫療，還是人們普通的物質生活都需要高效和富足。當看到每時每刻，一個國家都在前進時，這就是經濟所帶來的，了不起的財富。

在經濟學中有三個要點。它們是**機會成本**、**邊際效應**和**折中主義**。

先說說折中主義吧。在經濟學裡，市場經濟是無形的手，政府是有形的手。市場利用著買者的偏好與賣者的資本，自然而然的被利益導向了一種平衡。這種平衡很神奇，可以讓效率最大化，可以讓資源分享。亞當斯密的理論頓時引領了經濟的走向，大家都在競爭中達到最高效率，社會也在競爭中飛速進步。正當市場經濟理論完美展現的時候，另一種市場不靈開始滋生了。壟斷導致的貧富不均衡，市場的外溢性導致的環境汙染和資源浪費，讓人們一度陷入苦惱。終於，折中主義發揮作用。市場的弊端讓政府來調控，財政政策左右稅收和預算；貨幣政策調整供應與利率。用這些方法的影響來使社會重新建立平衡。這個平衡不再是自由散漫的了，而是相對公正、公平，讓所有人都富足起來的平衡。

如此概述了一通折中主義，看似有些混亂。可後來想想，不就是中庸嗎？恰到好處的利弊平衡。炎黃子孫自古就知道陰晴圓缺、物極必反。市場和政府的互相配合本來就是相輔相成的。舉個科學的例子就好像，剛開始牛頓認為光是粒子性的，後來惠更斯又提出了光的波動說，結果愛因斯坦總結了：光是具有著波粒二象性的。聽完這些，我們可以得知，雖然每一位科學家或者經濟學家在證明他們的理論時都付出了無數的努力，但最後的結果所帶來的哲學高度卻都是相同的。那就是一個「中」字。它是折中，它是中庸。它是一種平衡。陰陽互補的，相生相剋的。

如果在我們的生活中，永遠保持著「中」的效果，那你的心情和幸福度的解也一定是個美滿的均衡。

其次，談一下邊際效應。在經濟學中，邊際效應定義為：多消費一單位商品時所帶來的新增的或額外的效用。這樣的概念總會很抽象，簡單點說，就是任何事物的價值實際是與時間息息相關的，而關係最緊密的那個點實際就是離你最近的那個點，或者是最後的那個點。這就是邊際。可能是注重結果的感覺，也可能是把握機會的方式。但邊際效應告訴我們，假如你在等公車，也許重要的不是某個前後，而是有個時間，或者是一個偶遇告訴自己，來得早不如來得巧。那一刻才是等待的最大價值。

這讓我又想起了道家的無為。無為並非什麼也不做，而是當你發現了邊際效用以後，便會用一種成熟穩重且自然而然的心態應對世事無常，反而有著無心插柳柳成蔭的效果。讓我用大經濟學家薩繆爾森的一段話做個小總結吧：「讓過去的事情成為過去。不要向後看。不要為已濺出的牛奶而哭泣，也不要為昨日的損失而悲歎。對於任何決策，要準確的計算你將多為之付出的成本，並把它和你將因之增加的收益相權衡。根據邊際成本與邊際收益來進行決策。」這不就是說，用自然的心，來把握現在嗎？

最後，機會成本。有待被放棄的非最優的事情或東西，就體現著你進行該項決策的機會成本。一項選擇的機會成本，是相應的所放棄的物品或勞務的價值。這麼說來，就是有得必有失。選擇一方的時候，必然無形的已經放棄了另一方。或者是用捨棄的那部分換回你所得到的那部分。從經濟的角度說，總是那麼的利益化，好像很自私似的，自己無時無刻都在做著最優選擇。其實不然，我從中國文化中看到機會成本的精髓是珍惜。不管你放棄什麼，都是為了珍惜你認為最值得擁有的最珍貴的東西。她們可能是感情，可能是思想，可能是時間，也可能是某一個人。但無論哪個角度來說，她們對於你，都是最重要的。以至於自己願意為此去放棄其他，珍惜是何等的偉大。被選擇了的那些感情、思想、時間或是某個人，都是最美的，也都是最幸福的。因為珍惜本身就很美。

有了機會成本的概念，就懂得了一些自己的人生。什麼才是重要的，什麼才是永久的。什麼才是需要珍惜的，什麼才是應該去做的。珍惜與放棄之間，上蒼會給與你一個平衡。但這個平衡永遠取決於你的抉擇，和你放棄的機會成本。結果的好與壞，正是你心靈的體現。曾想到楊絳先生的感言，放在這裡吧。「上蒼不會讓所有幸福集中到某個人身上，得到愛情未必擁有金錢；擁有金錢未必得到快樂；得到快樂未必擁有健康；擁有健康未必一切都會如願以償。保持知足常樂的心態才是淬煉心智，淨化心靈的最佳途徑……這便是人生哲學。」

寫到這裡，忽然覺得經濟學也不那麼的現實和功利了。它的哲學總會帶給你不一樣的效果，尤其是當你以中華的文化去感受時，一切都變得平靜淡雅，卻又智慧非常了。

競爭市場逐名利，滿目虛榮。
滿目虛榮，你我其實無不同。
濟人經世談何易，一事無成。
一事無成，辜負今明憶往生。

──葉離《採桑子 經濟》

平衡歸一

這是平衡論，分為如下幾個部分。

※分類學

世界上的所有存在幾乎都要分類，思想也是。上課有著語文、數學、物理、化學的區分；動物和植物也有著界、門、綱、目、科、屬、種之說。正確的分類引導出正確的進展方向。分類讓宇宙中的一切都有了歸屬，形成大大小小的集合。這些集合相互有著交融、有著分離。它們不斷衍生出更為細小的分支，也不斷追溯到最龐大的整體。像一棵樹，沒有著開始和結束，那個最正中的點就是地上與地下之間的平面。根在不斷擴張，末也在不斷伸展。順著一脈一脈的枝，任何事物都能找到適合的位置。

有了分類，就有了平衡。從一元到多元，都可以歸入其中。分類成為平衡論的第一步，方法是先定義、再應用、後證明。若證明不足，就重新定義，重新分類，找到合適的位置。合理分類是十分重要的。看樣，分類學成了一種工具，用來使之平衡，或被平衡使之。

※陰陽學

二元論永遠來於太極生兩儀的觀點。如果將陰陽作為最高等級的抽象概括，那麼就好像如今資訊時代的0和1一樣，可以解決或解釋所有的問題。

但更高一層的是，陰陽絕不是對等的。可能有著輕重不勻，多寡不均的現象。所以，陰陽有了互補原則。好像曾經文化中五行的相生相剋一般，每一件事物都是可去制約並被制約的。一陰一陽的牽制就用在了軍事理論中；一陰一陽的結合就用在了生物學中：一陰一陽的轉化就用在了物理和化學中。

舉個例子，攻守的制約，正奇的運用是軍事理論；男女、公母、雌雄，基因的配合是生物學；作用力、反作用力，能量與物質轉換，化學元素的聚變和裂變就是物理和化學中應用的。甚至在生活中、心理學上，我們也知道：「禍兮福之所倚，福兮禍之所伏。」

這就是陰陽還能相互轉換的道理。所謂樂極生悲，物極必反，現代科學好像也在印證著有個如同黑洞的時空極點，穿越過去就會是陰陽轉換了，能回到從前，或者回到與此相對的世界。

陰陽成為了平衡論的第二階梯，天平總得有東西才能搖擺和稱量，世界也是如此。

※中庸學

中庸的物件是一個整體。如果是線，它不在兩頭；如果是面，它不在四周；如果是體，它也不在邊緣上。中庸只是這個整體裡一個普通的點，不在極端。然而不是普普通通就罷了。它一定要成為那個中，就是合適、不偏不倚，恰到好處的地方。這個地方我叫它轉折，重要得彷彿是證券投資中你過了百分之五十以後就有了絕對的控股權一樣。

無論是求學研究，還是生活、應用中，都需要把握這個點，成為最佳途徑。於是，中庸的位置指導平衡，一切的平衡，才是永恆的狀態。

※聯繫學

關聯的力量是無形的，有時像蝴蝶效應，失之毫釐而謬以千里；有時如因果輪迴，前世種業，後世得報；有時又是直截了當的關係，也許就在身邊。聯繫就是橋樑和紐帶，讓一切都變得有意義起來。

聯繫告訴我們世界為什麼是平衡的。如果陰和陽本身就不相干，那麼這一切也就無從談起了。聯繫解釋平衡。

※變化學

變化以時間為衡量，因為我們能感知到的，是時間不會停滯。

變化以思維為動力，思想可以產生一種無形的場，來左右宇宙中的存在。

變化沒有著好壞、進退的概念，我只能確定它不會靜止，尤其是非物質的那些東西。

我們可以任意捕捉一個點，暫態的。理想假設這個點是靜止的時候，它也會形成一種平衡，讓這一切都自然而然。

平衡的目的是為了變化，同時，在變化中又達到新的平衡。平衡才是穩態。

因而，**平衡才是宇宙中應該有的樣子，無所謂過去將來，無所謂正反明暗，更無所謂變化發展，它都是從平衡中生出，從平衡中寂滅。**

天地四時態，陰陽定變衡。
晴風雪雨暮朝逢，心寄悲歡喜怒不言中。
物勢極則反，平常善始終。
緣隨聚散意難重，唯有一廂情願月華濃。

——葉離《南歌子》

十二、這是中華的點滴，國學的奇跡

中華是一脈長河，

君不見黃河之水天上來，奔流到海不復回。（唐・李白《將進酒》）

中華是一條巨龍。

上有六龍回日之高標，下有沖波逆折之回川。（唐・李白《蜀道難》）

中華承天地之氣，

天行健，君子以自强不息；地勢坤，君子以厚德載物。（《周易》）

中華秉日月之光。

九天日月移朝暮，萬里山川換古今。（唐・馬湘《登杭州秦望山》）

中華是時，

逝者如斯夫，不舍晝夜。（《論語・子罕》）

中華是空。

天高地迥，絕宇宙之無窮；興盡悲來，識盈虛之有數。（唐・王勃《滕王閣序》）

中華迎春，

日出江花紅勝火，春來江水綠如藍。（唐・白居易《憶江南》）

中華盛夏，

接天蓮葉無窮碧，映日荷花別樣紅。（宋・楊萬里《曉出淨慈寺送林子方》）

中華金秋，

落霞與孤鶩齊飛，秋水共長天一色。（唐・王勃《滕王閣序》）

中華寒冬。

忽如一夜春風來，千樹萬樹梨花開。（唐・岑參《白雪歌送武判官歸京》）

中華是荷，

出淤泥而不染，濯清漣而不妖。（北宋・周敦頤《愛蓮說》）

中華是梅。

梅須遜雪三分白，雪卻輸梅一段香。（宋・盧梅坡《雪梅》）

中華有著永恆的眷戀，

在天願作比翼鳥，在地願為連理枝。（唐・白居易《長恨歌》）

中華有著誠摯的友誼。

海內存知己，天涯若比鄰。（唐・王勃《送杜少府之任蜀州》）

中華有著無與倫比的愛情，

曾經滄海難為水，除卻巫山不是雲。（唐・元稹《離思》）

中華有著非凡的氣質。

非淡泊無以明志，非寧靜無以致遠。（三國・蜀漢・諸葛亮《誡子書》）

中華有著含蓄，

千呼萬喚始出來，猶抱琵琶半遮面。（唐・白居易《琵琶行》）

中華有著思念。

春蠶到死絲方盡，蠟炬成灰淚始幹。（唐・李商隱《無題》）

中華有著珍惜，

記得綠羅裙，處處憐芳草。（五代・蜀・牛希濟《生查子》）

中華有著默契。

身無彩鳳雙飛翼，心有靈犀一點通。（唐・李商隱《無題》）

中華有西部之浩渺，

大漠孤煙直，長河落日圓。（唐・王維《使至塞上》）

中華有江南之風韻，

一道殘陽鋪水中，半江瑟瑟半江紅。（唐・白居易《暮江吟》）

中華有著荊楚之蔥郁，

晴川歷歷漢陽樹，芳草萋萋鸚鵡洲。（唐・崔顥《黃鶴樓》）

中華有著河北之氣魄。

秋風蕭瑟，洪波湧起。日月之行，若出其中；星漢燦爛，若出其裡。（三國・曹操《步出夏門行・觀滄海》）

中華傳與我們國學，

紙上得來終覺淺，絕知此事要躬行。（宋・陸游《冬夜讀書示子聿》）

文化從現在開始。

合抱之木，生於毫末；九層之台，起於累土；千里之行，始於足下。（《老子》）

國學是佛家，

菩提本無樹，寧靜亦非台。本來無一物，何處惹塵埃。（《壇經》）

國學是儒家，

民為貴，社稷次之，君為輕。（《孟子》）

國學是道家，

人法地，地法天，天法道，道法自然。（《老子》）

國學是墨家，

兼相愛，交相利。（《墨子》）

國學是法家，

反聽之謂聰，內視之謂明，自勝之謂強。（西漢・司馬遷《史記・商君列傳》）

國學是名家，

一尺之捶，日取其半，萬世不竭。（《莊子・天下》）

國學是兵家。

百戰百勝，非善之善也；不戰而屈人之兵，善之善者也。故上兵伐謀，其次伐交，其次伐兵，其下攻城。攻城之法，為不得已。（春秋・孫武《孫子兵法》）

國學是仁，

愛人者，人恒愛之；敬人者，人恒敬之。（《孟子》）

國學是義，

生亦我所欲也，義亦我所欲也；二者不可得兼，舍生而取義者也。（《孟子・告子上》）

國學是禮，

禮尚往來，往而不來，非禮也；來而不往，亦非禮也。（《禮記・曲禮上》）

國學是智，

知人者智，自知者明。（《老子》）

國學是信。

言必信，行必果。（《論語》）

國學有忠，

鞠躬盡力，死而後已。（三國・蜀漢）諸葛亮《後出師表》）

國學有孝，

誰言寸草心，報得三春暉。（唐・孟郊《慈母吟》）

國學有情。

問世間，情為何物，直教生死相許。（元・元好問《摸魚兒・雁丘詞》）

國學有著浪漫，

月上柳梢頭，人約黃昏後。（北宋・朱淑眞《生查子》）

國學有著灑脫。

一點浩然氣，千里快哉風。（北宋・蘇軾《水調歌頭・黃州快哉亭贈張偓佺》）

國學有著《詩》的無邪，

昔我往矣，楊柳依依；今我來思，雨雪霏霏。（《詩經・小雅・采薇》）

國學有著《書》的仁德，

滿招損，謙受益。（《尚書》）

國學有著《易》的先知，

易，窮則變，變則通，通則久。（《周易・繫辭》）

國學有著音樂的動人，

此曲只應天上有，人間能得幾回聞？（唐・杜甫《贈花卿》）

國學有著《春秋》的精彩。

人非聖賢，孰能無過？過而能改，善莫大焉。（春秋・左丘明《左傳》）

國學是教育，

一年之計，莫如樹穀；十年之計，莫如樹木；終身之計，莫如樹人。（《管子・權修》）

國學中有農業。

春種一粒粟，秋收萬顆子。（唐・李紳《古風二首》）

國學教會我們學習，

學而不思則罔，思而不學則殆。（《論語．為政》）

國學教會我們計畫，

凡事預則立，不預則廢。（《禮記．中庸》）

國學教會我們堅持。

鍥而不捨，金石可鏤。（《荀子．勸學》）

國學為命運指引，

禍兮福之所倚，福兮禍之所伏。（《老子》）

國學作人生長歌。

欲窮千里目，更上一層樓。（唐．王之渙《登鸛雀樓》）

附錄

一、歷史

※中國歷史年表（分段記錄）

紀年	勢力及政權（中國）	世界
前3100		埃及形成統一奴隸制國家
約前3000	三皇時期	兩河流域奴隸制國家
約前3000中期		印度河流域哈拉帕文化
約前2500	黃帝戰蚩尤於涿鹿郊野	
約前2300	唐堯即位	
約前2200	禪讓於虞舜	
約前2100	禪讓於夏禹	埃及奴隸和貧民大起義
約前2070	啓代替伯益即位，夏朝建立	
前1894		古巴比倫王國建立
約前1600	湯滅夏桀，建立商	
約前1400	商王盤庚遷都殷	
前1046	周武王姬發牧野之戰滅商紂，西周建立	
約前1000		努比亞建立奴隸制國家
前770	周平王遷都鎬京，東周建立	
前594		雅典梭倫改革

前559		居魯士大帝統一波斯
前539		波斯佔領巴比倫
前525		波斯滅埃及
前509		羅馬奴隸制共和國成立
約前500		佛教誕生
前356	秦商鞅變法	
前330		馬其頓滅波斯
前300		摩揭陀國統一印度大部
前221	秦始皇統一六國	
前209	陳勝吳廣大澤鄉起義	
前207	巨鹿之戰	
前206	秦子嬰降，秦亡；項羽劉邦開始楚漢之爭	
前202	劉邦建立西漢，定都長安	
前138，前119	張騫兩次出使西域	
前103-前90	司馬遷著述《史記》	
前73-前71		斯巴達克起義
前27		屋大維建立羅馬帝國
約前10		朝鮮高句麗奴隸制國家建立
約前5		東非阿克森姆奴隸制國家興起
約0		基督教產生
8	王莽篡權，建立新朝	
21	王匡、王鳳綠林赤眉起義	
25	劉秀定都洛陽，建立東漢	
73	班超出使西域	

105	蔡倫發明造紙術	
184	張角黃巾起義	
196	曹操挾天子以令諸侯	
200	曹操袁紹官渡之戰	
208	孫劉聯軍對抗曹魏的赤壁之戰	
220	魏文帝曹丕，定都洛陽	
221	蜀漢昭烈帝劉備，定都成都	
222	吳大帝孫權，定都建業	
約250		日本大和奴隸制國家興起
265	西晉建立，武帝司馬炎	
280	西晉滅吳	
313		基督教在羅馬取得合法地位
317	東晉建立，晉元帝司馬睿	
383	淝水之戰	
395		羅馬分裂為東西兩部
420	南朝宋建立，宋武帝劉裕	
476		西羅馬帝國滅亡
485	北魏孝文帝改革，實行均田制	
494	北魏孝文帝遷都洛陽	
約500		法蘭克王國建立
581	文帝楊堅受禪於北周靜帝建立隋朝，北朝結束	
589	隋統一南朝	
605	京杭大運河開通	
622		穆罕穆德建立伊斯蘭教

626-649	唐太宗李世民即位，貞觀之治	
630		阿拉伯帝國建立
646		日本大化改新
676		新羅統一朝鮮
713-741	唐玄宗李隆基即位，開元盛世	
755-763	安史之亂	
829		英吉利王國成立
843		查理曼帝國分裂
875-884	唐末農民戰爭	
907	五代後梁建立，唐亡	
916	耶律阿保機建立契丹國	
960	趙匡胤陳橋兵變，黃袍加身，建立宋朝	
961	趙匡胤杯酒釋兵權	
962		神聖羅馬帝國建立
979	北宋統一五代十國	
1005	宋遼檀淵之盟	
1038	黨項族元昊稱帝，建立西夏	
1054		基督教會分裂
1066		法國諾曼第公爵征服英國
1069	王安石變法	
1115	完顏阿骨打建立金	
1125	金滅遼	
1127	靖康之變，金滅北宋，南宋開始	
1140	宋金郾城大戰	

1192		日本鐮倉幕府建立
1206	鐵木真統一蒙古各部，建立大蒙古國	
1227	蒙古滅西夏	
1234	蒙古滅金	
1271	忽必烈改國號為元，定都大都	
1276	元滅南宋	
1337		英法百年戰爭開始
1351	劉福通紅巾軍大起義	
1368	元亡，明朝建立	
14世紀-16世紀		歐洲文藝復興
1405-1433	鄭和七次下西洋	
1421	明成祖遷都北京	
1453		東羅馬帝國滅亡
1480		俄羅斯擺脫蒙古控制
1492		哥倫布發現美洲新大陸
1497		達伽馬開闢西歐到印度新航路
1519-1522		麥哲倫環航地球
1600		英國東印度公司成立
1616	努爾哈赤建立後金	
1636	後金改國號為清	
1640		英國資產階級革命
1644	李自成攻佔北京，建立大順政權，清軍入關	
1662	鄭成功收復臺灣	
1689	中俄簽訂《尼布楚條約》	

1760		英國工業革命
1775-1783		北美獨立戰爭
1789		法國資產階級革命
1792		法蘭西第一共和國成立
1804		拿破崙稱帝，法蘭西帝國成立
1839	林則徐虎門銷煙	
1840	英軍發動鴉片戰爭	
1842	中英《南京條約》	
1848-1849		歐洲革命
1851	金田起義，太平天國建立	
1852	第二次鴉片戰爭	
1858	清朝與英、法、美、俄簽訂《天津條約》	
1860	清朝與英、法、俄簽訂《北京條約》	
1860-1890	洋務運動	
1861-1865		美國南北戰爭
1868		日本明治維新
1883-1885	中法戰爭	
1894-1895	甲午中日戰爭	
1895	中日馬關條約	
1898	戊戌變法	
1899	義和團運動	
1900	英、法、德、美、俄、日、意、奧八國聯軍侵華	
1901	辛丑合約簽訂	
1905	中國同盟會成立	俄國資產階級民主革命

1911	武昌起義	
1912	清帝退位，孫中山成立中華民國	

※中國歷史朝代表

年代	朝代	分代	開國創始人	都城	備註
	三皇		伏羲、燧人、神農		
約前2600-前2029	五帝		黃帝、顓頊、帝嚳、唐堯、虞舜		
前2029-前1559	夏		禹	陽城	
前1559-前1046	商		湯	亳－殷	
前1046-前771	周	西周	周文王　姬發	鎬京	
前770-前256		東周	周平王　姬宜臼	洛邑	
前221-前206	秦		始皇帝　嬴政	咸陽	
前202-8	漢	西漢	漢高祖　劉邦	長安	
25-220		東漢	漢光武帝　劉秀	洛陽	
220-265	三國	魏	魏文帝　曹丕	洛陽	
221-263		蜀漢	蜀漢昭烈帝　劉備	成都	
222-280		吳	吳大帝　孫權	建業	
265-316	晉	西晉	晉武帝　司馬炎	洛陽	
317-420		東晉	晉元帝　司馬睿	建康	
304-439	十六國				多政權

420-589	南北朝	南朝	宋武帝　劉裕		宋、齊、梁、陳
386-581		北朝	北魏太祖　拓跋珪		北魏等多政權
581-619	隋		隋文帝　楊堅	大興	
618-907	唐		唐高祖　李淵	長安	
907-960	五代				後梁等多政權
891-979	十國				吳等多政權
960-1127	宋	北宋	宋太祖　趙匡胤	汴梁	
1127-1279		南宋	宋高宗　趙構	臨安	
916-1125	遼		遼太祖　耶律阿保機	上京	
1038-1227	西夏		夏景宗　李元昊	興慶	
1115-1234	金		金太祖　完顏阿骨打	中都	
1206-1368	元（蒙古國）		成吉思汗　孛兒只斤鐵木真	上都－大都	
1368-1644	明		明太祖　朱元璋	南京－北京	
1644-1912	清（後金）		清太祖　愛新覺羅努爾哈赤	北京	
1912-1949	中華民國		孫中山	北京－南京	

※《二十四史》

序號	書名	作者及朝代	卷數
1	《史記》	西漢　司馬遷	130
2	《漢書》	東漢　班固	100
3	《後漢書》	南朝　宋　范曄	120

4	《三國志》	西晉　陳壽	65
5	《晉書》	唐　房玄齡　等	130
6	《宋書》	梁　沈約	100
7	《南齊書》	梁　蕭子顯	59
8	《梁書》	唐　姚思廉	56
9	《陳書》	唐　姚思廉	36
10	《魏書》	北齊　魏收	114
11	《北齊書》	唐　李百藥	50
12	《周書》	唐　令狐德棻　等	50
13	《隋書》	唐　魏征　等	85
14	《南史》	唐　李延壽	80
15	《北史》	唐　李延壽	100
16	《舊唐書》	後晉　劉昫　等	200
17	《新唐書》	北宋　歐陽修、宋祁	225
18	《舊五代史》	北宋　薛居正　等	150
19	《新五代史》	北宋　歐陽修	74
20	《宋史》	元　脫脫　等	496
21	《遼史》	元　脫脫　等	116
22	《金史》	元　脫脫　等	135
23	《元史》	明　宋濂　等	210
24	《明史》	清　張廷玉　等	332
25	《清史稿》	中華民國　趙爾巽　等	529

二、諸子

※先秦諸子百家

百家	代表人物	出生	地域	著作	思想
道家	老子	前571~前471	春秋 楚	《道德經》	道 無為
	列子		戰國 鄭	《列子》	虛靜
	莊子	前369~前286	戰國 宋	《莊子》	逍遙
儒家	孔子	前551-前479	春秋 魯	《論語》	仁
	孟子	前372~前289	鄒	《孟子》	義
	荀子	前313~前238	戰國 趙	《荀子》	
墨家	墨子	前468~前376	戰國 宋	《墨子》	兼愛 非攻
法家	韓非子	前280~前233	戰國 韓	《韓非子》	術
	商鞅	前395~前338	戰國 衛	《商君書》	法
	李斯	前284~前208	戰國 楚		勢
兵家	孫武	前545~前470	春秋 齊	《孫子兵法》	不戰而屈人之兵
名家	公孫龍	前320~前250	戰國 趙	《公孫龍子》	名
	惠施	前390~前317	戰國 宋		實

縱橫家	鬼穀子		衛	《鬼穀子》	（遊說之術）
	蘇秦	前337~前284	戰國 雒陽		合縱
	張儀	？~前309	戰國 魏		連橫
陰陽家	鄒衍	前305~前240	戰國 齊	《鄒子》已佚	陰陽 五行
農家	許行	前390~前315	戰國 楚	《神農》已佚	食貨
雜家	呂不韋	前292~前235	戰國 衛	《呂氏春秋》	集腋成裘
	劉安	前179~前122	西漢 淮南王	《淮南子》	
醫家	扁鵲	前407~前310			

※《十三經注疏》

清代學者阮元主持校刻

1. 《周易正義》一〇卷，（魏）王弼、韓康伯注，（唐）孔穎達等正義，（清）李銳校。
2. 《尚書正義》二〇卷，舊題（漢）孔安國傳，（唐）孔穎達等正義，（清）徐養原校。
3. 《毛詩正義》七〇卷，（漢）毛亨傳，鄭玄箋，（唐）孔穎達等正義，（清）顧廣圻校。
4. 《周禮注疏》四二卷，（漢）鄭玄注，（唐）賈公彥疏，（清）臧庸校。
5. 《儀禮注疏》五〇卷，（漢）鄭玄注，（唐）賈公彥疏，（清）徐養原校。
6. 《禮記正義》六三卷，（漢）鄭玄注，（唐）孔穎達等正義，（清）洪震煊校。
7. 《春秋左傳正義》六〇卷，（晉）杜預注，（唐）孔穎達等正義，（清）嚴傑校。

8.《春秋公羊傳注疏》二八卷，（漢）何休注，（唐）徐彥疏，（清）臧庸校。
9.《春秋谷梁傳注疏》二〇卷，（晉）范甯注，（唐）楊士勳疏，（清）李銳校。
10.《論語注疏》二〇卷，（魏）何晏集解，（宋）邢昺疏，（清）孫同元校。
11.《孝經注疏》九卷，（唐）玄宗禦注，（宋）邢昺疏，（清）臧庸校。
12.《爾雅注疏》一〇卷，（晉）郭璞注，（宋）邢昺疏，（清）臧庸校。
13.《孟子注疏》十四卷，（漢）趙岐注，舊題（宋）孫奭疏，（清）李銳校。

※《三十六計》

六六三十六，數中有術，術中有數。陰陽燮理，機在其中。機不可設，設則不中。

解語重數不重理。蓋理，術語自明；而數，則在言外。若徒知術之為術，而不知術中有數，則數多不應。且詭謀權術，原在事理之中，人情之內。倘事出不經，則詭異立見，詫事惑俗，而機謀泄矣。或曰，在三十六計中，每六計成為一套，第一套為勝戰計；第二套為敵戰計；第三套為攻戰計；第四套為混戰計；第五套為並戰計；第六套為敗戰計。

第一套　【勝戰計】

處於絕對優勢地位之計謀。君禦臣、大國禦小國之術也。亢龍有悔。

第一計　瞞天過海

備周則意怠，常見則不疑。陰在陽之內，不在陽之對。太陽，太陰。

陰謀作為，不能於背時秘處行之。夜半行竊，僻巷殺人，愚俗之行，非謀士之所為也。如：開皇九年，大舉伐陳。先是弼請緣江防人，每交代之際，必集曆陽，大列旗幟，營幕蔽野。陳人以為大兵至，悉發國中士馬，既而知防人交代。其眾復散，後以為常，不復設備，及若弼以大軍濟江，陳人弗之覺也。因襲南徐州，拔之。

第二計　圍魏救趙

共敵不如分敵，敵陽不如敵陰。

治兵如治水：銳者避其鋒，如導疏；弱者塞其虛，如築堰。故當齊救趙時，孫賓謂田忌曰：「夫解雜亂糾紛者不控拳，救鬥者，不搏擊，批亢搗虛，形格勢禁，則自為解耳。」

第三計　借刀殺人

敵已明，友未定，引友殺敵。不自出力，以《損》推演。

敵象已露，而另一勢力更張，將有所為，便應借此力以毀敵人。如：鄭桓公將欲襲鄶，先向鄶之豪傑、良臣、辨智、果敢之士，盡書姓名，擇鄶之良田賂之，為官爵之名而書之，因為設壇場郭門之處而埋之，釁之以雞豭，若盟狀。鄶君以為內難也，而盡殺其良臣。桓公襲鄴，遂取之。諸葛亮之和吳拒魏，及關羽圍樊、襄，曹欲徙都，懿及蔣濟說曹曰：「劉備、孫權外親內疏，關羽得志，權心不願也。可遣人躡其後，許割江南以封權，則樊圍自釋。」曹從之，羽遂見擒。

第四計　以逸待勞

困敵之勢，不以戰。損剛益柔。

此即致敵之法也。兵書云：「凡先處戰地而待敵者逸，後處戰地而趨戰者勞。故善戰者，致人而不致於人。」兵書論敵，此為論勢，則其旨非擇地以待敵；而在以簡馭繁，以不變應變，以小變應大變，以不動應動，以小動應大動，以樞應環也。如：管仲寓軍令於內政，實而備之；孫臏於馬陵道伏擊龐涓；李牧守雁門，久而不戰，而實備之，戰而大破匈奴。

第五計　趁火打劫

敵之害大，就勢取利，剛決柔也。

敵害在內，則劫其地；敵害在外，則劫其民；內外交害，敗劫其國。如：越王乘吳國內蟹稻不遺種而謀攻之，後卒乘吳北會諸侯於黃池之際，國內空虛，因而擣之，大獲全勝。

第六計　聲東擊西

敵志亂萃，不虞。坤下兌上之象，利其不自主而取之。

西漢，七國反，周亞夫堅壁不戰。吳兵奔壁之東南陬，亞夫便備西北；已而吳王精兵果攻西北，遂不得入。此敵志不亂，能自去也。漢末，朱儁圍黃巾於宛，張圍結壘，起土山以臨城內，鳴鼓攻其西南，黃巾悉眾赴之，儁自將精兵五千，掩其東北，遂乘虛而入。此敵志亂萃，不虞也。然則聲東擊西之策，須視敵志亂否為定。亂，則勝；不亂，將自取敗亡，險策也。

第二套　【敵戰計】

處於勢均力敵態勢之計謀。或躍於淵。

第七計　無中生有

誑也，非誑也，實其所誑也。少陰、太陰、太陽。

無而示有，誑也。誑不可久而易覺，故無不可以終無。無中生有，則由誑而真，由虛而實矣，無不可以敗敵，生有則敗敵矣，如：令狐潮圍雍丘，張巡縛嵩為人千餘，披黑夜，夜縋城下；潮兵爭射之，得箭數十萬。其後復夜縋人，潮兵笑，不設備，乃以死士五百砍潮營，焚壘幕，追奔十餘里。

第八計　暗渡陳倉

示之以動，利其靜而有主，「益動而巽」。

奇出於正，無正不能出奇。不明修棧道，則不能暗渡陳倉。昔鄧艾屯白水之北；姜維遙廖化屯白水之南，而結營焉。艾謂諸將曰：「維令卒還，吾軍少，法當來渡，而不作橋，此維使化持我，令不得還。必自東襲取洮城矣。」艾即夜潛軍，徑到洮城。維果來渡。而艾先至，據城，得以不破。此則是姜維不善用暗渡陳倉之計；而鄧艾察知其聲東擊西之謀也。

第九計　隔岸觀火

陽乖序亂，陰以待逆。暴戾恣睢，其勢自斃。順以動豫，豫順以動。

乖氣浮張，逼則受擊，退則遠之，則亂自起。昔袁尚、袁熙奔遼東，眾尚有數千騎。初，遼東太守公孫康，恃遠不服。及曹操破烏丸，或說曹遂征之，尚兄弟可擒也。操曰：「吾方使斬送尚、熙首來，不煩兵矣。」九月，操引兵自柳城還，康即斬尚、熙，傳其首。諸將問其故，操曰：「彼素畏尚等，吾急之，則並力；緩之，則相圖，其勢然也。」或曰：此兵書火攻之道也，按兵書《火攻篇》前段言火攻之法，後段言慎動之理，與隔岸觀火之意，亦相吻合。

第十計　笑裡藏刀

信而安之，陰以圖之。備而後動，勿使有變。剛中柔外也。

兵書云：「辭卑而益備者，進也；……無約而請和者，謀也。」故凡敵人之巧言令色，皆殺機之外露也。宋曹瑋知渭州，號令明肅，西夏人憚之。一日瑋方對客弈棋，會有叛誇數千，亡奔夏境。堠騎（騎馬的偵宿員）報至，諸將相顧失色，公言笑如平時。徐謂騎曰：「吾命也，汝勿顯言。」西夏人聞之，以為襲己，盡殺之。此臨機應變之用也。若勾踐之事夫差，則意使其久而安之矣。

第十一計　李代桃僵

勢必有損，損陰以益陽。

我敵之情，各有長短。戰爭之事，難得全勝，而勝負之訣，即在長短之相較，乃有以短勝長之秘訣。如以下駟敵上駟，以上駟敵中駟，以中駟敵下駟之類：則誠兵家獨具之詭謀，非常理之可測也。

第十二計　順手牽羊

微隙在所必乘，微利在所必得。少陰，少陽。

大軍動處，其隙甚多，乘間取利，不必以勝。勝固可用，敗亦可用。

第三套　【攻戰計】

處於進攻態勢之計謀。飛龍在天。

第十三計　打草驚蛇

疑以叩實，察而後動。復者，陰之媒也。

敵力不露，陰謀深沉，未可輕進，應遍探其鋒。兵書云：「軍旁有險阻、潢井、葭葦、山林、翳薈者，必謹復索之，此伏奸所藏也。」

第十四計　借屍還魂

有用者，不可借；不能用者，求借。借不能用者而用之。匪我求童蒙，童蒙求我。

換代之際，紛立亡國之後者，固借屍還境之意也。凡一切寄兵權於人，而代其攻寧者，皆此用也。

第十五計　調虎離山

待天以困之，用人以誘之，往蹇來連。

兵書曰：「下政攻城」。若攻堅，則自取敗亡矣。敵既得地利，則不可爭其地。且敵有主而勢大：有主，則非利不來趨；勢大，則非天人合用，不能勝。漢末，羌率眾數千，遮虞詡於隊倉崤穀。詡即停軍不進，而宣言上書請兵，須到乃發。羌聞之，乃分抄旁縣。翔因其兵散，日夜進道，兼行百餘裡，令軍士各作兩灶，日倍增之，羌不敢逼，遂大破之。兵到乃發者，利誘之也；日夜兼進者，用天時以困之也；倍增其灶者，惑之以人事也。

第十六計　欲擒故縱

逼則反兵，走則減勢。緊隨勿迫，累其氣力，消其鬥志，散而後擒，兵不血刃。需，有孚，光。

所謂縱著，非放之也，隨之，而稍松之耳。「窮寇勿追」，亦即此意，蓋不追者，非不隨也，不追之而已。武侯之七縱七擒，即縱而隨之，故躡輾轉推進，至於不毛之地。武侯之七縱，其意在拓地，在借孟獲以服諸蠻，非兵法也。故論戰，則擒者不可復縱。

第十七計　拋磚引玉

類以誘之，擊蒙也。

誘敵之法甚多，最妙之法，不在疑似之間，而在類同，以固其惑。以旌旗金鼓誘敵者，疑似也；以老弱糧草誘敵者，則類同也。如：楚伐絞，軍其南門，屈瑕曰：「絞小而輕，輕則寡謀，請勿捍采樵者以誘之。」從之，絞人獲利。明日絞人爭出，驅楚役徙於山中。楚人坐守其北門，而伏諸山下，大敗之，為城下之盟而還。又如孫臏減灶而誘殺龐涓。

第十八計　擒賊擒王

摧其堅，奪其魁，以解其體。龍戰於野，其道窮也。

攻勝則利不勝取。取小遺大，卒之利、將之累、帥之害、攻之虧也。舍勝而不摧堅擒王，是縱虎歸山也。擒王之法，不可圖辨旌旗，而當察其陣中之首動。昔張巡與尹子奇戰，直沖敵營，至子奇麾下，營中大亂，斬賊將五十餘人，殺士卒五千餘人。迎欲射子奇而不識，剡蒿為矢，中者喜謂巡矢盡，走白子奇，乃得其狀，使霽雲射之，中其左目，幾獲之，子奇乃收軍退還。

第四套 【混戰計】

處於不分敵友、軍閥混戰態勢之計謀。見龍在野。

第十九計 釜底抽薪

不敵其力，而消其勢，兌下乾上之象。

水沸者，力也，火之力也，陽中之陽也，銳不可當；薪者，火之魄也，即力之勢也，陰中之陰也，近而無害；故力不可當而勢猶可消。尉繚子曰：「氣實則鬥，氣奪則走。」而奪氣之法，則在攻心，昔吳漢為大司馬，有寇夜攻漢營，軍中驚擾，漢堅臥不動，軍中聞漢不動，有傾乃定。乃選精兵反擊，大破之：此即不直當其力而撲消其勢也。宋薛長儒為漢、湖、滑三州通判，駐漢州。州兵數百叛，開營門，謀殺知州、兵馬監押，燒營以為亂。有來告者，知州、監押皆不敢出。長儒挺身徒步，自壞垣入其營中，以福禍語亂卒曰：「汝輩皆有父母妻子，何故作此？叛者立於左，脅從者立於右！」於是，不與謀者數百人立於右；獨主謀者十三人突門而出，散於諸村野，尋捕獲。時謂非長儒，則一城塗炭矣！此即攻心奪氣之用也。或曰：敵與敵對，搗強敵之虛以敗其將成之功也。

第二十計　混水摸魚

乘其陰亂，利其弱而無主。隨，以向晦入宴息。

動盪之際，數力衝撞，弱者依違無主，散蔽而不察，我隨而取之。《六韜》曰：「三軍數驚，士卒不齊，相恐以敵強，相語以不利，耳目相屬，妖言不止，眾口相惑，不畏法令，不重其將：此弱征也。」是魚，混戰之際，擇此而取之。如：劉備之得荊州，取西川，皆此計也。

第二十一計　金蟬脫殼

存其形，完其勢；友不疑，敵不動。巽而止蠱。

共友擊敵，坐觀其勢。尚另有一敵，則須去而存勢。則金蟬脫殼者，非徒走也，蓋為分身之法也。故大軍轉動，而旌旗金鼓，儼然原陣，使敵不敢動，友不生疑，待已摧他敵而返，而友敵始知，或猶且不如。然則金蟬脫殼者，在對敵之際，而抽精銳以襲別陣也。如：諸葛亮卒於軍，司馬懿追焉，姜維令儀反旗鳴鼓，若向懿者，懿退，於是儀結營而去。檀道濟被圍，乃命軍士悉甲，身自（白）服乘輿徐出週邊，魏懼有伏，不敢逼，乃歸。

第二十二計　關門捉賊

小敵困之。剝，不利有攸往。

捉賊而必關門，非恐其逸也，恐其逸而為他人所得也；且逸者不可復追，恐其誘也。賊署，奇兵也，遊兵也，所以勞我者也。吳子曰：「今使一死賊，伏於礦野，千人追之，莫不梟視狼顧。何者？恐其暴起而害己也。是以一人投命，足懼千夫。」追賊者，賊有脫逃之機，勢必死鬥；若斷其去路，則成擒矣。故小敵必困之，不能，則放之可也。

第二十三計　遠交近攻

形禁勢格，利從近取，害以遠隔。上火下澤。

混戰之局，縱橫捭闔之中，各自取利。遠不可攻，而可以利相結；近者交之，反使變生肘腑。範睢之謀，為地理之定則，其理甚明。

第二十四計　假道伐虢

兩大之間，敵脅以從，我假以勢。困，有言不信。

假地用兵之舉，非巧言可誑，必其勢不受一方之脅從，則將受雙方之夾擊。如此境況之際，敵必迫之以威，我則誑之以不害，利其倖存之心，速得全勢，彼將不能自陣，故不戰而滅之矣。如：晉侯假道於虞以伐虢，晉滅虢，虢公醜奔京師，師還，襲虞滅之。

第五套　【並戰計】

對付友軍反為敵態勢之計謀。終日乾乾。

第二十五計　偷樑換柱

頻更其陣，抽其勁旅，待其自敗，而後乘之。曳其輪也。

陣有縱橫，天衡為梁，地軸為柱。樑柱以精兵為之，故觀其陣，則知精兵之所有。共戰他敵時，頻更其陣，暗中抽換其精兵，或竟代其為樑柱；勢成陣場，遂兼其兵。並此敵以擊他敵之首策也。

第二十六計　指桑罵槐

大凌小者，警以誘之。剛中而應，行險而順。

率數未服者以對敵，若策之不行，而利誘之，又反啟其疑，於是故為自誤，責他人之失，以暗警之。警之者，反誘之也。此蓋以剛險驅之也。或曰：此遣將之法也。

第二十七計　假癡不癲

寧偽作不知不為，不偽作假知妄為。靜不露機，雲雷屯也。

假作不知而實知，假作不為而實不可為，或將有所為。司馬懿之假病昏以誅曹爽，受巾幗假請命以老蜀兵，所以成功；姜維九伐中原，明知不可為而妄為之，則似癡矣，所以破滅。兵書曰：「故善戰者之勝也，無智名，無勇功。」當其機未發時，靜屯似癡；若假癲，則不但露機，則亂動而群疑。故假癡者勝，假癲者敗。或曰：假癡可以對敵，並可以用兵。宋代，南俗尚鬼。狄青征儂智高時，大兵始出桂林之南，因佯祝曰：「勝負無以為據。」乃取百錢自持，與神約，果大捷，則投此錢盡錢面也。左右諫止，儻不如意，恐沮師，青不聽。萬眾方聳視，已而揮手一擲，百錢旨面。於是舉兵歡呼，聲震林野，青亦大喜；顧左右。取百丁（釘）來，即隨錢疏密，布地而帖丁（釘）之，加以青紗籠，手自封焉。曰：「俟凱旋，當酬神取錢。」其後平邕州還師，如言取錢，幕府士大夫共祝視，乃兩面錢也。

第二十八計　上屋抽梯

假之以便，唆之使前，斷其援應，陷之死地。遇毒，位不當也。

唆者，利使之也。利使之而不先為之便，或猶且不行。故抽梯之局，須先置梯，或示之梯。如：慕容垂、姚萇諸人慫秦苻堅侵晉，以乘機自起。

第二十九計　樹上開花

借局佈勢，力小勢大。鴻漸於陸，其羽可以為儀也。

此樹本無花，而樹則可以有花，剪綵貼之，不細察者不易發，使花與樹交相輝映，而成玲瓏全域也。此蓋布精兵於友軍之陣，完其勢以威敵也。

第三十計　反客為主

乘隙插足，扼其主機，漸之進也。

為人驅使者為奴，為人尊處者為客，不能立足者為暫客，能立足者為久客，客久而不能主事者為賤客，能主事則可漸握機要，而為主矣。故反客為主之局：第一步須爭客位；第二步須乘隙；第三步須插足；第四足須握機；第五乃為主。為主，則並人之軍矣；此漸進之陰謀也。如李淵書尊李密，密卒以敗；漢高視勢未敵項羽之先，卑事項羽。使其見信，而漸以侵其勢，至垓下一役，一亡舉之。

第六套　【敗戰計】

處於敗軍態勢之計謀。潛龍勿用。

第三十一計　美人計

兵強者，攻其將；將智者，伐其情。將弱兵頹，其勢自萎。利用禦寇，順相保也。

兵強將智，不可以敵，勢必事先。事之以土地，以增其勢，如六國之事秦：策之最下者也。事之以幣帛，以增其富，如宋之事遼金：策之下者也。惟事以美人，以佚其志，以弱其體，以增其下之怨。如勾踐以西施重寶取悅夫差，乃可轉敗為勝。

第三十二計　空城計

虛者虛之，疑中生疑。剛柔之際，奇而復奇。

虛虛實實，兵無常勢。虛而示虛，諸葛而後，不乏其人。如吐蕃陷瓜州，王君煥死，河西洶懼。以張守圭為瓜州刺史，領余眾，方復築州城。版幹（築城牆用的夾板和立柱）裁立，敵又暴至。略無守禦之具。城中相顧失色，莫有鬥志。守圭曰：「徒眾我寡，又瘡痍之後，不可以矢石相持，須以權道制之。」乃於城上，置酒作樂，以會將士。敵疑城中有備，不敢攻而退。又如齊祖鋌為北徐州刺史，至州，會有陣寇百姓多反。鋌不關城門，守陴者，皆令下城，靜座街巷，禁斷行人雞犬。賊無所見聞，不測所以，或疑人走城空，不設警備。鋌復令大叫，鼓噪聒天，賊大驚，頓時走散。

第三十三計　反間計

疑中之疑。比之自內，不自失也。

間者，使敵自相疑忌也；反間者，因敵之間而間之也。如燕昭王薨，惠王自為太子時，不快於樂毅。田單乃縱反間曰：「樂毅與燕王有隙，畏誅，欲連兵王齊，齊人未附。故且緩攻即墨，以待其事。齊人唯恐他將來，即墨殘矣。惠王聞之，即使騎劫代將，毅遂奔趙。又如周瑜利用曹操間諜，以間其將；陳平以金縱反間於楚軍，間范增，楚王疑而去之。亦疑中之疑之局也。

第三十四計　苦肉計

人不自害，受害必真。假真真假，間以得行。童蒙之吉，順以巽也。

間者，使敵人相疑也；反間者，因敵人之疑，而實其疑也；苦肉計者，蓋假作自間以間人也。凡遣與己有隙者以誘敵人，約為回應，或約為共力者：皆苦肉計之類也。如：鄭武公伐胡而先以女妻胡君，並戮關其思；韓信下齊而驪生遭烹。

第三十五計　連環計

將多兵眾，不可以敵，使其自累，以殺其勢。在師中吉，承天寵也。

龐統使曹操戰艦勾連，而後縱火焚之，使不得脫。則連環計者，其結在使敵自累，而後圖之。蓋一計累敵，一計攻敵，兩計扣用，以摧強勢也。如宋畢再遇賞引敵與戰，且前且卻，至於數四。視日已晚，乃以香料煮黑，布地上。復前博戰，佯敗走。敵乘勝追逐。其馬已饑，聞豆香，乃就食，鞭之不前。遇率師反攻，遂大勝。皆連環之計也。

第三十六計　走為上

全師避敵。左次無咎，未失常也。

敵勢全勝，我不能戰，則：必降；必和；必走。降則全敗，和則半敗，走則未敗。未敗者，勝之轉機也。如宋畢再遇與金人對壘，度金兵至者日眾，難與爭鋒。夕拔營去，留旗幟於營，豫縛生羊懸之，置其前二足於鼓上，羊不堪懸，則足擊鼓有聲。金人不覺為空營，相持數日，乃覺，欲追之，則已遠矣。（《戰略考·南宋》）可謂善走者矣。

三十六計：

勝戰計：瞞天過海　圍魏救趙　借刀殺人　以逸待勞　趁火打劫　聲東擊西

敵戰計：無中生有　暗渡陳倉　隔岸觀火　笑裡藏刀　李代桃僵　順手牽羊

攻戰計：打草驚蛇　借屍還魂　調虎離山　欲擒故縱　拋磚引玉　擒賊擒王

混戰計：釜底抽薪　混水摸魚　金蟬脫殼　關門捉賊　遠交近攻　假道伐虢

並戰計：偷樑換柱　指桑罵槐　假癡不癲　上屋抽梯　樹上開花　反客為主

敗戰計：美人計　空城計　反間計　苦肉計　連環計　走為上計

三、語言

※世界語系

目前對世界語系（Language Family）劃分沒有一個統一的標準，以下只給出最常見的分類。

（一）印歐語系

印度－伊朗語族（Language Group）、日爾曼語族、斯拉夫語族、凱爾特語族、希臘語族、波羅的語族、羅曼語族、阿爾巴尼亞語族、阿美尼亞語族等。

（二）漢藏語系

漢語族、藏緬語族、泰語、老撾語等。

（三）阿勒泰語系

突厥語族、蒙古語族、滿－通古斯語族、土耳其語、哈薩克語等。

（四）閃含語系

閃語族、柏柏爾語族、乍得語族、埃及－科普特語族、尼日爾－科爾多凡語系、阿拉伯語、索馬里語等。

（五）達羅毗荼語系

北部語族、中部語族、南部語族。

（六）烏拉爾語系

芬蘭－烏戈爾語族、薩莫耶德語族、芬蘭語、匈牙利語等。

（七）高加索語系

南高加索語族、北高加索語族等。

（八）尼日爾剛果語系

（九）南島語系

（十）跨新幾內亞語系

（十一）尼祿－撒哈拉語系

（十二）壯侗語系

（十三）南亞語系

（十四）瑪雅語系

四、紅學

※《紅樓夢》現存世版本

早期十種抄本

（一）**甲戌本**（脂硯齋甲戌抄閱再評本，抄本）

《脂硯齋重評石頭記》，現存十六回（一至八回，十三至十六回，二十五至二十八回）。現藏美國康奈爾大學圖書館。

（二）**己卯本**（脂硯齋凡四閱評過，己卯冬月定本，抄本）

《脂硯齋重評石頭記》，現存四十一回又兩個半回。現藏國家圖書館。

（三）**庚辰本**（脂硯齋凡四閱評過，庚辰秋月定本，抄本）

《脂硯齋重評石頭記》，現存七十八回（八十回缺第六十四回、六十七回）。現藏北京大學圖書館。

（四）列藏本（蘇聯列寧格勒抄本《石頭記》，抄本）

《石頭記》，現存七十八回。藏於前蘇聯亞洲人民研究院列寧格勒分院。

（五）戚序本

戚張本（張開模舊藏戚蓼生序本，抄本）

戚正本（有正書局石刊戚蓼生序本）

戚寧本（澤存書庫舊藏戚蓼生序本，抄本）

《石頭記》，現存八十回。藏南京圖書館。

（六）蒙古王府本（清王府舊藏本，蒙古王府本，抄本）

《石頭記》，現存一百二十回。現藏國家圖書館。

（七）甲辰本：又稱夢序本（夢覺主人序本，甲辰本，抄本）

《紅樓夢》，現存八十回。現藏國家圖書館。

（八）鄭藏本（鄭振鐸藏本，抄本）

《紅樓夢》，僅存第二十三、第二十四兩回。現藏國家圖書館。

（九）夢稿本：又稱楊藏本（楊繼振舊藏本，紅樓夢稿本，抄本）

《紅樓夢稿》，現存一百二十回。現藏中國社會科學院文學研究所。

（十）己酉本：又稱舒序本（舒元煒序本，抄本）《紅樓夢》，現存前四十回。現藏國家圖書館。

兩種程高續本

（一）程甲本（乾隆五十六年辛亥萃文書屋活字本）。

（二）程乙本（乾隆五十七年壬子萃文書屋活字本）。

其他版本

（一）東觀閣刊本（新鐫全部繡像紅樓夢）。

（二）善因樓刊本（批評新奇，繡像紅樓夢，善因樓梓）。

（三）寶文堂刊本（同治壬戌重鐫，寶文堂藏板）。

（四）抱青閣刊本（嘉慶己未年鐫，繡像紅樓夢，抱青閣梓）。

（五）本衙藏板本（新鐫全部繡像紅樓夢，本衙藏板）。

五、詩歌

※詩歌分類

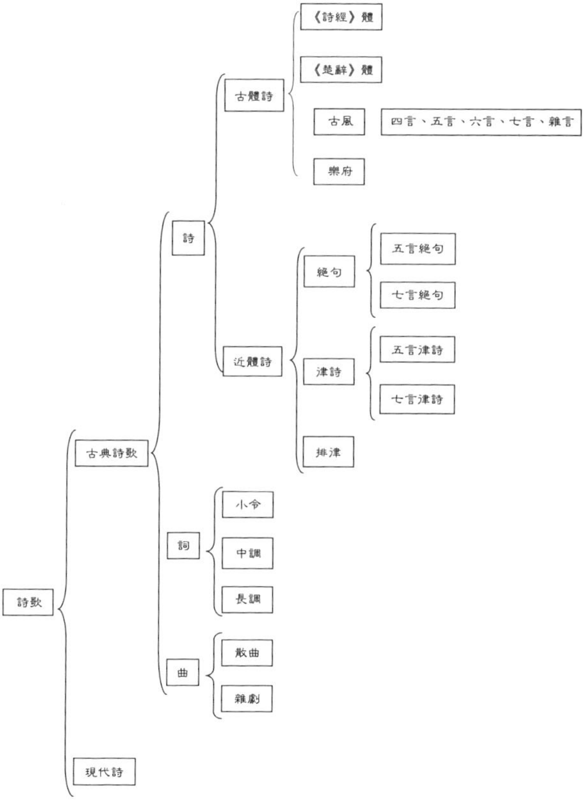

詩歌
古典詩歌
現代詩
詩
詞
曲
古體詩
近體詩
《詩經》體
《楚辭》體
古風
四言、五言、六言、七言、雜言
樂府
絕句
五言絕句
七言絕句
律詩
五言律詩
七言律詩
排律
小令
中調
長調
散曲
雜劇

六、佛學

※《心經》

般若波羅蜜多心經

（唐）玄奘／譯

觀自在菩薩，行深般若波羅蜜多時，照見五蘊皆空，度一切苦厄。

舍利子，色不異空，空不異色，色即是空，空即是色，受想行識，亦復如是。

舍利子，是諸法空相，不生不滅，不垢不淨，不增不減。

是故空中無色，無受想行識，無眼耳鼻舌身意，無色聲香味觸法，無眼界，乃至無意識界。無無明，亦無無明盡，乃至無老死，亦無老死盡。無苦集滅道，無智亦無得。以無所得故，菩提薩埵，依般若波羅蜜多故，心無掛礙。無掛礙故，無有恐怖，遠離顛倒夢想，究竟涅槃。

三世諸佛，依般若波羅蜜多故，得阿耨多羅三藐三菩提。故知般若波羅蜜多，是大神咒，是大明咒，是無上咒，是無等等咒，能除一切苦，真實不虛。

故說般若波羅蜜多咒，即說咒曰：揭諦揭諦，波羅揭諦，波羅僧揭諦，菩提薩婆訶。

摩訶般若波羅蜜大明咒經

（後秦）三藏鳩摩羅什／譯

觀世音菩薩，行深般若波羅蜜多時，照見五陰空，度一切苦厄。

舍利弗，色空故，無惱壞相；受空故，無受相；想空故，無知相；行空故，無作相；識空故，無覺相。何以故？舍利弗，非色異空，非空異色，色即是空，空即是色，受想行識亦復如是。

舍利弗，是諸法空相，不生不滅，不垢不淨，不增不減。是空法，非過去，非未來，非現在。

是故空中，無色，無受想行識，無眼耳鼻舌身意，無色聲香味觸法，無眼界乃至無意識界，無無明亦無無明盡，乃至無老死，無老死盡，無苦集滅道，無智亦無得。以無所得故，菩薩依般若波羅蜜故，心無掛礙；無掛礙故，無有恐怖，離一切顛倒夢想苦惱，究竟涅槃。

三世諸佛依般若波羅蜜故，得阿耨多羅三藐三菩提。故知般若波羅蜜是大明咒、無上明咒、無等等明咒，能除一切苦，真實不虛。

故說般若波羅蜜咒，即說咒曰：竭帝竭帝，波羅竭帝，波羅僧竭帝，菩提僧莎呵。

佛教十三經

清代同治年間（一八六三）吳坤修居士精心選編的《釋氏十三經》，包括：華嚴部的《圓覺經》、《梵網經》；方等部的《維摩詰所說經》、《首楞嚴經》、《楞伽經》、《無量壽經》、《觀無量壽經》；般若部的《金剛經》、《心經》；法華部《妙法蓮華經》（上下冊）；小乘部的《四十二章經》、《八大人覺經》、《佛遺教經》。

現在所定義的佛教十三經：《心經》、《金剛經》、《無量壽經》、《圓覺經》、《梵網經》、《壇經》、《楞嚴經》、《解深密經》、《維摩詰經》、《楞伽經》、《金光明經》、《法華經》、《四十二章經》。

七、文化

※酒麴分類

酒麴：在經過強烈蒸煮的白米中，移入麴黴的分生孢子，然後保溫，米粒上即茂盛地生長出菌絲。其在麴黴的澱粉酶強力作用下而糖化米的澱粉，因此，自古以來就把它和麥芽同時作為糖的原料，用來製造酒、甜酒和豆醬等。

麥麴：主要用於黃酒的釀造。

小麴：主要用於黃酒和小麴白酒的釀造。

紅麴：主要用於紅麴酒的釀造（紅麴酒是黃酒的一個品種）。

大麴：用於蒸餾酒的釀造。

麩麴：用純種黴菌接種以麩皮為原料的培養物，可用於代替部分大麴或小麴。

※三省六部制

三省

中書取旨，門下封駁，尚書奉而行之

三省	官員	職能
尚書省	尚書令	負責都省職事，總領六部。
中書省	內史令	負責秉承皇帝旨意起草詔敕
門下省	納言	負責糾核朝臣奏章，複審中書詔敕

六部

六部	官員	職能
戶部	戶部尚書	掌全國疆土、田地、戶籍、賦稅、俸餉及一切財政事宜
吏部	吏部尚書	掌管天下文官的任免、考課、升降、勳封、調動等事務
禮部	禮部尚書	管理全國學校事務及科舉考試及藩屬和外國之往來事
工部	工部尚書	掌管各項工程、工匠、屯田、水利、交通等事
兵部	兵部尚書	掌全國武官選用和兵籍、軍械、軍令之政
刑部	刑部尚書	主管全國刑罰政令及審核法律，覆核刑名案件

※清朝官服

官職	等級	頂戴	蟒袍	補服（文）	補服（武）
一品	正 從	紅 紅寶石	九蟒五爪	仙鶴	麒麟
二品	正 從	紅 起花珊瑚	九蟒五爪	錦雞	獅
三品	正 從	藍 藍寶石及藍色明玻璃	九蟒五爪	孔雀	豹
四品	正 從	藍 青金石及藍色涅玻璃	八蟒五爪	雁	虎
五品	正 從	白 水晶及白色明玻璃	八蟒五爪	白鷴	熊
六品	正 從	白 硨磲及白色涅玻璃	八蟒五爪	鷺鷥	彪
七品	正 從	金 素金頂	五蟒四爪	鸂鶒	犀牛
八品	正 從	金 起花金頂	五蟒四爪	鵪鶉	犀牛
九品	正 從	金 鏤花金頂	五蟒四爪	藍鵲	海馬

都潔使		獬豸
樂官		黃鸝
雜職		練鵲

※西域三十六國

序號	國名	別名	地域	民族	語言
1	樓蘭	鄯善	若羌縣北境，羅布泊的西北角	土著羅布人	吐火羅語
2	烏孫		昭蘇縣	塞種人	突厥語系
3	焉耆	烏夷	博斯騰湖西北岸焉耆縣境東		吐火羅語
4	若羌		若羌縣東南	羌族人	
5	龜茲		都延城，現庫車東郊	印歐雅利安人種	吐火羅語 婆羅米文字（Brahmi）
6	小宛		新疆且末縣境內的南部山區扜零城		
7	月氏		河西走廊、祁連山	印歐人種	
8	精絕			尼雅人	佉盧文
9	疏勒		喀什噶爾		
10	莎車		莎車縣		
11	車師	姑師	準噶爾盆地的東邊緣吉木沙爾縣	印歐人種	焉耆－龜茲語
12	康居		巴爾喀什湖和鹹海之間王都卑闐城	突厥系	
13	於闐		塔里木盆地南和田	吐火羅人	
14	且末		且末縣		

15	姑墨	亟墨	阿克蘇地區拜城縣		
16	戎盧		新疆民豐縣正南卑品城	塞種人	
17	渠勒		和田地區策勒縣南		
18	溫宿		溫宿縣		
19	皮山		皮山縣		
20	西夜		提孜那甫河東岸一帶	羌族	於闐語
21	蒲犂		塔什庫爾幹塔克自治縣		
22	依耐		塔什庫爾幹塔吉克自治縣盧城	羌族	
23	尉頭		托什幹河中游以南		
24	尉犂		庫爾勒境內，博斯騰湖西南		
25	卑陸		準噶爾盆地南緣至烏魯木齊市東南乾當國		
26	扜彌		民豐縣正西的于田縣		
27	劫國		昌吉回族自治州呼圖壁縣東北		
28	狐胡		吐魯番北白楊達板城帶		
29	山國		巴音郭楞蒙古自治州尉犂縣東		
30	單桓		昌吉回族自治州瑪納斯縣東北		
31	蒲類		巴里坤哈薩克自治縣		
32	且彌		烏魯木齊和昌吉、呼圖壁縣境內		
33	烏貪訾		昌吉回族自治州瑪納斯縣、昌吉市以北一帶		
34	子合		葉城縣南呼韃穀		
35	捐毒		烏恰縣西方一百公里衍敦穀		
36	危須				
37	高昌				
38	竭石				

39	安息				
40	浩罕				
41	坎巨提				
42	烏弋山離				
43	大宛				
44	烏壘				
45	烏秅				
46	無雷				
47	難兜				
48	桃槐				
49	休循				
50	墨山				
51	渠犂				

八、文學

※春江花月夜

唐　張若虛

春江潮水連海平，海上明月共潮生。
灩灩隨波千萬裡，何處春江無月明。
江流宛轉繞芳甸，月照花林皆似霰。
空裡流霜不覺飛，汀上白沙看不見。
江天一色無纖塵，皎皎空中孤月輪。
江畔何人初見月？江月何年初照人？
人生代代無窮已，江月年年只相似。
不知江月待何人，但見長江送流水。
白雲一片去悠悠，青楓浦上不勝愁。

誰家今夜扁舟子？何處相思明月樓？
可憐樓上月徘徊，應照離人妝鏡臺。
玉戶簾中卷不去，擣衣砧上拂還來。
此時相望不相聞，願逐月華流照君。
鴻雁長飛光不度，魚龍潛躍水成文。
昨夜閑潭夢落花，可憐春半不還家。
江水流春去欲盡，江潭落月復西斜。
斜月沉沉藏海霧，碣石瀟湘無限路。
不知乘月幾人歸，落月搖情滿江樹。

※八股文名篇欣賞

（一）王鏊

《百姓足，孰與不足》

論語　顏淵

民既富於下，君自富於上。

蓋君之富，藏於民者也。民既富矣，君豈有獨貧之理哉！

有若深言君民一體之意，以告哀公，蓋謂公之加賦，以用之不足也。欲足其用，盍先足其民乎？

誠能百畝而徹，恒存節用愛人之心；什一而征，不為厲民自用之計，則民力所出，不因於征求；民財所有，不盡於聚斂矣；閭閻之內，乃積乃倉，而所謂仰事俯育者無憂矣；田野之間，如茨如梁，而所謂養生送死者，無憾矣。

百姓既足，君何為而獨貧乎？

藏諸閭閻者，君皆得而有之，不必歸之府庫，而後為吾財也；蓄諸田野者，君皆得而用之，不必積之倉廩，而後為吾有也。取之無窮，何憂乎有求而不得；用之不竭，何患乎有事而無備？

犧牲粢盛，足以為祭祀之供；玉帛筐篚，足以資朝聘之費。借曰不足，百姓自有以給之也，其孰與不足乎！饔飧牢醴，足以供賓客之需；車馬器械，足以備征伐之用，借曰不足，百姓自有以應之也；又孰與不足乎？

吁！徹法之立，本以為民，而國用之不足，乃由於此，何必加賦以求富哉！

論語　衛靈公

《志士仁人，無求生以害仁，有殺生以成仁》

（二）王守仁

聖人於心之有主者，而決其心德之能全焉。

夫志士仁人皆有心定主而不惑於私者也。以是人而當死生之際，吾惟見其求無慚於心焉耳，而於吾身何恤乎？此夫子為天下之無志而不仁者慨也，故言此以示之。

若曰：天下之事變無常，而生死之所系甚大。固有臨難苟免，而求生以害仁者焉；亦有見危授命，而殺身以成仁者焉。此正是非之所由決，而恒情之所易惑者也。吾其有取於志士仁人乎？夫所謂志士者，以身負綱常之重，而志慮之高潔，每思有植天下之大閑；所謂仁人者，以身會天德之全，而心體之光明，必欲有以貞天下之大節。是二人者，固皆事變之所不能驚，而利害之所不能奪，其死與生有不足累者也。

是以其禍患之方殷，固有可以避難而求全者矣，然臨難自免，則能安其身而不能安其心，是偷生者之為，而彼有所不屑也。變故之偶值，固有可以僥倖而圖存者矣，然存非順事，則吾生以全而吾仁以喪，是悖德之事，而彼有所不為也。

彼之所為者，惟以
理欲無並立之機，而致命遂志以安天下之貞者，雖至死而靡憾。
心跡無兩全之勢，而捐軀赴難以善天下之道者，雖滅身而無悔。

當國家傾覆之徐，則致身以馴過涉之患者，其仁也！而彼即趨之而不避，甘之而不辭焉。蓋苟可以存吾心之公，將效死以為之，而存亡由之不計矣。

值顛沛流離之餘，則捨身以貽沒寧之體者，其仁也！而彼即當之而不懾，視之而如歸焉。蓋苟可以全吾心之仁，將委身以從之，而死生由之勿恤矣。

是其
以吾心為重，而以吾身為輕。其慷慨激烈以為成仁之計者，固志士之勇為而亦仁人之優為也。視諸逡巡畏縮而苟全於一時者，誠何如哉？
以存心為生，而以存身為累，其從容就義以明分義之公者，固仁人之所安而亦志士之所決也。視諸回護隱伏而覬覦於不死者，又何如哉？

是知觀志士之所為，而天下無志者可以愧矣，觀仁人之所為，而天下之不仁者可以思矣。

論語　衛靈公

《君子疾沒世而名不稱焉》

（三）陳子龍

無後世之名，聖人之所憂也。

夫一時之名，不必有也，後世之名，不可無也。故君子不求名，而又不得不疾乎此。

夫子若曰：好名者，人之恒情也。故下士求名，人亦不得以為躁，但我恨其急一時之名，而非千秋萬世之名耳。若君子則知所以審處於此矣。

以為一時之名，自我為之，而其權在人，苟我之聰明才力，注乎名則有名，而皆倚人以為重，盛與衰我不得而知之，而此名而名者也；

千秋萬世之名，自人為之，而其權在我，苟我之聰明才力，注乎名未必有名，而常修己以自立，高與下我將得而定之，此名而實者也。

名而名者，無之在於未沒世之前，君子豈可以徒疾乎？名而實者，無之在於既沒世之後，君子豈得而不疾乎？

人之生也有愛有憎，故有幸而有名者，有不幸而無名者，至於身沒之後，與其人不相接，則不可曰愛憎之所為也，而寂寂者竟如斯，則將何以自異於裡巷之子耶？人之生也有失勢有得勢，故有幸而無名者，又有不幸而有名者，至於身沒之後，與其時不相及，則又有非得勢失勢之可論矣，而泯泯者遂如斯，則又何以自別於草木之儔耶？

人之貴乎榮名者，貴其有益生之樂也；君子之貴榮名者，貴其有不死之業也。死而無聞，則其死可悲矣；死而可悲，則其生更可悲矣。是以君子抗節礪行，唯恐不及耳。人之以為沒世之名者，是我身後之計也；君子以為沒世之名者，是我大生之事也。死而無聞，則其死不及憂矣；死不及憂，則其生大可悲矣。是以君子趨事赴功，惟日不足耳。

人但見君子之為人也，譽之而不喜，毀之而不懼，以為君子之忘名也如此，而不知有所甚不忘也；不大言以欺人，不奇行以駭俗，以為君子之遠名也如此，而不知有所甚不遠也。

蓋有大於此者而已，有久於此者而已。若夫營營於旦夕之間，是求速盡者也，好名者豈如是乎？

（四）韓菼

清朝人。字元少，江蘇長洲人。康熙十二年（一六七三），會試、殿試均名列第一，授修撰。歷任內閣學士、禮部侍郎、尚書等職，康熙四十三年（一七〇四）卒。

子謂顏淵曰：「用之則行，舍之則藏，惟我與爾有是夫！」

聖人行藏之宜，俟能者而始微示之也。（破題）

蓋聖人之行藏，正不易規，自顏子幾之，而始可與之言矣。（承題）

故特謂之曰：畢生閱歷，祗一、二途以聽人分取焉，而求可以不窮於其際者，往往而鮮也。迨於有可以自信之矣，而或獨得而無與共，獨處而無與言。此意其托之寤歌自適也耶，而吾今幸有以語爾也。（起講）

回乎！人有積生平之得力，終不自明，而必俟其人發之者，情相待也。故意氣至廣，得一人焉，可以不孤矣。

人有積一心之靜觀，初無所試，而不知他人已識之者，神相告也。故學問誠深，有一候焉，不容終秘矣。（提比）

回乎！嘗試與爾仰參天時，俯察人事，而中度吾身，用耶？舍耶？行耶？藏耶？（出題）

汲於行者蹶，需於行者滯。有如不必於行，而用之則行者乎，此其人非復功名中人也。

一於藏者緩，果於藏者殆。有如不必於藏，而舍之則藏者乎，此其人非復石間人也。

則嘗試擬而求之，意必詩書之內有其人焉，爰是流連以志之，然吾學之謂何？而此詣竟遙遙終古，則長自負矣。竊念自窮理觀化以來，屢以身涉用舍之交，而充然有餘以自處者，此際亦差堪慰耳。

則又嘗身為試之，今者轍環之際有微擅焉，乃日周旋而忽之，然與人同學之謂何？而此意竟寂寂人間，亦用自歎矣。而獨是晤對忘言之頃，曾不與我質行藏之疑，而淵然此中之相發者，此際亦足共慰耳。（中比）

而吾因念夫我也，念夫我之與爾也。（過接）

惟我與爾攬事物之歸，而確有以自主，故一任乎人事之遷，而祇自行其性分之素。此時我得其為我，爾亦得其為爾也，用舍何與焉，我兩人長抱此至足者共千古已矣。

惟我與爾參神明之變；而順應無方，故雖積乎道德之厚，而總不爭乎氣數之先。

此時我不執其為我，爾亦不執其為爾也，行藏又何事焉，我兩人長留此不可知者予造物已矣。（後比）

有是夫，惟我與爾也夫，而斯時之回，亦怡然得、默然解也。（束股）

《西廂記》

（五）據說此篇為唐伯虎所作，到清初曾經尤侗潤色

《怎當他臨去秋波那一轉》

想雙文之目成，情以轉而通焉。

蓋秋波非能轉，情轉之也。然則雙文雖去，其猶有未去者存哉。

張生若曰：世之好色者，吾知之矣。來相憐，去相捐也。此無他，情動而來，情靜而去耳。鍾情者正於將盡之時，露其微動之色，故足致人思焉。

有如雙文者乎？

最可念者，囀鶯聲於花外，半晌方言，而今餘音歇矣。乃口不能傳者，目若傳之。更可戀者，襯玉趾於殘紅，一步漸遠，而今香塵滅矣。乃足不能停者，目若停之。惟見盈盈者波也，脈脈者秋波也，乍離乍合者，秋波之一轉也。吾向未之見也，不意於臨去時遇之。

吾不知未去之前，秋波何屬。或者垂眺於庭軒，縱觀於花柳，不過良辰美景，偶而相遭耳。猶是庭軒已隔，花柳方移，而婉兮清揚，忽徘徊其如送者奚為乎？所雲含睇宜笑，轉正有轉於笑之中者。雖使靚修矑於覿面，不若此際之銷魂矣。

吾不知既去之後，秋波何往。意者凝眸於深院，掩淚於珠簾，不過怨粉愁香，淒其獨對耳。惟是深院將歸，珠簾半閉，而嫣然美盼，似恍惚其欲接者奚為乎？所雲渺渺愁餘，轉正有轉於愁之中者。雖使關羞目於燈前，不若此時之心蕩矣。

此一轉也，以為無情耶？轉之不能忘情可知也。以為有情耶？轉之不為情滯又可知也。人見為秋波轉，而不見彼之心思有與為之轉者。吾即欲流睞相迎，其如一轉之不易受何！

此一轉也，以為情多耶？吾惜其止此一轉也。以為情少耶？吾又恨其餘此一轉也。彼知為秋波一轉，而不知吾之魂夢有與為千萬轉者。吾即欲閉目不窺，其如一轉之不可卻何！

噫嘻！

招楚客於三年，似曾相似；

傾漢宮於一顧，無可奈何。

有雙文之秋波一轉，宜小生之眼花撩亂也哉！抑老僧四壁畫西廂，而悟禪恰在個中。蓋一轉也，情禪也，參學人試於此下一轉語。

中華一驛——國學之文化傳承 500

誠摯謝君，感恩之心

感謝靈感，無論是自己積澱的，還是上天賜予的。

感謝父母，你們在賦予我人生的同時，還教會我如何走好人生的每一步。

感謝爺爺奶奶的思想引導和姥姥的關愛，這是最大的支持。

感謝朱豫聲，我們相互鼓勵、相互支持、共同尋求方法。

感謝蘆偉，我們互相探討、互相思考、一起拓寬思路。

我們在不同的地域，不同的時間，但卻有著相同的努力，相同的友誼。這才是最珍貴的。

感謝謝增虎先生，在你的每一次課堂中，我受益最多。無法企及的思想，和在另一個領域上的巔峰一直激勵著我前進、攀登。

感謝洪欽鎮先生，每一次的相聚都使我在飛躍。你廣博的見解，讓我看到了更遙遠的世界和更精彩的方向。

感謝司徒偉先生，兩次談話中，讓我獲得了不菲的心得，以及在中國古典詩詞寫作上的進益。

感謝梁陸平先生，在雋永的篆刻中帶給了我清新的意境。你的一刀一刻，都拓印出我心靈的字跡。

感謝姚海平先生，孜孜不倦與嚴謹勤奮是我學習的榜樣。你筆墨間的行雲流水，常使我身臨其境，欣喜難忘。

感謝劉虹，你深思的言語和靜靜的聆聽帶給了我光明。

感謝楊柳倩，平淡中閃爍著精彩，精彩裡積澱著平淡。

感謝董翊華，夢想沒有終點，希望才能帶來彩色的明天。

感謝鄧秋平，不同的領域總能帶來不同的思路，不同的思路引領不同的腳步。

感謝王麗軍和項向，也許舉手之勞帶來的緣分，在不經意間形成了最可貴的機遇。

感謝鄭世峰，有時一句話可以啟迪，也可以喚醒，但只要來時，絕沒有早遲。

感謝尕藏卓瑪，笑容緣於你的愛心，美麗見證你的文筆。

感謝孫思雅，你暖暖的幫助和分享，是最美的心靈。
感謝侯驍洲和陳宇欣，世間的緣分讓我驚異，你們的思維總能帶來奇跡。
感謝張檀，讓我看到文字竟然還有著更為絢麗的色彩。
感謝張瀟月，你的敏銳判斷往往是我筆尖的轉折。
感謝戴靜芝，淡淡的茶香是人生追求的嚮往，生活裡的一段段悠長。
感謝陳伊人，也許你並沒有注意，但橋樑和紐帶卻是最大的關懷。
感謝Jean-Baptiste Jacob，探索的精神不僅是文化的神奇，也是相遇的感知。

感謝禤譞倆，我一直記得，希望你喜歡這本書。

感謝詩，你是我的情之所起。
感謝月，你是我的夢之所終。
感謝文字，這是心靈的交融。

感謝每一位家人、老師、朋友，無論是精神的支持還是思維的指引，你們永遠是不可替代的。

書信換得千里行　鄉間小路午風輕
夢中凝望門前聚　筆下癡言淚含聽
落日無心棄我去　夕陽最美是君憑
終年相見成追憶　縱是離別也有情

拙筆葉離敬上

參考文獻

※諸子

1.《百家姓・三字經・千字文・弟子規》：（宋）佚名；（宋）王應麟；（梁）周興嗣；（清）李毓秀；新疆青少年出版社；一九九六年七月。

2.《列子臆說（上、中、下）》：南懷瑾／講述；東方出版社；二〇一一年二月。

3.《論語別裁（上，下）》：南懷瑾／著述；復旦大學出版社；二〇一一年十一月第三版。

4.《論語譯注》：楊伯峻／譯注；中華書局；二〇〇九年十月第三版。

5.《四書章句集注》：（宋）朱熹／撰；中華書局；一九八三年十月。

6.《老子道德經注校釋》：（魏）王弼／注，樓宇烈／校釋；中華書局；二〇〇八年十二月。

7.《白話百戰奇略》：（明）劉基／著，張文才／譯注；嶽麓書社；一九九五年四月。

8.《三十六計》：禹謙／譯注；中華書局；二〇一〇年九月。

9.《孫子兵法・孫臏兵法》：駢宇騫、王建宇、牟虹、郝小剛／譯注；中華書局；二〇〇六年九月。

10.《武經七書（上，下）》：駢宇騫、李解民、盛東玲等／譯注；中華書局；二〇〇七年七月。

11.《鬼谷子集校集注》：許富宏／撰；中華書局；二〇一〇年一月第二版。

※語言

12.《古代漢語》：王力／主編；一九九九年六月第三版。
13.《普通語言學教程》：〔瑞士〕費爾迪南・德・索緒爾／著，沙・巴厘、阿・薛施藹、阿・裡德林格／合作編印，高名凱／譯，岑麒祥、葉蜚聲／校注；商務印書館；一九八〇年十一月。
14.《印度古代語言論集》：季羨林；中國社會科學出版社；一九八二年四月。
15.《語言論》：〔美〕愛德華・薩丕爾／著，陸卓元／譯，陸志韋／校訂；商務印書館；一九八五年二月第二版。
16.《語言論》：〔美〕布龍菲爾德／著，袁家驊、趙世開、甘世福／譯，錢晉華／校；商務印書館；一九八〇年四月。
17.《語言心理學》：D. W. 卡羅爾／著，繆小春等／譯；華東師範大學出版社；二〇〇七年三月。
18.《語言研究》（The Study of Language, Second edition）：George Yule／著，戴曼純、何兆熊／導讀；外語教學與研究出版社，Cambridge University Press；二〇〇〇年八月。
19.《語言引論》（AnIntro duction to Language, Eighth Edition）：Victoria Fromkin, Robert Rodman, Nina Hyams／著；北京大學出版社，Thomson Learning；二〇〇七年六月。

※詩詞

20.《白香詞譜（附）詞林正韻》：（清）舒夢蘭／著，丁如明／評訂；上海古籍出版社；二〇一一年七月。

21.《古詩源》：（清）沈德潛／編；嶽麓書社；一九九八年五月。

22.《牡丹亭》：（明）湯顯祖／著，徐朔方、楊笑楊／校注；人民文學出版社；二〇〇五年五月。

23.《千家詩》：謝枋得、王相等／選注；浙江人民出版社；一九八〇年七月。

24.《清代名家詞選講》：葉嘉瑩；北京大學出版社；二〇〇七年一月。

25.《人間詞話譯注》：王國維／著，施議對／譯注；嶽麓書社；二〇〇三年九月。

26.《日本填詞史話》：神田喜一郎／著，程郁綴、高野雪／譯；北京大學出版社；二〇〇〇年十月。

27.《詩詞格律概要・詩詞格律十講》：王力；世界圖書出版公司；二〇〇九年修訂第三版。

28.《詩詞例話》：周振甫；中國青年出版社；一九七九年五月第二版。

29.《詩經譯注》：程俊英／撰；上海古籍出版社；二〇一二年八月。

30.《詩品集解・續詩品注》：司空圖／著，郭紹虞／集解；袁枚／著、郭紹虞／輯注；人民文學出版社；一九六三年十月。

31.《宋詞鑒賞辭典》：夏承燾、唐圭璋、繆鉞、葉嘉瑩、周汝昌、宛敏灝、萬雲駿、鐘振振等／撰寫；上海辭書出版社；二〇〇三年八月。

32. 《宋詞三百首詳析》：郭伯勳／編著；中華書局；二〇〇五年十一月。
33. 《唐詩鑒賞辭典》：俞平伯、施蟄存等／撰寫；上海辭書出版社；二〇〇四年十二月第二版。
34. 《唐詩三百首詳析》：喻守真／編著；中華書局；二〇〇五年九月第二版。
35. 《唐宋詞選》：夏承燾、盛弢青／選注；中國青年出版社；一九八一年六月第三版。
36. 《西廂記》：王實甫／著，張燕瑾／校注；人民文學出版社；一九九五年十月。
37. 《小倉百人一首——日本古典和歌賞析》：劉德潤／編著；外語教學研究出版社；二〇〇七年六月。

※文學

38. 《浮生六記》：（清）沈復／著，傅仁波／注析；黃山書社；二〇一〇年六月第二版。
39. 《古文觀止》：（清）吳楚材、吳調候／選；中華書局；一九五九年九月。
40. 《紅樓夢》：曹雪芹、高鶚；嶽麓書社；一九八七年四月。
41. 《京華煙雲》（Momentin Peking）：林語堂／著；外語教學與研究出版社；二〇〇九年三月。
42. 《穆斯林的葬禮》：霍達；北京十月文藝出版社；一九八八年十二月。
43. 《三國演義》：羅貫中／著，毛綸、毛宗崗／點評；中華書局；二〇〇九年六月。
44. 《水滸傳》：施耐庵、羅貫中／著，金聖歎、李卓吾／點評；中華書局；二〇〇九年六月。
45. 《樋口一葉作品選》：譚晶華／主編，曾峻梅／注譯；上海外語教育出版社；二〇一一年六月。

46. 《文心雕龍辭典》：周振甫／主編；中華書局；一九九六年八月。
47. 《文心雕龍注》：（南朝梁）劉勰／著，範文瀾／注；人民文學出版社；一九五八年九月。
48. 《文選》：（梁）蕭統／編，（唐）李善／注；中華書局；一九七七年十一月。
49. 《西遊記》：黃周星／點評；中華書局；二〇〇九年六月。
50. 《心》：（日）夏目漱石／著、林少華／譯注；中國宇航出版社；二〇〇八年五月。
51. 《鈍感力》：渡辺淳一；集英社文庫。
52. 《ノルウェイの森》：村上春樹；講談社文庫。
53. 《坊っちゃん》：夏目漱石；新潮文庫。

※紅學

54. 《紅樓夢三家評本》：（清）曹雪芹、高鶚／著，（清）護花主人、大某山民、太平閒人／評；上海古籍出版社；一九八八年二月。
55. 《紅樓夢詩詞曲賦鑒賞》：蔡義江；中華書局；二〇〇一年十月。
56. 《紅樓夢魘》：張愛玲；北京十月文藝出版社，北京出版社出版集團；二〇〇九年五月。
57. 《紅樓小講》：周汝昌；北京出版社；二〇〇二年一月。
58. 《名家正解紅樓夢》：胡適等；北京出版社，北京出版社出版集團；二〇〇七年一月。

59.《脂硯齋甲戌抄閱重評石頭記》：曹雪芹；瀋陽出版社；二〇〇五年四月。

※佛學

60.《法華經譯注》：俞學明、向慧／譯注；中華書局；二〇一二年九月。
61.《佛教十三經》：中華書局；二〇一〇年十一月。
62.《佛說首楞嚴三昧經》：（姚秦）三藏鳩摩羅什／譯；汕尾市佛教協會，汕尾市覺源寺，廣州大家精舍，北京大達精舍，北京大慧精舍；二〇一二年五月二十八日。
63.《根道果禪修的方法與次第》：Yongey Mingyur Rinpoche／著，Eric Swanson／執筆，江瀚雯、德噶翻譯小組／譯；海南出版社；二〇一〇年五月。
64.《金剛經心經》：賴永海／主編，陳秋平／譯注；中華書局；二〇一〇年五月。
65.《淨土五經一論》：廣州市大佛寺；二〇一二年六月。
66.《四念住諦觀禪法（摩訶慈傳承）》：摩訶慈尊者／著，智如比丘／譯；廣州市大佛寺；二〇一二年六月。
67.《四十二章經》：賴永海／主編，尚榮／譯注；中華書局；二〇一〇年五月。

※歷史

68.《全球通史》（AGlobal History: from prehistory to the 21st century）：L.S. Stavrianos；北京大學出版社，二〇〇四年七月第七版。

69.《三國志》：（晉）陳壽／著，（宋）裴松之／注；中華書局；二〇〇六年九月。

70.《史記》：（漢）司馬遷／撰，（南朝宋）裴駰／集解，（唐）司馬貞／索隱，（唐）張守節／正義；上海古籍出版社；二〇一一年十一月。

71.《中國歷史紀年表》：萬國鼎／編，萬斯年、陳夢家／補訂；中華書局；一九七八年十一月。

72.《中國歷史年表》：柏楊；海南出版社；二〇〇六年十一月。

※中華文化

73.《冰鑒》：曾國藩／著；中國畫報出版社；二〇一一年七月。

74.《菜根譚》：（明）洪應明／撰，韓希明／評注；中華書局；二〇〇八年九月。

75.《黃帝內經》：姚春鵬／譯注；中華書局；二〇一〇年六月。

76.《黃河上游地區歷史與文物》：芊一之；重慶出版集團，重慶出版社；二〇〇六年六月。
77.《歷代職官表》：（清）黃本驥／編；上海古籍出版社；二〇〇五年五月。
78.《歷史的經驗》：南懷瑾／著述；復旦大學出版社；二〇〇五年一月第三版。
79.《夢溪筆談》：（宋）沈括／著，金良年、胡小靜／譯；上海古籍出版社；二〇一三年六月。
80.《人物志》：（魏）劉劭／著，（西涼）劉昞／注；中州古籍出版社；二〇〇七年四月第二版。
81.《山海經全譯》：袁珂／譯注；貴州人民出版社；一九九一年十二月。
82.《聲律啟蒙》：李鳴／注；中華書局；二〇一三年十一月。
83.《陶鑒歷代陶瓷形、質與疵偽通考（陶說）（景德鎮陶錄）（飲流齋說瓷）》：馮雷、龍揚志／譯注；（清）朱琰／撰；（清）藍浦／撰；（清）許之衡／撰；重慶出版集團，重慶出版社；二〇〇九年九月。
84.《圖解本草綱目》：李時珍／著，紫圖／編繪；陝西師範大學出版社；二〇〇七年九月第三版。
85.《閒情偶寄》：（清）李漁／著，杜書瀛／評注；中華書局；二〇〇七年九月。
86.《徐霞客遊記》：（明）徐霞客／著，朱惠榮／整理；中華書局；二〇〇九年一月。
87.《易經雜說》：南懷瑾／著述；復旦大學出版社；二〇一二年三月第二版。
88.《幼學瓊林》：（明）程登吉／著，金新、朱伯榮／主編；浙江古籍出版社；二〇一一年十一月。
89.《曾文正公家書・曾文正公家訓》：曾國藩／著，李瀚章／編撰，李鴻章／校刊；中國書店；二〇一一年九月。
90.《周易譯注》：黃壽祺、張善文／譯注；上海古籍出版社；二〇〇七年四月。

※其他

91.《薄伽梵歌》：〔印度〕維亞薩（毗耶娑）／原著，帕布帕德／英譯，嘉娜娃／中譯；陝西師範大學出版社；二〇〇七年五月。

92.《不確定狀況下的判斷啟發式和偏差》：Daniel Kahneman, PaulSlovic, Amos Tversky／編，方文、吳新利、張擘等／譯，方文／校；中國人民大學出版社；二〇〇八年九月。

93.《沉思錄》：〔古羅馬〕馬克斯・奧勒留／著，梁實秋／譯；鳳凰出版傳媒集團，江蘇文藝出版社；二〇〇八年六月。

94.《聰明的投資者》：〔美〕Benjamin Graham／著，王中華、黃一義／譯；人民郵電出版社；二〇一一年第四版。

95.《達文西筆記》：〔意〕達文西／著，杜莉／編譯；新星出版社；二〇一〇年一月。

96.《達利》（DALi）：〔美〕Robert Hughes／撰文，韋洪發／譯；〔比利時〕Ludion授權，吉林美術出版社；二〇〇四年一月。

97.《霍金的宇宙》：大衛・費爾津／著，趙複垣／譯；海南出版社；二〇〇〇年三月。

98.《電腦與人腦》：〔美〕約・馮・諾意曼／著，甘子玉／譯；商務印書館；一九六五年三月。

99.《經濟學》：〔美〕薩繆爾森／等著，蕭琛／等譯；商務印書館；二〇一二年一月。

100.《戀人絮語一個結構主義的文本》：〔法〕羅蘭・巴特／著，汪耀進、武佩榮／譯；上海人民出版社；二〇〇九年六月。
101.《馬可波羅行記》：馮承鈞／譯；上海世紀出版集團；二〇〇六年三月。
102.《夢的釋義》：〔奧〕佛洛德／著，張燕雲／譯，陳仲庚、沈德燦／審校；新世界出版社；二〇〇七年一月。
103.《妙趣橫生博弈論》：〔美〕AvinashK. Dixit, BarryJ. Nalebuff／著，董志強、王爾山、李文霞／譯；機械工業出版社；二〇〇九年十月。
104.《納什博弈論論文集》：〔美〕約翰・納什／著，張良橋、王曉剛／譯，王則柯／校；首都經濟貿易大學出版社；二〇〇〇年十一月。
105.《熱的簡史》：〔美〕姜・範恩／著，李乃信／譯；東方出版社；二〇〇九年八月。
106.《生存手冊》：〔英〕約翰・懷斯曼／著，張萬偉、于靖榮／譯；海南出版社，三環出版社；二〇〇四年六月。
107.《聖經簡化字現代標點和合本》：中國基督教三自愛國運動委員會，中國基督教協會；一九九七年。
108.《時間簡史》：〔英〕史蒂芬・霍金／著，許明賢、吳忠超／譯；湖南科學技術出版社；一九九四年。
109.《談美書簡二種》：朱光潛；上海文藝出版社；二〇〇一年一月第二版。
110.《物種起源》：〔英〕達爾文／著，舒德乾等／譯；北京大學出版社；二〇〇五年十月。
111.《心理學與生活》（PsychologyandLife）：〔美〕RichardJ. Gerrig, PhilipG. Zimbardo／著；人民郵電出版社，PearsonEducation；二〇一一年一月。
112.《學習的革命》：〔美〕珍妮特・沃斯、〔新西蘭〕戈登・德萊頓／著，顧瑞榮、陳標、許靜／譯，劉海明／校譯；上海三聯書店；一九九八年十二月第二版。

Do思潮05　PC0505

中華一驛
——國學之文化傳承

作　　者／葉　離
責任編輯／陳佳怡
圖文排版／楊家齊
封面設計／楊廣榕

發 行 人／宋政坤
出　　版／獨立作家
地址：114 台北市內湖區瑞光路76巷65號1樓
電話：+886-2-2796-3638　傳真：+886-2-2796-1377
服務信箱：service@showwe.com.tw
http://www.bodbooks.com.tw
印　　製／秀威資訊科技股份有限公司
http://www.showwe.com.tw
展售門市／國家書店【松江門市】
地址：104 台北市中山區松江路209號1樓
電話：+886-2-2518-0207　傳真：+886-2-2518-0778
網路訂購／http://www.govbooks.com.tw
法律顧問／毛國樑　律師
總 經 銷／時報文化出版企業股份有限公司
地址：333桃園縣龜山鄉萬壽路2段351號
電話：+886-2-2306-6842

出版日期／2015年7月　BOD一版　**定價**／640元

|獨立|作家|
Independent Author

寫自己的故事，唱自己的歌

中華一驛：國學之文化傳承 / 葉離著. -- 一版. --
臺北市：獨立作家, 2015.07
面；　公分. -- (Do思潮；PC0505)
BOD版
ISBN 978-986-90062-6-2(平裝)

1. 漢學

030　　　　104006110

國家圖書館出版品預行編目

讀者回函卡

感謝您購買本書，為提升服務品質，請填妥以下資料，將讀者回函卡直接寄回或傳真本公司，收到您的寶貴意見後，我們會收藏記錄及檢討，謝謝！

如您需要了解本公司最新出版書目、購書優惠或企劃活動，歡迎您上網查詢或下載相關資料：http:// www.showwe.com.tw

您購買的書名：________________________________

出生日期：________年________月________日

學歷：□高中（含）以下　□大專　□研究所（含）以上

職業：□製造業　□金融業　□資訊業　□軍警　□傳播業　□自由業

□服務業　□公務員　□教職　□學生　□家管　□其它_____

購書地點：□網路書店　□實體書店　□書展　□郵購　□贈閱　□其他

您從何得知本書的消息？

□網路書店　□實體書店　□網路搜尋　□電子報　□書訊　□雜誌

□傳播媒體　□親友推薦　□網站推薦　□部落格　□其他__________

您對本書的評價：（請填代號　1.非常滿意　2.滿意　3.尚可　4.再改進）

封面設計____　版面編排____　內容____　文／譯筆____　價格____

讀完書後您覺得：

□很有收穫　□有收穫　□收穫不多　□沒收穫

對我們的建議：________________________________

____

____

____

請貼
郵票

11466
台北市內湖區瑞光路 76 巷 65 號 1 樓
獨立作家讀者服務部 收

（請沿線對折寄回，謝謝！）

姓　　名：____________ 年齡：______ 性別：□女　□男

郵遞區號：□□□□□

地　　址：____________________

聯絡電話：(日) ____________ (夜) ____________

E-mail：____________________